# मैक्सिम गोर्की की लोकप्रिय कहानियाँ

**मैक्सिम गोर्की**

मैक्सिम गोर्की (1868-1936) की गणना विश्व के श्रेष्ठ साहित्यकारों में की जाती है। उन्होंने साहित्य की सभी विधाओं—नाटक, कविता, निबन्धों, कहानियों आदि—में योगदान किया, किन्तु वे विशेष रूप से अपने उपन्यास 'माँ' एवं अन्य उपन्यासों एवं कहानियों के लिए जाने जाते हैं। 'माँ' उपन्यास का अनुवाद लगभग सभी भाषाओं में हो चुका है। सिर्फ भारतीय भाषाओं में इसके 10-15 अनुवाद हो चुके हैं। इसी से भारत में गोर्की की लोकप्रियता का अनुमान लगाया जा सकता है। उपन्यासों में इनके आत्मकथात्मक उपन्यास 'मेरा बचपन', 'जीवन की राहों पर' एवं 'मेरे विश्वविद्यालय' काफी लोकप्रिय हुए। कहानीकार के रूप में भी उनकी उतनी ही ख्याति है जितनी उपन्यासकार के रूप में। उनकी कहानियों में उन्नीसवीं सदी के अन्तिम दशक में रूस के जीवन के व्यापक चित्र अंकित हैं।

**फणीश सिंह**

फणीश सिंह एम.ए., पी.एच.डी., बी.एल., का जन्म 15 अगस्त, 1941 को शहीद परिवार में ग्राम नरेन्द्रपुर, जिला सिवान (बिहार) में हुआ। 15 वर्ष की आयु में हिन्दी-साहित्य सम्मेलन प्रयाग से 'विशारद' की परीक्षा उत्तीर्ण की। इसके पश्चात आपने पटना उच्च न्यायालय में अगस्त 1967 से वकालत आरम्भ कर दी। छात्र जीवन से ही हिन्दी-साहित्य से अनुराग था। उसी दौरान आपके अनेक लेख विभिन्न पत्र-पत्रिकाओं में प्रकाशित हुए। 1969 से ही आपने हिन्दी साहित्य सम्मेलन, पटना के स्थायी समिति के सदस्य एवं प्रगतिशील लेखक संघ की सदस्यता ग्रहण की।

विश्व-शान्ति परिषद के प्रतिनिधि के रूप में 1983 में मास्को विश्व शान्ति सम्मेलन एवं 1986 में कोपनहेगेन विश्व-शान्ति सम्मेलन में भारतीय शिष्टमंडल में सम्मिलित थे। विश्व-शान्ति परिषद के विभिन्न कार्यक्रमों में सम्मिलित होने के लिए डेनमार्क, स्वीडन, पोलैंड, जर्मनी, चेकोस्लोवाकिया, हॉलैंड, फ्रांस एवं इटली आदि देशों की यात्रा की। आपने प्रसिद्ध स्वयंसेवी संस्था (वैज्ञानिक शिक्षण विकास एवं चिकित्सा सहायता संस्थान) के अध्यक्ष के रूप में जेनेवा (रेडक्रॉस सोसाइटी), आस्ट्रिया, बेल्जियम, इंग्लैंड, अमेरिका एवं पुनः जर्मनी आदि के अलावा गत वर्ष एप्सो के प्रतिनिधिमंडल के साथ चीन की यात्रा की।

# मैक्सिम गोर्की की लोकप्रिय कहानियाँ

संकलन
फणीश सिंह

राधाकृष्ण प्रकाशन

राधाकृष्ण पेपरबैक्स में
**पहला संस्करण :** 2008
**पाँचवाँ संस्करण :** 2026

**राधाकृष्ण पेपरबैक्स :** उत्कृष्ट साहित्य के जनसुलभ संस्करण

राधाकृष्ण प्रकाशन प्राइवेट लिमिटेड
जी-17, जगतपुरी, दिल्ली-110 051
द्वारा प्रकाशित

**शाखाएँ :** अशोक राजपथ, साइंस कॉलेज के सामने, पटना-800 006
पहली मंज़िल, दरबारी बिल्डिंग, महात्मा गांधी मार्ग, प्रयागराज-211 001
1, अनमोल सोराबजी सन्तुक लेन, धोबी तलाव, मरीन लाइंस, मुम्बई-400 002
वेबसाइट : www.radhakrishnaprakashan.com
ई-मेल : info@radhakrishnaprakashan.com

बी.के. ऑफसेट
नवीन शाहदरा, दिल्ली-110 032
द्वारा मुद्रित

**मूल्य : ₹**250

MAXIM GORKI KI LOKPRIYA KAHANIYAN
*by* Maxim Gorki

ISBN : 978-81-8361-212-8

"पुस्तकें पढ़ने की अपनी इस अचानक धुन के कारण क्या-कुछ नहीं मुझे सहना पड़ा : अपमान के कड़वे घूँट मैंने पिए, हृदय में लगी चोटों से मैं कराह उठा।"

—**गोर्की**

# क्रम

*प्रस्तावना* *IX*

मकर छुद्रक 19

बाज़ का गीत 31

तूफान का अग्रदूत 36

बुढ़िया इज़रगिल 38

चेल्काश 59

मेरा राहगीर साथी 92

भण्डाफोड़ 122

दादा आर्खिप और ल्योंका 125

एक पाठक 149

एक बार पतझर में 165

# प्रस्तावना

मैक्सिम गोर्की का जन्म 28 मार्च, 1868 को वोल्गा के तट पर बसे नीजी नवगिरोव के एक निम्न मध्यवर्गीय परिवार में हुआ। बाद में उनकी मृत्यु के पश्चात् इसी नगर का नाम 'गोर्की' रखा गया। उनका पैतृक नाम 'मैक्सिमोविच' एवं कुलनाम 'पेशकोव' था।

जब गोर्की चार वर्ष के थे, उन्हें हैजा हो गया और वे मरते-मरते बचे। पिता की मृत्यु हुए अधिक दिन नहीं बीते थे कि उनके नाना ने एक दिन उनके शरीर की ऐसी 'बखिया उधेड़ी' कि वे अधमरे-से हो गए और बहुत दिनों तक बिस्तर पर पड़े रहे। आठ वर्ष की आयु में वे चेचक के शिकार हुए और बेहोशी की हालत में मकान की पहली मंजिल से नीचे गिर पड़े। जिन दिनों वे जूतों की दुकान पर नौकरी करते थे, उनके दोनों हाथ खौलते हुए शोरबे के गिरने से बुरी तरह जल गए। जंगल में एक बार जब वे पेड़ पर चढ़कर गिलहरी के घोंसले को खखोल रहे थे तो एक शिकारी ने गलती से उन पर गोली चला दी। एक साथ सत्ताइस छर्रे उनके बदन में घुस गए। उनकी एक मालकिन ने देवदार की छड़ी से उन्हें इतनी बुरी तरह मारा कि उनकी पीठ सूज कर तकिए की भाँति हो गई। वोल्गा के तट पर बसे कारनोविदोवो गाँव में जमींदार के लठैतों ने उन्हें जान से मारने के लिए कई बार प्रहार किए और फिर उस मकान में आग लगा दी जिसमें वे रहते थे। एक बार माल ढोने वाले जहाज पर काम करते समय वे उसके निचले तले में जा गिरे और गम्भीर रूप से घायल हो गए। अपने रूसी भ्रमण के दौरान एक बार वे बर्फानी तूफ़ान में बुरी तरह फँस गए और मरते-मरते बचे। घातक बीमारियाँ, क्रूर व्यक्ति, दुर्भाग्य और दुर्घटनाएँ उनके जीवन के अभिन्न अंग बन गए थे। गोर्की के जीवन के कटु अनुभवों को सुनकर लियो टॉल्स्टॉय ने उनसे कहा था :

'तुम अजब आदमी हो। मुझे गलत न समझ बैठना लेकिन हो बड़े अजब आदमी। आश्चर्य है कि तुम अब भी इतने भले हो जबकि तुम्हें बुरा बनने का पूरा अवसर था। सचमुच तुम्हारा हृदय बड़ा विशाल है।'

जहाँ एक ओर गोर्की ने यन्त्रणाएँ सही थीं, वहीं दूसरी ओर उन्हें प्यार और प्रोत्साहन भी खूब मिला था। जहाँ उन्होंने मनुष्यों के पाशविक और घिनौने रूप को देखा था, वहीं उन्हें उनकी उदार और उदात्त भावनाओं के भी दर्शन हुए थे। जो भी गोर्की के सम्पर्क में आता, उनकी प्रखर प्रतिभा तथा हृदय की सच्चाई और ईमानदारी से

प्रभावित हुए बिना न रहता। उन्हें अपने जीवन में कितने ही ऐसे व्यक्ति मिले जिन्होंने उन्हें सच्चे हृदय से प्यार किया और जीवन में आगे बढ़ने और महत्त्वपूर्ण कार्य करने के लिए प्रोत्साहित किया।

लगभग दस वर्ष की आयु तक अपना बचपन गोर्की ने नाना के घर पर ही व्यतीत किया। आठ वर्ष के बाद के कुछ समय तक वे सौतेले पिता के साथ भी रहे। नाना के घर का वातावरण अन्य निम्न मध्यवर्गीय बूर्जुआ परिवारों की तरह धन-लोलुपता, मानसिक संकीर्णता और वैमनस्य के विषैले धुएँ से भरा हुआ था। दोनों मामा आपस में इतना लड़ते कि लहूलुहान हो जाते। वे अपनी पत्नियों और बच्चों को भी निर्ममता से पीटते थे। छोटे मामा ने तो पीटते-पीटते अपनी पत्नी की जान ही ले ली थी। गोर्की की माँ वहाँ कुछ दिन रहकर उन्हें नानी के पास छोड़कर कहीं और चली गई थीं। सम्भव था कि वहाँ के वैमनस्य और घृणा-भरे दमघोंटू वातावरण में गोर्की की जीवन-लीला ही समाप्त हो जाती यदि उन्हें नानी का अगाध स्नेह न मिला होता। नानी के स्नेह ने उनके अन्दर जीवन के प्रति अटूट आस्था जगाई और उन्हें उदार और अच्छा व्यक्ति बनने की प्रेरणा दी। नानी के विषय में गोर्की ने लिखा है : 'वह जीवन-भर के लिए मेरी मित्र, मेरे हृदय के बहुत ही निकट, सुबोध और सबसे अधिक प्रिय व्यक्ति हो गई। जीवन के प्रति उसके निःस्वार्थ मोह ने मेरे जीवन को नवीन प्रेरणा से ओत-प्रोत कर दिया और मुझे वह शक्ति प्रदान की, जिससे मैं अपने कठिन भविष्य का सामना कर सका।'

नानी के सम्पर्क से ही गोर्की की साहित्यिक रुचि का विकास हुआ। किस्से-कहानियों और कविताओं का उनके पास अक्षय भंडार था। परियों, परिन्दों, डाकुओं, पिशाचों और शैतानों की कहानियों के साथ वे माता मरियम, भक्त अलेक्सेई, सूरमा ईवान और ईसाई संतों की अनेक कविताएँ गोर्की को सुनाती थीं। उनकी कहानियाँ और कविताएँ शिक्षाप्रद होतीं और उनका मुख्य लक्ष्य मानव जीवन को उत्कृष्ट बनाने की प्रेरणा देना होता। गोर्की की लाल चेचकरू चेहरेवाली धाय येव्गेन्या भी उन्हें कहानियाँ सुनाती थी। उसकी सभी कहानियाँ यथार्थ जीवन से जुड़ी हुई होतीं और उनमें झक्की न्यायाधीश, निर्दय जमींदार और लालची व्यापारियों की संकीर्ण भावनाओं और स्वार्थपरायण जीवन का वर्णन होता। ईश्वर और पादरियों के विषय में भी उसकी कहानियाँ व्यंग्यपूर्ण होतीं। गोर्की उनमें विश्वास करते थे क्योंकि उन्होंने नाना के यहाँ ऐसे क्षुद्र व्यक्तियों को देखा था। आगे चलकर लेखक के रूप में उन्होंने नानी की रोमांसवादी शैली और धाय की यथार्थवादी शैली—दोनों का समन्वय करके अपनी कहानियों और अन्य रचनाओं का सृजन किया। इसी कारण उनकी कृतियों में जहाँ रूस के यथार्थ जीवन का चित्रण है, वहीं मानव के भावी उच्चतर जीवन के सपनों की भी अभिव्यक्ति है। उनकी यही रोमांसवादी-यथार्थवादी विधि बाद में समाजवादी-यथार्थवादी विधि के रूप में प्रचलित हुई।

गोर्की की नियमित शिक्षा नहीं के बराबर हुई थी। शुरू में नीज्नी आने पर उनकी बड़ी ताई नताल्या ने उन्हें धार्मिक शिक्षा दी थी और नाना ने प्रार्थनाएँ याद कराई थीं

और रूसी भाषा की वर्णमाला सिखाई थी। तेज बुद्धि होने के कारण वे शीघ्र ही अक्षर जोड़-जोड़कर बाइबल के भजनों की पुस्तक पढ़ने लगे थे। गोर्की जब आठ वर्ष के हुए तब उनकी माँ ने दूसरा विवाह कर लिया। गोर्की को वे अपने साथ ले गईं और एक स्कूल में उनका नाम लिखवा दिया, पर कुछ ही दिनों के बाद जब वे गर्भवती हुईं तो गोर्की को फिर से नानी के घर भेज दिया गया। नाना ने अपनी जायदाद का लड़कों में बँटवारा कर दिया था और उनकी आर्थिक दशा बिगड़ने लगी थी। वे और भी अधिक धनलोलुप हो गए थे और नानी को भी उन्होंने अलग कर दिया था। नानी की आर्थिक सहायता करने के लिए गोर्की ने अपनी ही उम्र के लड़कों के साथ कबाड़ा तथा ओका नदी के किनारे से लकड़ी के तख्ते इकट्ठे करके बेचने का काम शुरू कर दिया था। वे स्कूल में भी पढ़ने जाते पर वहाँ एक समस्या उठ खड़ी हुई थी क्योंकि उन्हें दूसरे बच्चे आवारा और कबाड़ी कहकर चिढ़ाते थे। जैसे-तैसे उन्होंने तीसरा दर्जा पास किया। गोर्की के प्रारम्भिक जीवन आवारागर्दी एवं जीविकोपार्जन के अनेक उपायों में बीता। अपने इस जीवन का सजीव चित्रण उन्होंने अपने आत्मकथात्मक उपन्यास 'मेरा बचपन' में किया है।

गोर्की की पहली नौकरी नीज्नी के बड़े बाजार में 'फैन्सी जूता' की दुकान पर लगी। दुकान पर काम करने के साथ-साथ उन्हें मालिक के घर का सब काम भी सँभालना पड़ता था। उनका ममेरा भाई जो वहाँ पहले से ही नौकर था, उन्हें तंग करने के लिए जूतों में पिनें और सुइयाँ छिपा देता था। जब गोर्की जूतों पर पालिश करते तो वे उनके हाथों में बुरी तरह गड़ जातीं। ऊबकर वे फिर नानी के पास लौट आए। जीवकोपार्जन के लिए वे नानी के साथ ओका नदी के पास के घने जंगल से खुमियों और अखरोटों को इकट्ठे करके बेचने लगे। जंगल के सुखद वातावरण का वर्णन करते हुए उन्होंने लिखा है : 'जंगल मुझमें मानसिक शान्ति और खुशहाली की भावना जाग्रत करता और यह भावना मुझे अपने हृदय के दुःख और मन खट्टा करनेवाली अन्य सभी बातों को भूलने में मदद देती।'

उन्होंने वोल्गा के तट पर 'दोब्री' जहाज पर बर्तन साफ करने की नौकरी कर ली। जहाज पर बावर्ची स्मूरी उनसे किताबें पढ़वाकर सुनता था। स्मूरी का एक लोहे का सन्दूक किताबों से भरा पड़ा था। इसके अतिरिक्त जहाज के कप्तान की पत्नी भी उसे किताबें देती रहती थी। गोर्की ने स्मूरी को *गोगोल की भयानक प्रतिशोध और तारास रचनाएँ*, स्काट की *आइवनहो* तथा हेनरी फील्डिंग के *टामजोंस* पर आधारित *थोमस जान्स* की कहानी पढ़कर सुनाई। जब जहाज नीज्नी नोव्गोरोद वापस लौटा तो बारमेन ने जो गोर्की से नाराज हो गया था, उनका हिसाब चुकता कर दिया। विदा के समय स्मूरी ने उन्हें अपनी प्यारी बेटी का बनाया तम्बाकू रखने का एक सुन्दर बटुआ भेंट किया और कहा : 'अच्छा, अब जा। पुस्तकें पढ़ना, उनसे बड़ा साथी तुम्हें और कोई नहीं मिलेगा।'

गोर्की फिर नानी के पास लौट आए और गानेवाली चिड़ियों को पकड़ने और बेचने

का धंधा करने लगे। थोड़े दिनों के बाद नाना ने फिर उन्हें नानी के नक्शानवीस सम्बन्धी के यहाँ भेज दिया। यहाँ दिन-भर वे काम में लगे रहते और रात में चोरी-छिपे किताबें पढ़ते। उन्होंने पिघले हुए मोम को बटोरकर एक टीन की डिबिया में जमा कर लिया था और उसी की रोशनी में चुपचाप पढ़ते रहते। बूढ़ी मालकिन जब उन्हें पढ़ते हुए देख लेती तो बुरी तरह बिगड़ती। गोर्की ने लिखा है : 'पुस्तकें पढ़ने की अपनी इस अचानक धुन के कारण क्या-कुछ नहीं मुझे सहना पड़ा। अपमान के कड़वे घूँट मैंने पिए, हृदय में लगी चोटों से मैं कराह उठा।'

गोर्की ने अपने साहित्यिक जीवन में उपन्यास, नाटक, कहानियों एवं निबन्धों की झड़ी लगा दी। अपने देश और वहाँ के निवासियों का जितना व्यापक और गहरा अध्ययन गोर्की ने किया, उतना विश्व के किसी लेखक ने नहीं।

गोर्की का कलात्मक दृष्टिकोण कितना जटिल है, यह जटिलता उनकी एक श्रेष्ठ कृति 'तलछट' नाटक में स्पष्टतः प्रकट हुई है। इसमें सच्चाई और कपोलकल्पना का जहाँ समान रूप से समावेश हुआ है, वहीं मनुष्य के गुणों की सगर्व पुष्टि के साथ ही उसके प्रति अनुकम्पा भी।

जब गोर्की ने साहित्य-जगत में कदम रखा, तब अपने शिखरों को छू चुकनेवाला महान रूसी साहित्य जीवन और जन-हित विरोधी प्रवृत्तियों का शिकार हो रहा था। किन्तु अच्छी बात यह थी कि जहाँ ये प्रवृत्तियाँ गद्य की तुलना में पद्य में अधिक जोर से उभरीं, वहीं गद्य के क्षेत्र में रूसी साहित्य के कुछ महारथी अभी भी सृजन कर रहे थे और उसकी यथार्थवादी, जनवादी, मानवतावादी और लोक-कल्याण की परम्पराओं को आगे बढ़ा रहे थे। इनमें श्चेद्रीन ग्लेब उस्पेन्सकी, लियो टॉल्स्टॉय, अल्तोन चेखव और व. कोरोलेन्कों के नाम विशेष रूप से उल्लेखनीय हैं।

गोर्की रूसी साहित्य की महान परम्पराओं को लेकर ही आगे बढ़े। उन्होंने उन परम्पराओं को आगे बढ़ाया और उनमें एक नई, बड़ी मजबूत और शानदार कड़ी जोड़ी। गोर्की की सबसे बड़ी उपलब्धि यह थी कि उन्होंने अपने युग की विसंगतियों और विरोधी शक्तियों के स्वरूप को बहुत जल्दी ही समझ लिया। इस तरह उन्होंने रूसी साहित्य में उभरते हुए निराशावाद और ह्रासवाद के स्वरों का जोरदार विरोध किया और लेखकों-साहित्यकारों को उनके सामाजिक कर्तव्य की चेतना कराई। अपने कृतित्व द्वारा उन्होंने एक नया आदर्श प्रस्तुत किया और रूसी साहित्य को ही नहीं, विश्व साहित्य को भी एक नई दिशा दी।

गोर्की की प्रारम्भिक कहानियाँ दो भिन्न-भिन्न शैलियों–रोमांटिक (स्वच्छन्दतावादी) और यथार्थवादी–में लिखी गई हैं। अपनी रोमांटिक कहानियों में उन्होंने जीवन के प्रेरणादायक और उदात्त चित्र प्रस्तुत कर अपने अभावों और दरिद्रता से भरे जीवन की परिस्थितियों को भूलने का प्रयत्न किया है। इसलिए उन्होंने अपनी कल्पना की रंगीनियों से उन्हें सजाया है। ये कहानियाँ मनुष्य के शौर्य, साहस और स्वतन्त्रता की भावनाओं से अनुप्राणित हैं और इनमें ऐसे स्वप्नों की अभिव्यक्ति है जो आज की यथार्थता को

बेधकर आगामी कल की यथार्थता को देखते हैं। 1928 में प्रकाशित लेख 'मैंने लिखना कैसे सीखा' में गोर्की ने रोमांसवाद की दो विरोधी प्रवृतियों पर प्रकाश डाला है : निश्चेष्ट रोमांसवाद जो लोगों का ध्यान यथार्थ जीवन की समस्याओं से हटाकर कल्पनालोक में भ्रमित करता है और उसके विपरीत सक्रिय रोमांसवाद जो मानव के जीवन-संकल्प को दृढ़ करता है, आस-पास के जीवन और उसके सभी प्रकार के उत्पीड़न के विरुद्ध विद्रोह की भावना जगाता है। गोर्की की रोमांटिक कहानियों में इसी सक्रिय या क्रान्तिकारी रोमांसवाद का प्रयोग हुआ है। वैसे उनकी रोमांटिक कहानियाँ भी यथार्थ जीवन पर आधारित हैं। यथार्थ जीवन में अपने सम्पर्क में आए लोगों से जो कहानियाँ उन्होंने सुनी थीं, उन्हीं को उन्होंने इन कहानियों में कलात्मक रूप में प्रस्तुत किया है। अपनी यथार्थवादी कहानियों में गोर्की ने वास्तविक जीवन के अपने व्यापक अनुभवों का सच्चाई और ईमानदारी से सजीव चित्रण किया है। इन कहानियों में वर्णित जो चरित्र और घटनाएँ यथार्थ जीवन से ली गई हैं, उनको कल्पना के रोमानी रंगों से भरने का प्रयत्न किया गया है। लेकिन गोर्की की यथार्थवादी कहानियों में भी रोमांसवाद का पुट जीवन-दृष्टि के रूप में मिल जाता है। उनके साहित्य का उद्देश्य मनुष्य के जीवन को बेहतर बनाना था, इसलिए *जीवन-दृष्टि में यथार्थवाद*-रोमांसवाद का कुछ पुट होना जो स्वस्थ आत्मिक उभार के लिए अनिवार्य है, उचित था। उनके विचार में यथार्थवाद और रोमांसवाद का यह संचयन विश्व के सभी महान लेखकों—बाल्जाक, तुर्गनेव, पुश्किन, टॉल्स्टॉय और चेखव आदि—की रचनाओं में मिलता है।

गोर्की ने एक बार अपने भाषण में कहा था : 'मैं सोचता हूँ कि यथार्थवाद का रोमानियत से संगम होना चाहिए। केवल यथार्थवादी नहीं, केवल रोमानी, स्वच्छंदतावादी नहीं, बल्कि यथार्थवादी भी और रोमानी भी एक ही अस्तित्व के दो रूप है।''

रोमांटिक शैली में लिखी गई कहानियों में 'मकर छुद्रक' (Makar Chudra) 1892 और 'बुढ़िया इजरगिल' (Old Izergil) 1895 सबसे महत्त्वपूर्ण हैं। यद्यपि गोर्की के अधिकांश कहानी-संग्रहों में उनकी रोमानी रंग से लिखी रचनाओं—'बाज का गीत' (Song of the Falcon) 1901 और 'तूफान का अग्रदूत' (Song of the Stromy Petrel) 1901 को भी कहानियों के रूप में सम्मिलित किया जाता है किन्तु उन्हें कहानी न कहकर गद्य-गीत कहना अधिक उपयुक्त होगा। उनकी पहली प्रकाशित कहानी 'मकर छुद्रक' एक बूढ़े जिप्सी मकर छुद्रक के अवलोकन बिन्दु से लिखी गई है। अपने घुमक्कड़ी के जीवन में गोर्की की भेंट इस जिप्सी से सीमाहीन स्तेपी से घिरे एक समुद्र तट पर होती है और वह उन्हें स्वतन्त्रता के दीवाने हृष्ट-पुष्ट और आकर्षक नवयुवक लोइको जोबार तथा अत्यधिक सुन्दर नवयुवती राद्दा के प्रेम की मार्मिक कहानी सुनाता है। कहानी कहने से पूर्व गोर्की से किए गए अपने वार्तालाप के दौरान वह जीवन के विषय में अपने असाधारण मनोरंजक विचार उद्घाटित करता है, जिनसे उसके स्वयं के चरित्र पर प्रकाश पड़ता है। उसे आजादी से अत्यधिक प्यार है, और उसी को वह जीवन का मुख्य उद्देश्य समझता है। उसे अच्छा नहीं लगता कि कोई व्यक्ति जन्म से लेकर मृत्यु

तक गुलाम की तरह परिश्रम करते हुए अपना जीवन खपाता रहे। स्वतन्त्र जीवन बिताने के महत्त्व पर बल देने के लिए वह वृद्ध जिप्सी लेखक को गर्वीले लोइको जोबार और परम सुन्दरी राद्दा की, जो एक दूसरे को अत्यधिक प्यार करते हुए भी स्वतन्त्रता के लिए अपनी जान तक गँवा देते हैं, कहानी सुनाता है। स्वतन्त्रता के इसी स्वर को सुनने के लिए विद्रोही रूसी आत्मा छटपटा रही थी, इसीलिए गोर्की की इस कहानी ने उनके हृदयों को गहराई से आन्दोलित किया और वह बहुत लोकप्रिय हुई।

'बुढ़िया इजरगिल' सबसे पहले 1895 में समारस्काया गजेता (समारा समाचार पत्र) में प्रकाशित हुई। चेखव को भेजे गए अपने एक पत्र में गोर्की ने इस कहानी के विषय में लिखा था : 'लगता है कि बुढ़िया इजरगिल के समान कसी हुई और सुन्दर मैं अन्य कोई रचना नहीं लिख पाऊँगा।' लेकिन गोर्की के इस मत से सहमत होना सम्भव नहीं है क्योंकि इसमें एक कहानी के स्थान पर तीन कहानियों का वर्णन है। पहली और तीसरी कहानियाँ लोक-साहित्य के आधार पर लिखी गई दन्तकथात्मक काल्पनिक रचनाएँ हैं, तो दूसरी कहानी यथार्थवादी है और बुढ़िया इजरगिल के युवा जीवन की प्रेम-कथाएँ है। इस प्रकार 'बुढ़िया इजरगिल' में गोर्की ने रोमांटिक और यथार्थवादी शैलियों का एक साथ प्रयोग किया है।

'बाज का गीत' की तरह ही रोमानी रंग में लिखा गया एक अन्य गद्य-गीत 'तूफान का अग्रदूत' है जो उनके 1898 में प्रकाशित संग्रहों में नहीं था, बाद में 1901 में रचा गया। आश्चर्य की बात नहीं कि 'जीवन' पत्रिका के 1901 के अप्रैल अंक में जब यह रचना प्रकाशित हुई, इसने जागरूक पाठकों में हलचल पैदा कर दी और जार की सरकार ने इसी कारण से 'जीवन' पत्रिका के प्रकाशन पर रोक लगा दी और पुलिस गोर्की पर कड़ी नजर रखने लगी। इस गद्य-गीत के बाद गोर्की को न केवल 'तूफान का अग्रदूत' बल्कि 'तूफान का उद्घोषक' कहा जाने लगा।

गोर्की की प्रस्तुत रोमानी कहानियों के संक्षिप्त विवरण के पश्चात् हम उनकी यथार्थवादी कहानियों की ओर आते हैं। रोमानी कहानियों से भिन्न यथार्थवादी कहानियों के कथानक, घटनाएँ और पात्र वास्तविक जीवन से लिए गए हैं। ऐसी समस्याएँ प्रस्तुत की गई हैं, जो हर दिन के जीवन में सामने आ रही थीं, जिनका लेखक को अपने इर्द-गिर्द के जीवन में अनुभव हुआ था और जो तत्कालीन रूस के पुराने सामन्तवादी-पितृसत्तात्मक ढाँचे के टूटने और पूँजीवाद की ओर तीव्र संक्रमण के फलस्वरूप जन्म लेते हुए नए सामाजिक सम्बन्धों, नए रिश्तों का परिणाम था। इनमें जहाँ मध्यम वर्ग के लोगों की कूपमण्डूकता, उनके बौद्धिक दैन्य, उनकी उदासीनता, उनकी क्रूरता और संकीर्णता पर जोरदार चोट की गई है, वहीं बुद्धिजीवियों तथा साहित्यकारों पर भी प्रहार किया गया है। वहाँ ऐसे बुद्धिजीवियों को भी प्रस्तुत किया गया है, जो तत्कालीन जीवन से असन्तुष्ट थे, उसे बदलना चाहते थे। उसके लिए यत्नशील ही नहीं थे बल्कि बड़े-बड़े बलिदान करने को भी तैयार थे। गोर्की ने जीवन के स्वामियों अर्थात् साधन-सम्पन्न शोषक वर्ग के लालच, स्वार्थपरता और उसके

मुकाबले में ऐसे पात्रों को भी प्रस्तुत किया है जो क्रूर परिस्थितियों के परिणामस्वरूप जीवन के गर्त या तल में पहुँच गए थे। उनमें से कुछ अपने मानवीय लक्षणों को भी खो बैठे थे, किन्तु अधिकांश की आत्मा में उनका मानव जीवित रहा था। गोर्की ने उन सामाजिक परिस्थितियों पर प्रकाश डाला है, उनका विश्लेषण किया है, जो लोगों को पतन की ओर ले जाती हैं, किसी नारी को वेश्या बनने के लिए विवश करती हैं, बच्चों से भीख मँगवाती हैं।

यथार्थवादी कहानियों में 'मेरा राहगीर साथी' (My Travelling Companion) 1894 सामन्ती वर्ग की अकर्मण्यता और स्वार्थपरायणता की कहानी है, तो 'भण्डाफोड़' (Exposure) 1892 कहानी में मनुष्यों के औरतों के प्रति पाशविक और निर्मम व्यवहार का चित्रण सफलता के साथ किया गया है।

'दादा आर्खिप और ल्योंका' (Grand father Arkhip and Lyonka) कहानी सबसे पहले 1894 में नीज्मी नोव्गोरोद की पत्रिका *बोलगार* में प्रकाशित हुई। बूढ़ा और बीमार भिखारी आर्खिप और उसका कमजोर और ग्यारह वर्ष का पोता ल्योंका इस कहानी के मुख्य पात्र हैं। गोर्की की यह बहुत ही मार्मिक कहानी है, जिसमें दादा अपने पोते के भविष्य को सुरक्षित रखने के लिए भिख माँगने के साथ कभी-कभार चोरी करने के लिए भी बाध्य होता है। लेकिन पोते द्वारा दुत्कारे जाने के दुःख से व्यथित होकर मृत्यु को प्राप्त हो जाता है।

गोर्की की प्रसिद्ध कहानी 'एक पाठक' (The Reader), जो 1898 में छपी थी, इसमें हमें लेखक के इर्द-गिर्द की तत्कालीन परिस्थिति की झलक मिलती है।

'चेल्काश' (Chelkash) मास्को के पत्र रूस्सकोये बोगात्सत्वो (रूसी सम्पदा) में 1895 में प्रकाशित हुई। वह एक यथार्थ घटना पर आधारित कहानी है। चेल्काश का मूल रूप ओदेस्सा का एक आवारागर्द था जिससे गोर्की का परिचय निकोलायेव (खेरसोन) नगर के एक अस्पताल में हुआ। उसी ने इस कहानी में चित्रित घटना गोर्की को सुनाई थी।

1895 में लिखी गई 'एक बार पतझर में' (One Autumn) कहानी में गोर्की ने बड़ी ही सहानुभूति और सहृदयता से समाज की उपेक्षित और कभी-कभी तो अन्यायवश घृणित नारी (वेश्या के रूप में) के भाग्य की ओर समाज के दायित्व का ध्यान आकृष्ट किया है।

प्रसिद्ध रूसी लेखक पेकोतीजाम्यातिन ने लिखा है—''घटनाक्रम तूफ़ानी गति से बदलता है—नए-नए स्थान, नए-नए पेशे और जीवन के नए-नए अनुभव। यह सब गोर्की को जैक लंडन से, यहाँ तक कि फ्रांसुआवियों से (बीसवीं सदी के रूस में ले आएं तो) जोड़ता है। गोर्की जहाज पर छोटा बावर्ची बनता है, गोर्की देवप्रतिमाएँ बेचता है (कैसी विडम्बना है) डबलरोटियाँ बेचता है, गोर्की कुली का काम करता है, गोर्की कबाड़ी का काम करता है और गोर्की मछेरा बनता है। बोल्गा, कास्पियन सागर, क्रीमिया, कुदाब, काकेशिया पर्वत और यह सब पैदल ही बेघर घुमक्कड़ों मस्त आवाराओं के साथ

स्तेपी में, अलाव के पास, उजाड़ मकानों में, औंधी नावों तले रातें काटते हुए। कितनी घटनाएँ, मुलाकातें, दोस्तियाँ, लड़ाइयाँ और आपबीती, जगबीती, के कितने किस्से। भावी लेखक के लिए कैसी विपुल सामग्री और भावी क्रान्तिकारी के लिए कैसी शिक्षा।'' इन चन्द रागात्मक पंक्तियों में जाम्यातिन ने गोर्की की पूरी कथा ही चित्रित कर दी है।

वहीं प्रसिद्ध रूसी लेखक त्योचेएलाव वोवोज्दीझेस्फी ने गोर्की के साहित्य की विशेष व्याख्या करते हुए उनके बारे में बड़ा ही हृदयग्राही चित्रण प्रस्तुत किया है। उसने लिखा है—''बीसवीं सदी में साहित्य के विकास में गोर्की की भूमिका असाधारण रही है। उसके मूल्यांकन भिन्न-भिन्न हो सकते हैं, परन्तु उसे अस्वीकार कोई नहीं कर सकता। गोर्की उस साहित्यिक आन्दोलन के एक प्रवर्तक थे, जो एक सशक्त और बहुमुखी घटना में विकसित हुआ और समाजवादी यथार्थवाद के नाम से जाना गया। गोर्की एक सजीव सृजनशील व्यक्ति थे, उनकी अपनी जीवन-गाथा थी, अपनी आकांक्षाएँ, रुझान और अन्तर्विरोध थे। उनका जीवन-पथ, देश और काल के साथ पूरी तरह अन्तर्गथित था।''

कहानियों का चयन भी एक दुष्कर कार्य था, फिर भी इस छोटे-से संग्रह में मेरा प्रयत्न रहा कि गोर्की की प्रतिनिधि कहानियों को पाठकों तक पहुँचाया जाए। आशा ही नहीं, पूर्ण विश्वास है, पाठकगण इस संग्रह से लाभान्वित होंगे।

**—फणीश सिंह**

1, नीतिबाग,
पटना-800 014

# मैक्सिम गोर्की की लोकप्रिय कहानियाँ

# मकर छुद्रक

चारों तरफ फैले हुए लम्बे-चौड़े मैदान में शीतकालीन पवन, दूर समुद्र-तट पर टकरानेवाली लहरों की नीरस मर्मर ध्वनि अपने साथ लिए हुए, बह रहा था। पवन मुरझाई हुई पीली पत्तियों का ढेर जब-तब अपने साथ बटोर लाकर डेरे में जलती हुई आग में झोंक देता था, जिससे उसकी लपट तेज हो उठती थी। चारों तरफ फैले हुए अन्धकार में एक कँपकँपी दौड़ जाती थी। उस क्षणिक प्रकाश में दाहिनी ओर क्षितिज तक फैले हुए मैदान और बायीं तरफ हरहराते सीमाहीन समुद्र के बीच हमें अपनी एकान्त निर्जनता का अच्छी तरह भास हो जाता था, साथ ही हमारी आँखों के सामने उस बुड्ढे जिप्सी *मकर छुद्रक* का चेहरा भी चमक उठता था, जिसे डेरे के साथ आए हुए घोड़ों की देखभाल करने की जिम्मेदारी सौंपी गई थी।

मालूम पड़ता था, उस बुड्ढे जिप्सी का ध्यान इस ठिठुरा देनेवाले पवन की ओर नहीं था, जो उसके लबादे को झकझोरता हुआ उसकी घने बालोंवाली कठोर छाती से टकरा रहा था। वह मुझसे बिना रुके एक प्रवाह में बातें करने लगा।

"तो तुम हम लोगों के दल में शामिल हो रहे हो ! बहुत अच्छा किया। होता वही है जो हमारी तकदीर में लिखा होता है। फिर भी हमें चाहिए कि हम आँखें खोलकर घूमें, दुनिया देखें और दुनिया देखने के बाद चादर तानकर लेट जाएँ और मर जाएँ। बस, यही सबकुछ है !

"आदमी भी क्या तमाशे के हैं !" उसने बलिष्ठ भुजाएँ लम्बे-चौड़े मैदान की ओर फैला दीं, "दुनिया में इतनी जगह पड़ी है, फिर भी एक ही जगह इकट्ठा होकर जरा-सी जमीन के लिए मरने-मारने के लिए तैयार हो जाएँगे। अधिक से अधिक मेहनत करेंगे, लेकिन किस वास्ते, किसके लिए—यह कोई नहीं जानता। तुम खुद हल चलानेवाले किसान की ओर देखो, तुम्हें सबकुछ समझ में आ जाएगा। पहले तो वह धरती जोतने में अपनी शक्ति गँवाता है और अन्त में मरने पर उसी खेत में सो जाता है, सड़ जाता है। उसका कुछ भी अवशेष नहीं बचता। वह अपनी पसीने की कमाई का उपभोग नहीं कर पाता। जैसे जन्मा था, वैसे ही मर जाता है—मूर्ख कहीं का !

"क्या वह इसीलिए जन्मा था कि पहले तो जमीन खोदता रहे और फिर अपनी कब्र तैयार करने से भी पहले टाँग पसार दे ? क्या उसने कभी आजादी का अनुभव किया ? क्या उसने कभी इस लम्बे-चौड़े मैदान को पहचाना ? इस विशालकाय समुद्र

की मर्मर ध्वनि को सुना ? क्या यह ध्वनि सुनकर कभी उसका हृदय प्रसन्न हुआ ? हिः ! पैदा होने के समय भी गुलाम था और जिन्दगी-भर गुलाम बना रहा। बस, यही गुलामी का पट्टा उसके लिए सबकुछ है ! वह कभी अपने लिए कुछ नहीं कर पाता।

"और मुझे देखो ! मेरे इन पके बालों ने जिन्दगी के पचास वसन्त देखे हैं। अगर तुम मेरी जीवन-कथा लिखने बैठो तो पोथी रंग जाएगी और फिर भी कुछ-न-कुछ बचा ही रहेगा। तुम मुझे ऐसे किसी नगर का नाम बताओ, जो मैंने न देखा हो ? तुमने तो उन नगरों का नाम भी न सुना होगा जो मैंने देखे हैं। बस, जिन्दगी में ऐसे ही रहना चाहिए—सदा घूमते रहो, घूमते रहो—प्रत्येक स्थान पर थोड़ी देर के लिए ठहरो—बस। जिस प्रकार रात और दिन का क्रम सदा चला करता है, उसी प्रकार तुम भी चलते रहो। ज़िन्दगी के बारे में कभी कुछ मत सोचो, अगर तुम अपना दिमाग नहीं खराब करना चाहते हो। यही मेरी सलाह है। तुम जिन्दगी के बारे में जितना विचार करोगे, तुम उससे उतनी ही घृणा करने लगोगे। यही होता है। मैं स्वयं अनुभव कर चुका हूँ। सच, मैं जिन्दगी देख चुका हूँ।

"मैं जेल में रह चुका हूँ। वहाँ सोचने-विचारने का बहुत समय मिलता था : इस दुनिया में मैं क्यों पैदा हुआ ?—मैं अपने से प्रश्न किया करता। मैं ये सब बातें सिर्फ वहाँ वक्त काटने के लिए सोचा करता था; क्योंकि वहाँ वक्त नहीं कटता था। इन बातों पर विचार करने से मेरा हृदय और भारी हो जाता था।...सच, हम दुनिया में इसीलिए रहते हैं कि रहते आए हैं, बस ! क्यों रहते हैं—कौन जानता है ? कोई नहीं ! और प्रश्न करना व्यर्थ है। अपनी जिन्दगी को पूरी तौर से जियो, सदा यहाँ से वहाँ घूमते रहो, अपने चारों ओर आँखें खोलकर देखो ! और तब तुम्हें कभी उस वस्तु की इच्छा नहीं होगी जो तुम्हारे पास नहीं है। मैं सच कहता हूँ, मैं यह सब अनुभव कर चुका हूँ।

"हिः ! एक बार मेरी एक आदमी से बातचीत हुई...वह भी तुम्हारी ही तरह हट्टा-कट्टा था। वह रूसी था। उसने कहा—'तुम्हें अपनी मर्जी के अनुसार नहीं रहना चाहिए, बल्कि उस तरह रहना चाहिए, जिस तरह रहने के लिए ईश्वर ने आज्ञा दी है। बस, तुम उसके चरणों में अपने आप को अर्पित कर दो और फिर जिस चीज की प्रार्थना करोगे, तुम्हें प्राप्त हो जाएगी।' और मजे की बात यह कि उस बेचारे के बदन पर फटा हुआ चीथड़े जैसा लबादा था। मैंने उससे कहा कि तुम प्रार्थना कर अपने लिए नए कपड़े क्यों नहीं प्राप्त कर लेते ? इस पर वह मुझसे नाराज होकर, गालियाँ देने लगा और अपने रास्ते चला गया। इससे कुछ ही देर पहले वह क्षमा और प्रेम की बात कर रहा था। उसे चाहिए था कि जब मैंने अपनी बात से उसके अहंकार को चोट पहुँचाई तब मुझे क्षमा कर देता ! बस, ऐसे ही शिक्षक होते हैं ! वे तुम्हें शिक्षा देंगे—'थोड़ा खाओ' और खुद दिन में दस बार खाएँगे..."

वह आग में थूककर चुप हो गया और अपने पाइप में तम्बाकू भरने लगा। पवन का वेग शान्त होकर अब कराह रहा था। घोड़े अँधेरे में हिनहिना रहे थे। डेरे से, जो

हम लोगों से पचास कदम की दूरी पर था, एक वेदनापूर्ण कंठ से अलाप भरने की आवाज आ रही थी। वह छुद्रक की सुन्दर बेटी नानका थी, जो गा रही थी। मैं उसकी आवाज पहचानता हूँ, जो बड़ी कोमल और कसक-भरी है। व्यथा और अभाव की साकार मूर्ति है। गा क्या रही थी, मानो वह अपने हृदय की पीड़ा उँडेल रही थी ! अभिमान से छलकती अपनी खूबसूरती में वह कोई रानी मालूम पड़ती है। उसकी गहरी भूरी आँखों में, जिन में सदैव वेदना की लकीरें छाई रहती हैं, साफ झलकता है कि वह अपने अनुपम सौन्दर्य के आकर्षण से भली-भाँति परिचित है, साथ ही उसमें उन लोगों के प्रति घृणा भी है जो उसके समान सुन्दर नहीं हैं।

छुद्रक ने तम्बाकू पीने के लिए पाइप मुझे दिया।

''लो, तमाखू पियो ! यह लड़की बहुत अच्छा गाती है ! क्यों, तुम्हारा क्या विचार है ? अच्छा, इस लड़की के समान कोई सुन्दर लड़की तुम्हें प्यार करे तो तुम पसन्द करोगे ? नहीं ? ठीक है, ठीक है, तुम सही हो ! कभी भी स्त्रियों पर विश्वास मत करना, सदा उनसे दूर रहना। हालाँकि यह बात सही है कि तम्बाकू पीने की अपेक्षा किसी लड़की को चूमना अधिक अच्छा लगता है...लेकिन जहाँ एक बार किसी स्त्री के ओठों को तुमने चूमा, तुम्हारी स्वतन्त्रता छिन जाती है। स्त्री तुम्हें ऐसे पाश में बाँध लेती है जो तुम्हें दिखाई भी नहीं पड़ता और जिससे तुम मुक्त भी नहीं हो पाते। तुम अपनी आत्मा तक उसे भेंट चढ़ा देते हो और बदले में कुछ नहीं मिलता। मेरी यह सलाह गाँठ में बाँध लो। स्त्रियों से सदैव सावधान रहना—वे नागिनें होती हैं, नागिन। 'मैं तुम्हें संसार में सबसे अधिक प्रेम करती हूँ,' वह कहेगी, लेकिन तुम चाहे अनजान में ही उसके पिन चुभो दो तो वह तुम्हें फाड़ खाने को तैयार हो जाएगी। मैं अच्छी तरह यह जानता हूँ, खूब अच्छी तरह जानता हूँ ! अगर तुम सुनना चाहो तो तुम्हें एक कहानी सुना सकता हूँ। लेकिन मेरी यह बात गाँठ में बाँध लो कि सदा सावधान रहना, किसी के शिकार मत होना, सदा पक्षी की भाँति स्वतन्त्र रहना।

''बहुत समय पहले की बात है। एक नौजवान जिप्सी था। उसका नाम जोबर था। हंगरी, बोहेमिया, स्लावोनिया और समुद्रतट के सभी देश उससे परिचित थे; क्योंकि वह एक बहादुर जवान था। ऐसा कोई गाँव न था, जहाँ के कम-से-कम एक दर्जन लोगों ने यह शपथ न खाई हो कि वे जोबर का खून करेंगे, फिर भी वह जिन्दा था। अगर उसे कोई घोड़ा पसन्द आ जाता था तो फिर वह उसे लेकर ही रहता था—चाहे एक पूरी फौजी टुकड़ी ही उसकी निगरानी के लिए नियुक्त क्यों न हो ! उसे न ईश्वर का डर था, न मनुष्य का। अगर शैतान भी अपनी पूरी सेना लेकर उसका सामना करता तब भी वह अकेले ही उससे लोहा लेता और मुझे पूरा विश्वास है, शैतान के जबड़े भी जोबर की मजबूत कलाइयों का स्वाद चख लेते।

''जिप्सियों के सभी दल या तो उससे परिचित थे या उन्होंने उसका नाम सुन रखा था। उसे केवल घोड़े का शौक था, और वह भी केवल दो-चार घड़ी के लिए। एक बार सवारी करने के बाद उस घोड़े से उसका मन इस तरह उचाट हो जाता था कि

घोड़े के बेचने पर उसे जो पैसा मिलता था, वह उससे कोई भी माँग सकता था। उसके पास ऐसी कोई भी वस्तु न थी जो वह दूसरों को नहीं दे सकता था। अगर तुम उसका हृदय भी माँगते तो वह अपना सीना चीरकर तुम्हारे हाथों पर रख देता, सिर्फ इसी सन्तोष के वास्ते कि उसने तुम्हारा मान रखा।

''हमारा दल उस समय बुकोनिया में था। यह दस वर्ष पहले की बात है। लेकिन मुझे ऐसा मालूम पड़ता है, जैसे वह कल की ही घटना हो ! वसन्त ऋतु थी। हम लोग एक जगह डेरा डाले थे। मैं था, सिपाही दानिला था जो कितनी ही लड़ाइयाँ लड़ चुका था। बूढ़ा नूर था, और भी कई आदमी थे। हमारे साथ दानिला की लड़की राद्दा भी थी।

''तुमने तो नानका को देखा ही है। क्या वह कोई रानी नहीं मालूम पड़ती ? लेकिन राद्दा की तुलना उससे नहीं की जा सकती; नानका तो उसके पैरों की धूल भी नहीं है। उसके सौन्दर्य का वर्णन शब्दों में नहीं हो सकता। हाँ, बेला से तुलना की जा सकती है, लेकिन ऐसा वही कर सकता है जो बेला की आत्मा से वाकिफ हो।

''कितने ही बहादुर नौजवान उसके पीछे अपना दिल खो बैठे थे। एक बार एक अमीर आदमी की उस पर नजर पड़ गई। वह अपनी जगह पर बस खड़ा ही रह गया, जैसे उसके शरीर पर फालिज गिर पड़ा हो ! वह अपने घोड़े पर बैठा हुआ इस तरह काँप रहा था, जैसे बुखार से कँपकँपा रहा हो। वह अमीर आदमी बेहद खूबसूरत था। उसकी पोशाक पर जरी का काम था। जब उसका घोड़ा अपनी टाप पटकता था, उसकी पोशाक बिजली की तरह चमक उठती थी। उसकी नीली टोपी में हीरे जड़े थे। वह राद्दा की ओर देखता रहा, फिर उसने सहसा उससे कहा–'तुम मुझे एक प्यार दो और मैं तुम्हें उसके बदले में रुपयों से भरी थैली दूँगा।' राद्दा ने उत्तर में मुँह फेर लिया...'माफ करो ! अगर मेरी बात से नाराज हो गई हो तो इतनी ही कृपा करो कि एक बार केवल मुस्कुरा दो–बस, केवल एक बार !' वह उसके सामने इस प्रकार दीन बन गया कि रुपयों से भरी एक बड़ी थैली उसके पैरों पर उसने फेंक दी ! लेकिन जानते हो, राद्दा ने क्या किया ? उसने रुपयों की थैली पैरों से ठुकरा दी, बस !...'अच्छा, तुम दूसरे प्रकार की लड़की हो !' उस अमीर आदमी ने बुदबुदाकर कहा, और घोड़े को ऐंड़ लगाई। उसके पीछे केवल गर्द का बादल रह गया।

''दूसरे रोज वह अमीर फिर आया। 'इस लड़की का बाप कौन है ?' उसकी आवाज डेरे-भर में गूँज उठी। दानिला सामने आया। 'इस लड़की को मेरे हाथ बेच दो। तुम जितना रुपया चाहो, मुझसे ले लो।' लेकिन दानिला ने उत्तर दिया–'यह रिवाज केवल रईसजादों में है; वे सबकुछ बेच सकते हैं–साधारण वस्तु से लेकर अपनी आत्मा तक; लेकिन मैं फौज में लड़ चुका हूँ, मैं कोई चीज बेच नहीं सकता !' वह अमीर आदमी गुस्से से लाल-पीला हो उठा, अपना हंटर फटकारने लगा, लेकिन हमने उसी समय उसके घोड़े के कानों के निकट दियासलाई की तीली जलाकर दिखा दी, जिससे वह घोड़ा अपने सवार को लेकर छू-मन्तर हो गया।

"हम लोगों ने अपना डेरा समेट लिया और आगे बढ़े। हम लोग दो दिन से यात्रा कर रहे थे, फिर भी उसने हम लोगों को पकड़ लिया। 'सुनो जी !' उसने चिल्लाकर कहा—'मैं ईश्वर की शपथ खाकर कहता हूँ कि मेरे दिल में कोई मैल नहीं है। मुझे इस लड़की से शादी करवा दो, मैं तुम लोगों के साथ रहूँगा। मेरे पास बहुत दौलत है !' वह बड़े आवेश में था और अपने घोड़े पर बैठा हुआ थर-थर काँप रहा था, जैसे तेज हवा में घास का तिनका काँपता है। 'बोलो, बेटी !' दानिला अपनी दाढ़ी के भीतर गुर्राया। 'अगर एक सिंह की लड़की किसी सियार के साथ चली जाए तो लोग उसे क्या कहेंगे ?' राद्दा ने पूछा। दानिला हँस पड़ा और हम लोग भी उसके साथ हँसने लगे—'खूब कहा बेटी ! महाशय, आपने सुन लिया ? यह हो नहीं सकता। अच्छा होगा, आप किसी सियार की लड़की तलाश करें। बहुत-सी मिल जाएँगी।'

"हम लोग आगे बढ़े। उस अमीर आदमी ने अपनी टोपी गुस्से में जमीन पर पटक दी और इतनी तेजी से घोड़ा दौड़ाया कि पृथ्वी काँपने लगी। ऐसी लड़की थी राद्दा !

"एक दिन हम लोग बैठे हुए संगीत सुन रहे थे। मैदान में संगीत की धारा प्रवाहित हो रही थी। बड़ा मधुर संगीत था। वह हमारी नसों के खून को उछाल रहा था। ऐसा मालूम पड़ता था, जैसे किसी दूर देश की पुकार हो ! उस संगीत ने हममें एक ऐसी अभिलाषा जाग्रत कर दी थी कि हममें से प्रत्येक आदमी को ऐसा अनुभव हो रहा था कि या तो हम मर जाएँ या फिर सारी दुनिया के शासक होकर जिएँ ! ऐसा था वह संगीत।

"वह संगीत प्रतिपल हमारे निकट आता जा रहा था। सहसा हमारे सामने अँधेरे में एक घोड़ा प्रकट होता है और उस घोड़े पर हम एक आदमी बैठा देखते हैं, जिसके हाथ में एक बेला है। 'जोबर, तुम हो !'—दानिला ने हर्ष प्रकट किया।

"तो वह जोबर था ! उसकी मूँछें उसके कन्धों तक लटकती हुई उसके लम्बे-लम्बे बालों के गुच्छों से उलझ रही थीं। उसकी आँखें तारों जैसी चमक रही थीं। जब हँसता था, तो ऐसा लगता था, जैसे सूरज चमक रहा हो ! दूर से वह ऐसा मालूम पड़ता था, जैसे घोड़े के ऊपर एक पत्थर की मूर्ति अंकित हो। हमारे डेरे में जलती हुई आग उस पर लाल प्रकाश फेंक रही थी। दुनिया में ऐसा कौन आदमी होगा जो उसे देखते ही उस पर मोहित न हो जाए ! मैं सच कहता हूँ।

"सच, दुनिया में ऐसे कुछ लोग होते हैं। उन्होंने तुम्हारी ओर नजर उठाई कि तुम्हारा दिल बेकाबू हुआ। और इसके लिए तुम लज्जित नहीं होते, बल्कि एक प्रकार का गर्व होता है। लेकिन दोस्त ! दुनिया में ऐसे बहुत-से आदमी नहीं हैं, और यह अच्छा ही है। अगर दुनिया में अच्छाइयाँ ही अच्छाइयाँ होतीं तो लोग उन्हें अच्छाइयाँ मानने से इनकार कर देते। दुनिया का यही रिवाज है। खैर, आगे की कथा सुनो।

"राद्दा ने उससे कहा—'जोबर, तुम बेला खूब बजाते हो। बेला तुम्हारे हाथों का स्पर्श पाकर जैसे अपना हृदय खोलकर रख देता है।'

"जोबर हँसने लगा। उसने कहा—'मैंने इसे अपने हाथों बनाया है—लकड़ी से नहीं, एक नवयुवती के हृदय से, जिसे मैं बहुत प्यार करता था। इसमें मेरी हृत्तिन्द्रियाँ लगी हुई

हैं। यह बेला तो मात्र दिखाने का है। मैं जानता हूँ, मेरे हाथों को कौन चलाता है। समझ गईं न ?'

''हम जिप्सी लोग आरम्भ से ही स्त्रियों की दृष्टि की उपेक्षा करते आए हैं, जिससे वे हमारे हृदयों में आग न लगा सकें। हम चाहते हैं, उन्हीं के हृदयों में पहले आग लगे ! जोबर भी ऐसे ही चाल चल रहा था, पर राद्दा दूसरे प्रकार की युवती थी। उसने मुँह फेरकर जम्हाई लेते हुए कहा—'लोग जो कहते हैं कि जोबर बड़ा बुद्धिमान और चतुर है, वे झूठे हैं।' राद्दा दूसरी ओर चली गई।...'आह, निष्ठुर सौन्दर्य !' जोबर की आँखें चमकने लगीं। वह घोड़े पर से कूद पड़ा। 'दोस्तो, मैं भी आता हूँ।'...'आओ, स्वागत !' दानिला ने कहा। उससे गले मिलने के बाद हम लोग थोड़ी देर तक तो बातचीत करते रहे, फिर सोने चले गए...हम लोग खूब निश्चिन्तता से सोए...। दूसरे रोज सुबह हमने देखा कि जोबर के माथे पर पट्टी बँधी है। 'क्या बात हुई ?'...'कुछ नहीं, घोड़े ने लात मार दी,' उसने कहा।

''हा-हा ! हम लोग जानते थे, किस घोड़े ने लात मारी है। हम लोग की दाढ़ियाँ चमक उठीं। दानिला भी मुस्कुराने लगा।—'क्या जोबर भी राद्दा को पसन्द नहीं आया ?' अवश्य ही नहीं ! स्त्री चाहे जितनी सुन्दर हो, उसका हृदय कमीना होता है। तुम उसके गले में सोने की थैली लटका दो, फिर भी वह वही-की-वही बनी रहेगी। मैं ठीक कहता हूँ।

''इस प्रकार हम लोगों के दिन कटते रहे। उस स्थान पर व्यापार अच्छा था। जोबर भी हमारे साथ रहा। वह बड़ा स्मार्ट साथी था। बूढ़ों की तरह बुद्धिमान, सब कामों में चतुर। वह रूसी और हंगेरियन भाषा पढ़ और लिख सकता था। जब वह बोलने लगता था तब बस यही इच्छा होती थी कि नींद को सदा के लिए विदा दे दी जाए और उसकी बातें बैठा सुनता रहूँ। वह बेला तो इतना सुन्दर बजाता था कि मुझसे कसम ले लो कि मैंने दुनिया में और किसी को इतना सुन्दर बेला बजाते देखा हो। वह जैसे ही कमानी अपने हाथ में लेता था, हृदय उछलने लगता था। तारों के झंकृत होते ही हृदय की धड़कन रुक जाती थी। वह बजाता ही जाता था और हमारी ओर देख-देखकर मुस्कुराता जाता था। हमारा दिल एक साथ ही हँसने और रोने को चाहता था। उसकी करुण तान हृदय को बींध देती थी और जब वह सहसा दूसरी मधुर रागिनी छेड़ देता था, तो हृदय आनन्द से झूम उठता था। ऐसा मालूम पड़ता था, जैसे आसमान, चाँद और तारे भी उसके ताल पर नाच रहे हों ! ऐसा सुन्दर बेला बजाता था वह।

''उस संगीत की एक ध्वनि पर शरीर की एक-एक नस उमड़कर उसका गुलाम हो जाती थी, और अगर ऐसे वक्त जोबर हम लोगों को आज्ञा देता—'दोस्तो, हथियार सँभालो,' तो हम एक साथ ही, जिस किसी की ओर वह संकेत करता, उसके सीने में खंजर भोंक देते। वह हम लोगों से सबकुछ करवा सकता था। हम उसे बहुत प्यार करते थे। केवल राद्दा उसकी ओर ध्यान न देती थी। अगर इतना ही होता तब भी गनीमत थी, पर वह तो उसकी हँसी भी उड़ाती थी। वह उसके हृदय को बन्दी बनाए थी। जोबर

दाँत किटकिटाता, मूँछें टेढ़ी करता। उसकी आँखें अँधेरी रात की तरह काली थीं, फिर भी कभी-कभी इतनी तेजी से चमक उठती थीं कि हम लोगों को डर लगने लगता था। रात को वह दूर मैदान में चला जाता और सुबह होने तक बेला बजाता रहता। बेला करुण स्वर में चीत्कार करता, क्योंकि उसकी स्वतन्त्रता छिन चुकी थी। हम लोग अपने डेरे में आँखें खोले हुए पड़े रहते और सोचते—क्या होगा ? हम जानते थे कि दो चट्टानों के बीच अपने को डालना मौत को निमन्त्रण देना है।

"एक दिन हम लोग बैठे अपने व्यवसाय के बारे में बातचीत कर रहे थे। हमारी बातचीत नीरस होती जा रही थी, इसलिए दानिला ने कहा—'जोबर, एक गाना सुनाओ। हमारे हृदयों को अपनी मधुर तान से सरस कर दो।' जोबर ने एक दृष्टि राद्दा पर डाली। वह हमसे थोड़ी दूर पर पीठ के बल लेटी हुई आसमान की ओर ताक रही थी। जोबर ने अपना बेला उठा लिया। बेला वाचाल हो उठा—किसी नवयुवती की तरह। जोबर गाने लगा—'हो ! लम्बे-चौड़े मैदान में मैं घोड़े पर चढ़कर भागा जा रहा हूँ। मेरे हृदय में आग लगी है। मेरा घोड़ा तीर की तरह भाग रहा है।'

"राद्दा ने अपना सिर घुमाया, कुहनी के बल बैठ गई और जोबर की आँखों में मुस्कुराने लगी। जोबर के मुख पर सूर्योदय हो आया। वह गाता गया—'हो ! चलो, हम लोग भाग चलें। चलो, हम रात से भागकर दिन के निकट चलें। चलो, हम कोहरे के परदे को चीरकर सूर्य को पहाड़ियों के सिर का चुम्बन लेते हुए देखें। हम लोग सूर्य के साथ रात्रि होने तक आसमान में प्रकाश बिखेरते हुए यात्रा करेंगे। हम दोपहर से अर्द्धरात्रि तक घोड़ा दौड़ाएँगे, और फिर चन्द्रमा की शीतल गोद में सो जाएँगे।'

"बस, वह ऐसे ही गाता था। अब उसकी तरह कोई नहीं गा पाता। राद्दा ने जैसे ठंडे पानी का छींटा देते हुए कहा—'जोबर, मैं तो कभी इतना ऊँचे उड़कर चन्द्रमा की गोद में सोने न जाऊँ, क्योंकि तब गिरने का भी तो खतरा रहता है और गिरने पर तुम्हारी नाक पिचक जाएगी, मूँछों में कीचड़ लग जाएगी। इसलिए जरा सावधान रहना।' जोबर पल-भर तक उसकी ओर एकटक देखता रहा, उसने कोई उत्तर नहीं दिया। अपने क्रोध को वश में करके वह गाता रहा—'और जब दूसरा दिन आसमान से झाँकेगा तब वह हमें गहरी नींद में सोता हुए पाएगा। हम लोग सूर्य के लाल प्रकाश में सदा के लिए सो जाएँगे।'

" 'बस, इसे कहते हैं गीत !' दानिला ने कहा—'मैंने अपने जीवन में ऐसा सुन्दर गीत कभी नहीं सुना। मैं अगर सच न बोलता होऊँ तो शैतान मुझे इसी वक्त पत्थर बना दे !' बूढ़े नूर ने भी अपनी मूँछें उमेठीं और कन्धे हिलाए। जोबर का यह गीत हम सब लोगों के हृदय में प्रतिध्वनित हो उठा। लेकिन राद्दा इस गीत से भी प्रसन्न नहीं हुई। 'गीत में क्या है ? मिमियाना है !' उसने कहा। हम सब लोगों को यह बहुत बुरा लगा।

" 'राद्दा, शायद तुम्हें कोड़ा खाने की इच्छा है !' उसके पिता ने कहा। लेकिन बीच में जोबर ने टोपी जमीन पर पटककर, आँखें निकालते हुए कहा—'नहीं दानिला।

बिगड़ैल घोड़े के लिए जरा नोकदार लोहे के बूटों की आवश्यकता होती है। मैं तुम्हारी लड़की से विवाह करने के लिए तुम्हारी अनुमति चाहता हूँ।'...'ठीक कहा !' दानिला मुस्कुराया—'और तुममें इच्छा और शक्ति हो तो इसे अपनी बला लो।' ...'बहुत अच्छा !' जोबर ने उत्तर दिया और राद्दा की ओर मुड़ पड़ा—'...ओ खूबसूरत लड़की, मेरी बात सुन, इतनी हठीली न बन ! मैंने तेरी जैसी कितनी ही लड़कियाँ देखी हैं...हाँ, न मालूम कितनी ! लेकिन किसी ने भी मेरे दिल में इस प्रकार आग नहीं लगाई। आह, राद्दा, तूने मेरी आत्मा को अपना बन्दी बना लिया है—तो अब मैं क्या करूँ ? जो होना होगा, होगा—मैं तुझसे ईश्वर के सामने, तेरे पिता के सामने, इन सब लोगों के सामने कहता हूँ कि मुझसे शादी कर ले। लेकिन यह बात सदा याद रखना, मेरी स्वतन्त्रता में कभी बाधा डालने का प्रयत्न न करना; क्योंकि मैं एक स्वतन्त्र आदमी हूँ और जिस तरह मन आए, उस तरह रहना चाहता हूँ।' इसके बाद होंठ चबाता हुआ वह राद्दा की ओर बढ़ा—उसे घोड़े पर बिठाकर ले भागने के लिए। '...आह !' हम लोगों ने आपस में एक-दूसरे से कहा—'अब राद्दा को सेर का सवा सेर मिला है।' लेकिन सहसा हमने जोबर को हवा में हाथ नचाते और पीठ के बल जमीन पर गिरते देखा !

''वह गोली खाए मनुष्य की भाँति जमीन पर गिर पड़ा। यह घटना कैसे हुई ? हुई यों कि राद्दा ने अपने कोड़े में उसके पैरों को लपेटकर उसे अपनी ओर खींचा था, जिससे वह जमीन पर गिर पड़ा।

''इसके बाद राद्दा फिर धरती पर लेटकर मुस्कुराती हुई आसमान निहारने लगी। हम लोग साँसें बाँधकर प्रतीक्षा कर रहे थे कि देखें, जोबर अब क्या करता है। लेंकिन जोबर तो जमीन पर बैठकर दोनों हाथों से अपना माथा दबा रहा था। वह इस प्रकार मुँह बना रहा था जैसे उसका माथा अभी फट जाएगा। इसके बाद वह शान्तिपूर्वक उठा और हम लोगों की ओर दृष्टि डाले बगैर मैदान की ओर चल दिया। बूढ़े नूर ने मुझसे फुसफुसाकर कहा—'देखो, वह जा रहा है।' मैं भी उस अँधेरी रात में जोबर के पीछे-पीछे चल पड़ा।''

छुद्रक ने अपने पाइप की राख झाड़ी और फिर उसमें तम्बाकू भरने लगा। मैं अपने लबादे के अन्दर काँपता हुआ छुद्रक के चेहरे की ओर देखने लगा, जो हवा और धूप के थपेड़े सहते-सहते काला पड़ गया था। वह अपना भारी सिर हिलाकर कुछ बड़बड़ाने लगा, जो मैं सुन न सका। उसकी बड़ी-बड़ी मूँछें भी उसके लम्बे-लम्बे बालों की भाँति हवा में हिल रही थीं। वह किसी पुराने पेड़ की भाँति मालूम पड़ता था, जिस पर बिजली गिरती है, फिर भी वह अभिमान के साथ सिर ऊँचा उठाए खड़ा रहता है। समुद्रतट पर लहरें शोर मचा रही थीं और पवन उनकी मर्मर-ध्वनि अपने साथ लिए मैदान पर दौड़ रहा था। नानका ने गाना बन्द कर दिया था। आसमान में बादल छा आए थे, जिससे रात और अँधेरी हो गई थी।

''जोवर सिर झुकाए, हाथ लटकाए, कदम नापता हुआ चल पड़ा। नदी के निकट आकर वह एक चट्टान पर बैठ गया और कराहने लगा। वह इतने करुण स्वर से कराह

रहा था कि मेरा हृदय सहानुभूति से द्रवित हो गया। फिर भी मैं उसके निकट नहीं गया। क्या केवल शब्दों से मनुष्य की पीड़ा को सान्त्वना मिल सकती है ? नहीं !...वह चट्टान पर पत्थर की भाँति अचल होकर एक घंटे, दो घंटे, तीन घंटे—न मालूम कितने समय तक बैठा रहा।

"मैं थोड़ी ही दूर पर जमीन पर लेटा था। उजियाली रात थी। चन्द्रमा के प्रकाश में सारा मैदान चाँदी के समान चमक रहा था। सब चीजें साफ-साफ दिखाई पड़ रही थीं।

"सहसा मैंने राद्दा को जिप्सियों के डेरे से जोबर की ओर जाते देखा। मुझे बड़ी प्रसन्नता हुई। राद्दा बड़ी विचित्र लड़की थी। राद्दा जोबर के निकट जाकर कुछ कहने लगी, जोबर ने सुना ही नहीं। राद्दा ने उसके कंधे पर हाथ रखा, जोबर ने चौंककर अपना हाथ मुँह पर से हटाया। वह उछलकर खड़ा हो गया। उसके हाथों ने कसकर कटारी की मूठ पकड़ ली। 'वह इस लड़की का खून कर डालेगा !' मैंने मन-ही-मन कहा। मैं सहायता के लिए डेरे की ओर दौड़ने ही वाला था कि मैंने ये शब्द सुने—'उसे फेंक दो, नहीं तो मैं तुम्हारी खोपड़ी उड़ा दूँगी, इसे देखते हो ?' राद्दा जोबर के सिर पर पिस्तौल ताने थी। ऐसी औरत थी राद्दा ! मैंने सोचा—अच्छी जोड़ी मिली है। अब आगे क्या होगा ?

"राद्दा ने पिस्तौल पेटी में रखते हुए कहा—'मैं तुम्हारी जान लेने के लिए नहीं, बल्कि तुमसे सुलह करने आई हूँ ! अपनी कटार फेंक दो।' उसने कटार फेंक दी और उसकी ओर आँखें तरेरकर देखने लगा। बड़ा विचित्र दृश्य था। दोनों एक-दूसरे की ओर इस प्रकार देख रहे थे जैसे कोई हिंसक पशु हों, फिर दोनों ही बहादुर और दिलेर थे। केवल चन्द्रमा उन्हें देख रहा था, और मैं...बस, और कोई नहीं।

" 'जोबर, मेरी बात सुनो ! मैं तुम्हें प्यार करती हूँ !'

"जोबर ने केवल अपने कंधे हिलाए, जैसे उसके हाथ और पैर बँधे हों !

" 'मैंने बहुत-से जवान देखे हैं, पर तुम सबसे बहादुर और खूबसूरत हो। और कोई होता तो मेरे आँखें तरेरते ही मूँछ मूड़ा डालता, मेरे संकेत करते ही अपना सिर मेरे पैरों पर रख देता, लेकिन इससे फायदा क्या होता ? वह मुझे प्रसन्न नहीं रख सकता था और मैं उसे भेड़ बनाकर रखती। जोबर, दुनिया में बहुत थोड़े जिप्सी हैं। मैंने तुमसे पहले किसी को प्यार नहीं किया, अब तुम्हें प्यार करती हूँ। मुझे अपनी स्वतन्त्रता प्यारी है, लेकिन उससे भी अधिक तुम प्यारे हो। मैं भी अब तुम्हारे बगैर नहीं रह सकती, जिस प्रकार तुम मेरे बगैर नहीं रह सकते, इसलिए अब मैं चाहती हूँ, तुम मेरे हो जाओ—सम्पूर्ण रूप से मेरे ! सुना जोबर ?'

"जोबर मुस्कुराया—'मुझे तुम्हारी बातें सुनकर बहुत प्रसन्नता हुई। हाँ, कहती जाओ, रुको मत !'

" 'मैं बस इतना ही और कहूँगी जोबर, तुम चाहे जितना भागो, मैं तुम्हें अपना बनाकर छोड़ूँगी। इसलिए मैं तुमसे कहती हूँ कि अब समय मत गँवाओ, मेरे गर्म चुम्बन और आलिंगन तुम्हारी प्रतीक्षा कर रहे हैं—वे बहुत गर्म हैं। मेरी बाँहों की गर्मी में तुम

अपना सारा साहसी जीवन भूल जाओगे, अपने सुन्दर गीत भी भूल जाओगे, जो इस मैदान में गुँजा करते हैं...तब तुम अपने प्रणय-गीत मुझे ही सुनाओगे–अपनी राद्दा को !...इसीलिए मैं कहती हूँ, समय मत गँवाओ। जैसे किसी अफसर की आज्ञा का पालन किया जाता है, उसी तरह कल से तुम्हें मेरी आज्ञा का पालन करना होगा। कल तुम्हें सारे डेरे के लोगों के सामने मेरे पैरों पर गिरकर मेरा दाहिना हाथ चूमना होगा–और तब मैं तुम्हारी बीवी बन जाऊँगी।'

"तो इस शैतान लड़की की यह इच्छा थी ! ऐसी बातें पुराने जमाने में हुआ करती थीं, वह भी जिप्सियों में कभी नहीं। औरत के पैर पड़ना !–क्या इससे भी अधिक अपमान की बात और कुछ हो सकती है ? क्यों, तुम तो ऐसा सात जनम भी न करो। कभी नहीं।

"जोबर उछल पड़ा और उसने इस प्रकार दारुण आह भरी, जैसे उसके सीने से गोली पार कर गई हो ! उसकी वह दारुण आह सारे मैदान में गूँज उठी। राद्दा भी काँप उठी, फिर भी डिगी नहीं।

" 'अच्छा जोबर, कल तक के लिए विदा ! तो कल तुम मेरी आज्ञा का पालन करोगे ? सुन लिया न ?'

" 'सुन लिया। मैं पालन करूँगा !' जोबर ने व्यथित कंठ से कहा और उसकी ओर हाथ बढ़ा दिया। लेकिन वह उससे दूर चली गई। वह कटे हुए वृक्ष के समान जमीन पर गिर पड़ा और पागलों की भाँति कभी हँसने तो कभी रोने लगा।

"सुन्दर नागिनें इसी प्रकार पुरुषों को डँस लेती हैं। मैंने बड़ी मुश्किल से जोबर को सँभाला।

"मुझे आश्चर्य होता है, शैतान को इस प्रकार मनुष्य के शोक में डूबकर कौन-सा सुख मिलता है ? उसे इस प्रकार स्त्रियों और पुरुषों की भयानक आहें सुनकर कैसी खुशी मिलती है ? क्या दार्शनिकों के पास इसका कोई उत्तर है ? मुझे संदेह है...।

"मैंने डेरे पर लौटकर सब बातें लोगों को बता दीं। उन्होंने आपस में सलाह करने के बाद यह निश्चय किया कि कल तक की प्रतीक्षा की जाए। दूसरे रोज हम लोग शाम को जब डेरे के निकट बैठे हुए थे तब जोबर आया। वह विचारमग्न दिखाई पड़ रहा था। उसका चेहरा उतरा हुआ था। आँखों के नीचे काली लकीरें खिंची हुई थीं। वह धरती की ओर एकटक निहारता रहा। हम लोगों की ओर देखे बगैर ही उसने कहा–'दोस्तो, मैंने सारी रात अपने हृदय को टटोला और मैंने पाया कि अब उसमें पुरानी स्वतन्त्रता नहीं है। उसमें अब केवल राद्दा का निवास है। खूबसूरत राद्दा खड़ी हुई मुस्कुरा रही है–किसी रानी की तरह ! वह अब भी मुझसे अधिक अपनी स्वतन्त्रता को प्यार करती है। और मैं ? मैं अपनी स्वतन्त्रता से अधिक उसे प्यार करता हूँ, इसलिए मैंने उसके पैरों पर सिर झुकाने का निश्चय कर लिया है। उसने मुझे यही आज्ञा दी है, जिससे आप सब लोग अपनी आँखों देख लें कि किस प्रकार खूबसूरत राद्दा ने बहादुर जोबर को अपना गुलाम बना लिया है। उस बहादुर जोबर को, जो राद्दा से

मिलने से पहले स्त्रियों को उसी प्रकार खिलाया करता था, जिस प्रकार सिंह अपने शिकार को खिलाता है। पैरों पर पड़ने के बाद राद्दा मेरी बीवी हो जाएगी और अपने चुम्बनों और आलिंगनों से मेरा दुलार करेगी। इसके बाद मुझे तुम सब लोगों को अपना गीत सुनाने की ज़रा भी इच्छा न रह जाएगी, न अपनी स्वतन्त्रता के खोने ही का पश्चात्ताप होगा ! क्यों, मैं ठीक कहता हूँ न, राद्दा ?' आँखें उठाकर जोबर ने उदास नेत्रों से उसकी ओर देखा। राद्दा ने उत्तर में कुछ कहा नहीं, केवल अपना सिर हिलाया और अपने पैरों की ओर संकेत किया। हम लोग दुःख और आश्चर्य से सबकुछ देख रहे थे। समझ में कुछ न आ रहा था। हमारी इच्छा हो रही थी कि हम किसी दूर देश में चले जाएँ, जिससे जोबर को किसी औरत के पैरों पर—चाहे वह राद्दा ही क्यों न हो—सिर नवाते न देखें। इस दुःखद दृश्य के कारण हम लोगों के हृदय में लज्जा, शोक और दया का समुद्र उमड़ रहा था।

" 'तो फिर ?' राद्दा ने जोबर से कहा।

" 'आह, इतनी जल्दी मत करो ! अभी बहुत समय है। आज तुम महिमामयी बनोगी !' जोबर हँसने लगा। उसकी हँसी बिजली की कड़क जैसी थी। ...'तो दोस्तो, यह सारी कथा है। अब मेरे लिए और क्या रास्ता है ? अब मुझे देखना है कि मेरी राद्दा उतनी ही कठोर-हृदया है कि नहीं, जितनी ऊपर से दीखती है ! अब मैं यही जानने के लिए उत्सुक हूँ...दोस्तो, मुझे क्षमा करना !'

"इससे पहले कि हम लोग समझ सकें कि जोबर क्या करने जा रहा है, राद्दा जमीन पर तड़प रही थी, उसकी छाती में जोबर की कटार पूरी घुस गई थी। हम लोग चित्रलिखित-से खड़े रहे।

"राद्दा ने अपने हाथ से सीने में से कटार निकालकर एक ओर फेंक दी। घाव को अपने बालों के एक गुच्छे से दबा लिया और मुस्कुराने लगी। उसने बहुत ही स्पष्ट और तेज स्वर में कहा—'जोबर, विदा ! मैं जानती थी, तुम ऐसा ही करोगे !...' और इन शब्दों के साथ उसकी पलकें मुँद गईं।

"अब तुम समझ गए होगे कि राद्दा किस प्रकार की लड़की थी। विचित्र लड़की थी !

" 'मेरी हठीली रानी, मैं अब तुम्हारे पैरों पर गिरूँगा !' जोबर ने चीखकर कहा। उसकी हृदय-विदारक चीख सारे मैदान में गूँज उठी। उसने जमीन पर गिरकर मृत राद्दा के पैरों को चूमा, फिर निर्जीव के समान वहीं लुढ़क गया। हम लोगों ने आदर-भाव से अपनी टोपी उतार ली और चुपचाप दोनों की ओर देखने लगे।

"अन्त में बूढ़े नूर ने चाहा, उसे बाँध दिया जाए, पर हम लोगों में से कोई भी जोबर को बाँधने के लिए हाथ न बढ़ाएगा, यह नूर अच्छी तरह जानता था। दानिला ने राद्दा के खून से डूबी हुई कटार उठा ली। यह कटार राद्दा ने अपने हाथों से अपने सीने से निकालकर एक ओर फेंक दी थी। दानिला बड़ी देर तक एकटक उस क़टार को निहारता रहा। उसके होंठ काँपने लगे। कटार पर अब भी राद्दा का गर्म खून लिपटा

था। दानिला ने तेजी से बढ़कर वह कटार जोबर के हृदय में भोंक दी। आखिर दानिला भी एक सिपाही था, राद्दा का पिता था।

" 'शाबाश !' जोबर ने दानिला की ओर घूमते हुए तेज स्वर में कहा। उसका शरीर राद्दा के निकट ढेर हो गया और उसकी आत्मा भी राद्दा से मिलने दूसरे लोक चली गई।

"और हमारी आँखों के सामने राद्दा पड़ी थी। उसका एक हाथ बालों के गुच्छा के साथ छाती के घाव को दबाए था, खुली आँखें आसमान की ओर निहार रही थीं। उसके पैरों के पास जोबर पड़ा था। उसके लम्बे-लम्बे केश उसके मुख पर बिखरे हुए थे, जिससे उसके चेहरे का भाव हम लोग नहीं देख सकते थे।

"हम लोग विचार-मग्न खड़े रहे। बूढ़े दानिला की मूँछें काँप रही थीं, आँखों में एक भयानक अन्धकार था। वह आसमान की ओर निहार रहा था। मुँह से उसके एक शब्द भी नहीं निकला। लेकिन बूढ़ा नूर बालकों की भाँति जमीन पर लोटता हुआ रो रहा था।

"और रोता क्यों नहीं, रोने की ही बात थी !

"दोस्त, मेरी यही कामना है, ईश्वर सदा तुम्हारा भला करे। तुम सदा आगे देखते हुए चलो, पीछे सिर मत फेरो; क्योंकि अगर तुम किसी जगह रुक गए तो फिर तुम्हारी मौत है। बस, यही मेरी कहानी है !"

छुद्रक मौन हो गया। उसने अपना पाइप बटुए में रखा और अपना लबादा ठीक से ओढ़ लिया। पानी बरसने लगा था, हवा भी तेज हो गई थी और समुद्र-तट पर लहरें चीख रही थीं। घोड़े हमारे चारों ओर आकर खड़े हो गए और अपनी बड़ी-बड़ी आँखों से हमें देखने लगे।

छुद्रक ने प्यार से उन्हें चुमकारा, उनकी गर्दन थपथपाई, फिर मेरी ओर घूमकर कहा, "अब सोने का समय हो गया !" लबादे से अपना मुँह ढँककर वह जमीन पर लेट गया और शीघ्र ही गहरी नींद सो गया। लेकिन मेरी सोने की इच्छा नहीं हो रही थी। मैं मैदान में छाए हुए अन्धकार और दूर गरजते हुए समुद्र की ओर टकटकी बाँधे निहार रहा था। मेरी आँखों के सामने राद्दा का रानियों के समान अभिमान से ऊँचा सिर चित्रित था। वह अपने हाथ में बालों के एक गुच्छे से हृदय के घाव को दबाए थी और उसकी कोमल उँगलियों से अग्निकणों की भाँति बूँद-बूँद खून पृथ्वी पर टपक रहा था।

राद्दा के पीछे बहादुर जोबर पड़ा था। उसके मुख पर लम्बे-लम्बे बाल छितराए थे और उन बालों की ओट में से आँसुओं की लम्बी-लम्बी धारा बह रही थी...।

पानी और तेज हो गया। हवा किसी व्यथित हृदय की भाँति चीखने लगी। मालूम पड़ता था, जैसे वह जोबर और राद्दा की स्मृति में शोक प्रकट कर रही हो! रात के अँधेरे में दो छायाएँ एक-दूसरे के निकट नाचती रहीं, फिर भी वह मनमोहक गायक जोबर अपनी उस अभिमानिनी प्रिया राद्दा को अपना नहीं सका।

# बाज़ का गीत

तट-रेखा के निकट अलस भाव से छलछलाता और तट से दूर निश्चल, नींद में डूबा सीमाहीन सागर नीली चाँदनी में सराबोर था। क्षितिज के निकट दक्षिणी आकाश की मुलायम और रुपहली नीलिमा में विलीन होता हुआ वह मीठी नींद सो रहा था—रूई जैसे बादलों के पारदर्शी ताने-बाने को प्रतिबिम्बित करता हुआ, जो उसकी ही भाँति आकाश में निश्चल लटके थे—तारों के सुनहरे बेलबूटों पर अपना आवरण डाले, लेकिन उन्हें छिपाये हुए नहीं। ऐसा लगता था, जैसे आकाश सागर पर झुका पड़ रहा हो! जैसे वह कान लगाकर यह सुनने को उत्सुक हो कि उसकी बेचैन लहरें, जो अलस भाव से तट को पखार रही थीं, फुसफुसाकर क्या कह रही हैं।

आँधी के थपेड़े से झुके पेड़ों से आच्छादित पहाड़ अपनी खुरदरी कगारदार चोटियों से ऊपर नीले शून्य को छू रहे थे, जहाँ दक्षिणी रात का सुहाना और दुलार-भरा अँधेरा अपने शीतल स्पर्श से उनके खुरदरे कठोर कगारों को मुलायम बना रहा था।

पहाड़ गम्भीर चिन्तन में लीन थे। उनके काले साए उमड़ती हुई हरी लहरों पर अवरोधी आवरणों की भाँति पड़ रहे थे, जैसे वे ज्वार को रोकना चाहते हों ! पानी की निरन्तर छपछपाहट, झागों की सिसकारियों और उन तमाम आवाजों को शान्त करना चाहती हो, जो अभी तक पहाड़ की चोटियों के पीछे छिपे चाँद की रुपहली नीली आभा की भाँति समूचे दृश्यपट को प्लावित करनेवाली रहस्यमयी निस्तब्धता का उल्लंघन कर रही थीं।

"अल्लाह ओ अकबर !" नादिर रहीम ओगली ने धीमी आवाज में कहा। वह वृद्ध गड़ेरिया कीमिया का रहनेवाला था—लम्बा कद, सफ़ेद बाल, दक्षिणी धूप में तपा, दुबला-पतला, समझदार बुजुर्ग।

हम रेत पर पड़े थे—साये में लिपटी और काई-जमी एक भीमाकार, उदास और खिन्न चट्टान की बगल में, जो अपने मूल पहाड़ से टूटकर अलग हो गई थी। उसके समुद्रवाले पहलू पर समुद्री सरकंडों और जल-पौधों की बन्दनवार थी जो उसे सागर तथा पहाड़ों के बीच रेत की सँकरी पट्टी से जकड़े मालूम होती थी। हमारे अलाव की लपटें पहाड़ोंवाले पहलू को आलोकित कर रही थीं और उनकी काँपती हुई लौ की परछाइयाँ उसकी प्राचीन सतह पर, जो गहरी दरारों से क्षत-विक्षत हो गई थी, नाच रही थीं।

रहीम और मैं कुछ मछलियाँ उबाल रहे थे, जिन्हें हमने अभी पकड़ा था, और हम दोनों ऐसे मूड में थे जिसमें हर चीज स्पष्ट, अनुप्राणित और बोधगम्य मालूम होती है,

जब हृदय बेहद हलका और निर्मल होता है—और चिन्तन में डूबने के सिवा मन में और कोई इच्छा नहीं होती।

सागर तट पर छपछपा रहा था। लहरों की आवाज ऐसी प्यार-भरी थी जैसे हमारे अलाव से अपने आपको गरमाने की याचना कर रही हो ! लहरों के एकरस नर्तन में रह-रहकर एक ऊँचा आह्लादपूर्ण स्वर सुनाई दे जाता—यह अधिक साहसी लहरों में से किसी एक का स्वर होता जो हमारे पाँवों के निकट रेंग आती थी।

रहीम सागर की ओर मुँह किए पड़ा था। उसकी कोहनियाँ रेत में धँसी पड़ी थीं। उसका सिर उसके हाथों पर टिका था और वह विचारों में डूबा दूर धुँधलके को ताक रहा था। उसकी भेड़ की खाल की टोपी खिसककर उसकी गुद्दी पर पहुँच गई थी और समुद्र की ताज़ा हवा झुर्रियों की महीन रेखाओं से ढके उसके ऊँचे मस्तक पर पंखा झल रही थी। उसके मुँह से दार्शनिकी उद्‌गार प्रकट हो रहे थे—इस बात की चिन्ता किए बिना कि मैं उन्हें सुन भी रहा हूँ या नहीं। ऐसा लगता था, जैसे वह समुद्र से बातें कर रहा हो !

''जो आदमी खुदा में अपना ईमान बनाए रखता है, उसे बहिश्त नसीब होता है। और वह, जो खुदा या पैराम्बर को याद नहीं करता ? शायद वह वहाँ है, उस झाग में...पानी की सतह पर वे रुपहले धब्बे शायद उसी के हों, कौन जाने !''

विस्तारहीन काला सागर अधिक उजला हो चला था और उसकी सतह पर लापरवाही से जहाँ-तहाँ बिखेर दिए गए चाँदनी के धब्बे दिखाई दे रहे थे। चाँद पहाड़ों की कगारदार झबरीली चोटियों के पीछे से बाहर खिसक आया था और तट पर, उस चट्टान पर, जिसकी बगल में हम लेटे हुए थे, और सागर पर, जो उससे मिलने के लिए हलकी उसाँसें भर रहा था, उनींदा-सा अपनी आभा बिखेर रहा था।

''रहीम, कोई क़िस्सा सुनाओ,'' मैंने वृद्ध से कहा।

''किसलिए ?'' अपने सिर को मेरी ओर मोड़े बिना ही उसने पूछा।

''यों ही ! तुम्हारे किस्से मुझे बहुत अच्छे लगते हैं।''

''मैं तुम्हें सब सुना चुका। अब और याद नहीं...''

वह चाहता था कि मैं खुशामद करूँ, और मैंने उसकी खुशामद की।

''अगर तुम चाहो तो मैं तुम्हें एक गीत सुना सकता हूँ,'' उसने राजी होते हुए कहा।

''गीत ही सही,'' मैंने खुशी जताते हुए कहा।

दरअसल मैं एक पुराना गीत सुनना चाहता था और उसने मौलिक धुन को कायम रखते हुए सधी हुई आवाज में गीत गाना शुरू कर दिया।

''ऊँचे पहाड़ पर एक साँप रेंग रहा था और एक सीलन-भरे दर्रे में जाकर उसने कुंडली मारी और समुद्र की ओर देखने लगा।

ऊँचे आसमान में सूरज चमक रहा था, पहाड़ों की गर्म साँस आसमान में उठ रही

थी और नीचे लहरें चट्टानों से टकरा रही थीं।

दर्रे के बीच से, अँधेरे और धुन्ध में लिपटी, एक नदी तेजी से बह रही थी--समुद्र से मिलने की उतावली में राह के पत्थरों को उलटती-पलटती।

झागों का ताज पहने सफ़ेद और शक्तिशाली लहरें चट्टानों को काटती, गुस्से में उबलती-उफनती गरज के साथ समुद्र में छलाँग मार रही थीं।

अचानक उसी दर्रे में, जहाँ साँप कुंडली मारे पड़ा था, एक बाज़, जिसके पंख खून से रँगे थे और जिसके सीने में एक घाव था, आकाश से वहाँ आ गिरा।

धरती से टकराते ही उसके मुँह से एक चीख़ निकली और हताश क्रोध में चट्टान पर वह छाती पटकने लगा।

साँप डर गया। तेजी से रेंगता हुआ भागा, लेकिन वह शीघ्र ही समझ गया कि पक्षी पल-दो पल का मेहमान है। सो वह रेंगकर घायल पक्षी के पास लौटा और उसके मुँह के पास फुँकार छोड़ी, 'मर रहे हो क्या ?'

'हाँ, मर रहा हूँ !' गहरी उसाँस लेते हुए बाज़ ने जवाब दिया। 'खूब जीवन बिताया है मैंने ! बहुत सुख भोगा है मैंने ! जमकर लड़ाइयाँ लड़ी हैं। आकाश की ऊँचाइयाँ मैंने नापी हैं। तुम उसे कभी इतने निकट से नहीं देख सकोगे--तुम बेचारे !'

'आकाश ? वह क्या है ? निरा शून्य ! मैं वहाँ कैसे रेंग सकता हूँ ? मैं यहाँ बहुत मजे में हूँ--गरमाई भी है और तरी भी !'

इस प्रकार साँप ने आजाद पंछी को जवाब दिया और बाज़ के बेतुकेपन पर मन-ही-मन हँसने लगा।

उसने अपने मन में सोचा--चाहे रेंगो, चाहे उड़ो, अन्त सबका एक ही है--सबको इसी धरती पर मरना है, धूल बनना है।

मगर निर्भीक बाज़ ने एकाएक पंख फड़फड़ाए और दर्रे पर नज़र डाली।

भूरी चट्टानों से पानी रिस रहा था और अँधेरे दर्रे में घुटन और सड़ांध थी।

बाज़ ने अपनी समूची शक्ति बटोरी और तड़प तथा वेदना से चीख़ उठा, 'काश, एक बार फिर आकाश में उड़ सकता ! दुश्मन को भींच लेता--अपने सीने के घावों के साथ ! मेरे रक्त की धारा से उसका दम घुट जाता ! ओह, कितना सुख है संघर्ष में !'

साँप ने अब सोचा--वह जिस तरह इतनी वेदना से चीख़ रहा है, तो क्या वास्तव में आकाश में रहना ही अच्छा होगा ?

और फिर उसने आजादी के प्रेमी बाज़ से कहा--'रेंगकर चोटी के सिरे पर आ जाओ और लुढ़ककर नीचे गिरो। शायद तुम्हारे पंख अब भी काम दे जाएँ और तुम अपने अभ्यस्त आकाश में कुछ क्षण और जी लो।'

बाज़ खुशी से लहरा उठा। उसके मुँह से गर्व-भरी हुंकार निकली और काई-जमी चट्टान पर पंजों के बल चलते हुए कगार की ओर बढ़ने लगा।

कगार पर पहुँचकर अपने पंख उसने फैला दिए और गहरी साँस ली, फिर आँखों

से एक चमक-सी छोड़ता हुआ शून्य में कूद गया।

बाज़ पत्थर की भाँति चट्टानों पर लुढ़कता हुआ तेजी से नीचे गिरने लगा। उसके पंख टूट रहे थे, रोएँ बिखर रहे थे...।

नदी ने उसे लपक लिया, उसका रक्त धोकर झागों में उसे लपेटा और उसे दूर समुद्र में बहा ले गई।

और समुद्र की लहरें, शोक से सिर धुनती, चट्टान की सतह से टकरा रही थीं...पक्षी की लाश समुद्र के व्यापक विस्तारों में ओझल हो गई थी...''

''साँप बहुत देर तक कुंडली मारे दर्रे में पड़ा हुआ सोचता रहा—पक्षी की मौत के बारे में, आकाश के प्रति उसके प्रेम के बारे में।

उसने उस विस्तार में आँखें जमा दीं जो निरन्तर सुख के सपने से आँखों को सहलाते हैं।

'क्या देखा उसने—उस मृत बाज़ ने—इस शून्य में, इस अन्तहीन आकाश में ? क्यों उसके जैसे आकाश में उड़ान भरने के अपने प्रेम से दूसरों की आत्मा को परेशान करते हैं ? क्या पाते हैं वे आकाश में ? मैं भी तो थोड़ा-सा उड़कर यह रहस्य जान सकता हूँ।' साँप ने ऐसा सोचा और फिर उसने कसकर कुंडली मारी, हवा में उछला और, सूरज की धूप में एक काली धारी-सी कौंध गई।

धरती पर रेंगने के लिए जो जन्मे हैं, वे उड़ नहीं सकते—इसे भूल साँप नीचे चट्टानों पर जा गिरा, लेकिन गिरकर मरा नहीं बल्कि जोर से हँसा :

'तो यही है आकाश में उड़ने का आनन्द—नीचे गिरने में ! मूर्ख पक्षी ! जिस धरती को वे नहीं जानते, उससे ऊबकर आकाश में उड़ते हैं और उसके अनन्त विस्तारों में खुशी खोजते हैं। लेकिन वहाँ तो केवल शून्य है। माना कि वहाँ प्रकाश बहुत है, लेकिन वहाँ न तो खाने को कुछ है और न शरीर को सहारा देने के लिए ही कोई आधार। फिर इतना गर्व किसलिए ? धिक्कार-तिरस्कार क्यों ? दुनिया की नज़रों से अपनी मूर्खता-भरी आकांक्षाओं को छिपाने के लिए, जीवन के व्यापार में अपनी विफलता पर पर्दा डालने के लिए ही न ? मूर्ख पक्षी ! तुम्हारे शब्द अब मुझे कभी धोखा नहीं दे सकते ! अब मुझे सारा भेद मालूम हो गया है ! मैंने आकाश को देख लिया है! उसमें उडकर, उसको नाप लिया और गिरकर भी देख लिया, हालाँकि मैं गिरकर मरा नहीं, उल्टे मुझे अपने-आपमें विश्वास और भी दृढ़ हो गया है। बेशक वे अपने भ्रमों में डूबे रहें—वे, जो धरती को प्यार नहीं करते। मैंने सत्य का पता लगा लिया है। पक्षियों की ललकार अब कभी मुझ पर असर नहीं करेगी। धरती से जन्मा हूँ और धरती का ही मैं हूँ।'

ऐसा कहकर, एक पत्थर पर गर्व से कुंडली मारकर, वह जम गया।

सागर चुँधिया देनेवाले प्रकाश का पुंज बना चमचमा रहा था और लहरें पूरे जोर-शोर से तट से टकरा रही थीं।

उनकी सिंह जैसी गर्जन में गर्वीले पक्षी का गीत गूँज रहा था। चट्टानें काँप-काँप उठती थीं समुद्र के आघातों से और आसमान गूँज उठा था दिलेरी के गीत से :

'साहस के उन्मादियों की हम गौरव-गाथा गाते हैं—उनके यश का गीत !

'साहस का उन्माद—यही है जीवन का मूलमन्त्र ! ओह, दिलेर बाज़ ! दुश्मन से लड़कर तूने रक्त बहाया...लेकिन वह समय आएगा जब तेरा यह रक्त जीवन के अन्धकार में चिनगारी बनकर चमकेगा और अनेक साहसी हृदयों को आजादी तथा प्रकाश के उन्माद से अनुप्राणित करेगा !

'बेशक तू मर गया, लेकिन दिल के दिलेरों और बहादुरों के गीतों में तू सदा जीवित रहेगा—आजादी और प्रकाश के लिए संघर्ष की गर्वीली ललकार बनकर गूँजता रहेगा !

'हम साहस के उन्मादियों का गीत गाते हैं !'

सागर के पारदर्शी विस्तार निस्तब्ध हैं, तट से छलछलाती लहरें धीमे स्वरों में गुनगुना रही हैं और दूर समुद्र के विस्तार को देखता हुआ मैं भी चुप हूँ। पानी की सतह पर चाँदनी के रुपहले धब्बे अब पहले से कहीं अधिक पैदा हो गए हैं...हमारी केतली धीमे से भुनभुना रही है।

एक लहर खिलवाड़ करती आगे बढ़ आई, मानो चुनौती का शोर मचाती हुई रहीम के सिर को छूने का प्रयत्न कर रही हो !

"भाग यहाँ से ! क्या सिर पर चढ़ेगी ?" हाथ हिलाकर उसे दूर करते हुए रहीम चिल्लाया और वह उसका कहना मान तुरन्त लौट गई।

लहर को सजीव मानकर रहीम के इस तरह उसे झिड़कने में मुझे हँसने या चौंक जानेवाली कोई बात नहीं लगी। हमारे चारों ओर की हर चीज असाधारण रूप से सजीव, कोमल और सुहावनी थी। समुद्र शान्त था और उसकी शीतल साँसों में, जिन्हें वह दिन की तपन से तप्त पहाड़ों की चोटियों की ओर प्रवाहित कर रहा था, बड़ी सचित्र शक्ति मालूम होती थी। गहरी नीली आकाश की पृष्ठभूमि पर सुनहरे बेल-बूटों के रूप में तारों ने कुछ ऐसा गम्भीर चित्र उकेर दिया था कि वह आत्मा को मंत्र-मुग्ध तो करता ही था, हृदय को भी किसी नए आत्मबोध की मधुर आशा से विचलित करता महसूस होता था।

हर चीज उनींदी थी, लेकिन फिर भी जागरूकता की गहरी चेतना अपने हृदय में सहेजे, मानो अगले ही पल वे सभी अपनी नींद की चादर उतार फेंक अवर्णनीय मधुर स्वर में समवेत गान शुरू कर देंगी। और फिर उनका यह समवेत गान जीवन के ऐसे रहस्यों को प्रकट करेगा, जो उनके मस्तिष्क को समझाएगा फिर उसे छलावे की अग्नि-शिखा की भाँति ठंडा कर देगा और आत्मा को गहरे नीले अनन्त विस्तार में उड़ा ले जाएगा, जहाँ तारों के कोमल बेल-बूटे भी आत्मबोध का दैवी गीत गा रहे होंगे... ।

# तूफान का अग्रदूत

सागर की श्वेत-रुपहली लहरें सतह के ऊपर झंझा जुटा रही हैं काले मेघों को, बादलों को। सागर और बादलों के बीच काली बिजली की तरह उड़ रहा है पितरेल पक्षी —तूफान का अग्रदूत।

कभी वह पंखों से छूता है लहरों को, तो कभी तीर की भाँति झपटता है बादलों की ओर। वह चीखता है, और साहस-भरी पक्षी की उस चीख़ में बादल सुनते हैं खुशी की गूँज।

इस चीख़ में तूफान का हार्दिक आह्वान है। इस चीख़ में अनुभव करते हैं बादल उसके क्रोध की भभक, आवेश की लपट और विजय का विश्वास।

मुर्गाबियाँ चिचियाती हैं तूफान आने के पहले—चिचियाती हुई सागर के ऊपर चक्कर काटती हैं और तूफान के भय से मुक्ति पाने की ख़ातिर सागर के तल में अपने आपको छिपाने की कोशिश करती हैं वे। लून भी चिचियाते हैं—लेकिन जीवन-युद्ध के आनन्द से अछूते हैं ये लून पक्षी। मामूली प्रहारों के धमाकों से भयभीत हो उठते हैं वे।

बुद्धू पेंगुइन भी अपने चर्बीचढ़े शरीरों को डर से छिपाते हैं चट्टानों के बीच...बस, एक गर्वीला पितरेल ही ऐसा है, जो स्वच्छन्द और साहस से उड़ रहा है—फेन से श्वेत हुए सागर के ऊपर।

सागर के ऊपर अधिकाधिक काले होते हुए नीचे आते जा रहे हैं बादल, और फिर लहरें गाने लगती हैं—तूफ़ान के स्वागत में ऊँची उछलती-लपकती हुई।

घन-गर्जन हो रहा है।

लहरें झंझा से जूझती हैं—क्रोध से झाग उगलती हुई कराहती हैं। यह लीजिए, झंझा ने ढेर-सी लहरों को कसकर जकड़ लिया अपनी बाँहों में और क्रोध से पगलाते हुए जोर से पटक दिया चट्टानों पर। उन विराट चट्टानों पर लहरों के आकारों को खंड-खंड कर बिखेर दिया जल-कणों में, फुहारों में।

तूफ़ान का अग्रदूत पितरेल पक्षी ललकार-जैसी चीख़ के साथ उड़ रहा है—काली बिजली की तरह बादलों को तीर की तरह चीरता हुआ, लहरों के फेन को पंखों से छूता हुआ।

देखो तो, वह उड़ रहा है दानव की तरह, तीर की तरह, तूफ़ान के गर्वीले काले दानव की तरह—और वह हँसता भी है और सिसकता भी...वह बादलों पर हँसता है, और खुशी से सिसकता है !

यह समझदार दानव—बादलों के क्रोधपूर्ण गर्जन में—बहुत पहले से ही थकान अनुभव कर रहा है। उसे विश्वास है, बादल सूर्य को नहीं छिपा सकेंगे—नहीं, कभी नहीं छिपा सकेंगे !

हवा चिंघाड़ रही है...बादल जोर-शोर से गरज रहे हैं !

तलहीन सागर के ऊपर नीली लपटों-से दृष्टिगोचर होते हैं बादल। बिजली के तीरों को लोकता है सागर और बुझा देता है उन्हें अपनी गहराई में। लुप्त होती हुई ये बिजलियाँ अग्नि-सर्पों-सी झलक दिखाती हैं सागर में।

तूफ़ान ! बहुत जल्दी आएगा तूफ़ान !

गुस्से से उफनते-फुँकारते सागर के ऊपर, बिजली की लपटों के बीच, बड़े साहस से उड़ रहा है तूफ़ान का अग्रदूत गर्वीला पितरेल पक्षी; और वह जीत का पैगम्बर पितरेल पक्षी जैसे चीख़कर कह रहा हो :

'आए, खूब ज़ोर-शोर से आए तूफ़ान !'

# बुढ़िया इज़रगिल

## [ 1 ]

मैंने ये कहानियाँ अक्करमन के निकट बेस्साराबिया के समुद्र-तट पर सुनी थीं।

सूर्यास्त होने ही वाला था। अंगूर तोड़ने का काम अब ख़त्म हो चुका था। मोल्दावियावासियों का दल, जिसके साथ मैं अंगूर तोड़ने का काम किया करता था, समुद्र-तट की ओर चल पड़ा। मैं और बुढ़िया इज़रगिल अंगूर के बेलों की घनी छाँव में चुपचाप लेटे थे और समुद्र-तट की ओर जाते लोगों की परछाइयों को शाम के धुँधलके में विलीन होते देखते रहे थे।

वे हँसते-खेलते और गाते जा रहे थे। ताम्बे-से रंग के मर्दों की मूँछें घनी और काली थीं, कंधों तक के बाल घुँघराले थे। वे छोटे कुरते और ढीले-ढाले पाजामे पहने थे। गहरी नीली आँखों और सुघड़-सुडौल बदनवाली प्रसन्न तथा प्रफुल्ल औरतों और लड़कियों का रंग भी ताम्बे जैसा ही था। रेशम-से मुलायम उनके काले बाल लहरा रहे थे। सुहानी हवा उनके बालों के साथ खेल रही थी और उनमें गुँथे सिक्के आपस में टकराकर झंकार पैदा कर रहे थे। हवा अपनी निर्बाध गति से बह रही थी, लेकिन बीच-बीच में जैसे वह किसी अदृश्य चीज़ के ऊपर से ज़ोर की छलाँग लगा रही हो, ऐसा तेज़ झोंका आता जो स्त्रियों के बालों को छितरा देता। उनके सिरों के इर्द-गिर्द लहरानेवाले बाल काल्पनिक अयाल-से प्रतीत होने लगते। इससे औरतें परी-लोक की अद्भुत-सी जीव मालूम होतीं। जितना ही वे हमसे दूर होते जाते थे, रात और कल्पना उन्हें उतने ही सुन्दर आवरणों में लपेटती जाती थीं।

कोई वायलिन बजा रहा था तो कोई लड़की भारी कंठ से गा रही थी, तो किसी के हँसने की आवाज़ आ रही थी।

समुद्र की तीखी गन्ध और कुछ देर पहले हुई बारिश की वजह से मिट्टी की सोंधी सुगन्ध हवा में गड्ड-मड्ड होकर रह गई थी। विचित्र आकारों और रंगोंवाले बादल आकाश में अभी भी इधर से उधर तैर रहे थे—कहीं धुएँ की परतों की भाँति अस्पष्ट, भूरे और राख जैसे हलके नीले रंग के और कहीं चट्टान के खंडों की भाँति कटावदार, एकदम काले या कत्थई। उनके बीच से झाँक रहा था प्यार से सुनहरे तारों-जड़ी रात का आकाश। लोगों की आवाजें, समुद्र की तीखी गंध के साथ मिट्टी की सोंधी-सोंधी सुगन्ध, आकाश में भूरी-काली घटाएँ—विचित्र रूप से सुन्दर

और उदास लग रही थीं। ऐसा लग रहा था, जैसे किसी अद्‌भुत परी-कथा का आरम्भ होने जा रहा हो! ऐसा मालूम होता था, जैसे विकास रुक गया हो, मर गया हो! जैसे-जैसे लोग दूर होते गए, उनकी आवाजें धुँधली और उदास उसाँसों में परिणत होकर शून्य में खोती गईं।

"तुम उनके साथ क्यों नहीं गए ?" समुद्र की ओर इशारा करते हुए बुढ़िया इज़रगिल ने मुझसे पूछा।

समय ने उसकी कमर को दोहरा कर दिया था। उसकी आँखें, जो कभी खूब काली और चमकदार रही होंगी, अब धुँधली और पनीली हो गई थीं। उसकी खरखरी आवाज़ अजीब थी। जब वह बोलती, तो ऐसा लगता, जैसे हड्डियाँ चटक रही हों!

"मन नहीं चाहता," मैंने जवाब दिया।

"तुम रूसी लोग जन्म से ही बूढ़े होते हो—सब-के-सब अजगर की भाँति उदास! हमारी लड़कियाँ तुमसे डरती हैं, क्योंकि तुम जवान और मज़बूत हो..."

चाँद निकल आया था—ख़ूब बड़ा और रक्ताभ। ऐसा मालूम होता था, जैसे वह इस स्तेपी के अन्तहीन मैदानों के गर्भ में से प्रकट हुआ हो, जिसमें न जाने कितना मानवीय रक्त और मांस समाया है और जो शायद इसीलिए इतना सम्पन्न और उपजाऊ है। बुढ़िया और मैं पत्तों की बेलबूटेदार परछाइयों के जाल में घिर-से गए थे। बाईं ओर स्तेपी के ऊपर बादलों की परछाइयाँ दौड़ रही थीं जिन्हें नीली चाँदनी ने और भी अधिक झीना और पारदर्शी बना दिया था।

"देखो, वह लारा है !"

मेरी आँखें उस ओर मुड़ गईं, जिधर बुढ़िया की काँपती हुई टेढ़ी उँगली इशारा कर रही थी। वहाँ बहुत-सी परछाइयाँ तैर रही थीं। उनमें से एक, जो अन्य सबसे गहरी और घनी थी, तेज़ी से बढ़ रही थी। वह बादल के उस गोले की छाया थी, जो धरती के बहुत निकट तैर रही थी। वह गोला अपने साथी बादलों की तुलना में अधिक तेज़ी से उड़ रहा था।

"वहाँ तो कोई नहीं है !" मैंने कहा।

"तुम्हारी नज़र मुझ बुढ़िया से भी गई-बीती है। देखो, वह काला-सा स्तेपी में दौड़ रहा है !"

मैंने फिर देखा लेकिन परछाइयों के सिवा मुझे कुछ भी दिखाई नहीं दिया।

"वह तो केवल परछाईं है। तुम उसे लारा क्यों कहती हो ?" मैंने बुढ़िया से पूछा।

"क्योंकि यह वही है," बुढ़िया बोली। "वह अब मात्र छाया बनकर रह गया है—इसका वक़्त जो आ गया है। हज़ारों वर्ष हो गए उसे भटकते हुए। सूरज ने उसके मांस, रक्त और हड्डियों को सुखा दिया है और हवा ने उन्हें छितरा दिया। देखा तुमने, खुदा किस तरह घमंडी को दंड देता है !"

"मुझे पूरी कथा सुनाओ," मैंने इस आशा से बुढ़िया से अनुरोध किया ताकि स्तेपी में जन्मी एक अद्‌भुत कहानी सुनने को मिल जाए।

और बुढिया ने मुझे यह कहानी सुनाई :

"हज़ारों साल पहले की बात है, जब यह घटना घटी थी। समुद्र के पार–बहुत दूर, जहाँ सूरज निकलता है–एक बहुत बड़ी नदीवाला देश है। उस देश का प्रत्येक पत्ता और घास का प्रत्येक डंठल इतनी छाँह देता है कि उसके नीचे बैठकर आदमी बेरहम सूरज की गर्मी से अपना बचाव कर सकता है।

तो इतनी उपजाऊ है उस देश की धरती !

उस देश में शक्तिशाली लोगों का एक क़बीला बसता था। वे रेवड़ पालते, शक्ति तथा साहस के साथ जंगली जानवरों का शिकार करते। शिकार के बाद खूब जश्न मनाते, गीत गाते और लड़कियों के साथ मौज करते।

एक दिन, ऐसे ही एक जश्न के समय एक बाज़ ने सहसा आकाश से नीचे झपट्टा मारा और रात जैसे काले बालोंवाली एक खूबसूरत लड़की को उठा ले गया। लोगों ने बाज़ को मार गिराने के लिए उस पर तीर छोड़े, लेकिन बाज़ का बाल तक बाँका नहीं हुआ और तीर वैसे ही धरती पर आ गिरे। लोग लड़की की खोज में गए, लेकिन व्यर्थ। समय के बीतने के साथ वे लोग भी उसे भूल गए, जैसे कि अक्सर इस धरती पर होता आया है कि समय के साथ हर चीज़ भुला दी जाती है।"

एक गहरी साँस लेकर बुढ़िया चुप हो गई। उसकी चरचराती आवाज ऐसी लगती थी, जैसे उसके हृदय की गहराइयों में संचित स्मृतियाँ बड़बड़ा रही हों ! समुद्र धीमे स्वरों में, सम्भवतः इन्हीं तटों पर जन्म लेनेवाली इस प्राचीन दंत-कथा को प्रतिध्वनित कर रहा था।

"लेकिन बीस वर्ष बाद वह अपने-आप लौट आई–क्षीण और मुरझाई हुई। उसके साथ एक युवक भी था–उतना ही मज़बूत और सुन्दर, जितनी कि वह खुद बीस साल पहले थी। जब उससे पूछा गया कि इतने दिन वह कहाँ रही तो उसने जवाब दिया–'बाज़ मुझे उठाकर पहाड़ों में ले गया और मैं उसकी पत्नी के रूप में वहीं रही। यह युवक हमारा पुत्र है। इसका पिता अब इस दुनिया में नहीं रहा। जब वह समझ गया कि उसकी शक्ति जवाब दे रही है, वह आख़िरी बार आकाश में ऊँचे उड़ता चला गया और फिर अपने पंखों को समेट जो नीचे गिरा तो नुकीली चट्टानों से टकराकर चूर-चूर हो गया...'

बाज़ के पुत्र को सभी आश्चर्य से देख रहे थे। उन्होंने देखा कि वह उनसे किसी भी तरह बेहतर नहीं है, सिवा इसके कि उसकी आँखें पक्षियों का राजा बाज़ की भाँति ठंडे गर्व से चमक रही हैं। उससे बातें की गईं लेकिन इच्छा होने पर उसने जवाब दिया या फिर वह चुप रहा। जब एक बड़े बूढ़े आए तो वह उनसे इस तरह बातें कीं जैसे वह उसके ही समान हों। इसे उन्होंने अपना अपमान समझा और उसे बे-पर के तथा कुंठित फलकवाले तीर की संज्ञा देकर बताया गया कि उसके बराबर के और उससे दुगनी आयु वाले हज़ारों लोग उनका आदर करते हैं और उनका हुक्म मानते हैं। लेकिन इसके बावजूद उस युवक ने उद्धतपन से उनकी आँखों में आँखें

डालकर इस तरह देखा, जैसे वह कह रहा हो कि उस जैसा अन्य कोई नहीं है; अगर अन्य तुम्हारा आदर करते हैं तो करें, लेकिन उसका ऐसा करने का कोई इरादा नहीं है, तो लोग उसकी उद्दंडता देख गुस्से में आ गए। बड़े बूढ़े उस पर बिगड़ उठे। बोले—'हमारे बीच इसके लिए जगह नहीं है। जहाँ इसके सींग समाएँ, यह चला जाए।'

यह सुनकर वह जोर से हँस पड़ा और हँसते हुए जिधर उसका मन हुआ, वह उधर ही चल दिया। वह एक सुन्दर लड़की के पास पहुँचा, जो टकटकी बाँधकर उसे देख रही थी। वह उसके पास गया और उसे अपनी बाँहों में भर लिया। वह उसे दुत्कारनेवाले उन बड़े-बूढ़ों में से ही एक की बेटी थी। हालाँकि वह खूबसूरत था, फिर भी लड़की ने उसे धकेलकर अलग कर दिया, क्योंकि वह अपने बाप से डरती थी। उसने उस युवक को धक्का दिया और अपने घर की ओर चल दी। लेकिन तभी उसने उस लड़की पर प्रहार किया और जब वह गिर पड़ी तो उसके सीने को अपने पैरों से उसने ऐसे रौंदा कि उसके मुँह से खून का फव्वारा फूट निकला। लड़की ने आह भरी, साँप की भाँति बल खाकर मर गई।

जो लोग यह दृश्य देख रहे थे, भय से स्तम्भित रह गए—पहली बार इस तरह किसी लड़की की हत्या की गई थी। काफी देर तक वे अपने सामने पड़ी लड़की की लाश को, जिसकी आँखें फटी हुई थीं और मुँह रक्त से सना हुआ था, अवाक् खड़े देखते रहे। वे देख रहे थे उस युवक को, जो लड़की के पास गर्व से खड़ा था। अपने सिर को इस तरह ऊँचा उठाए खड़ा था, जैसे आकाश को कहर बरपा करने के लिए ललकार रहा हो। आखिर लोगों को जब कुछ चेत हुआ तो उन्होंने उसे पकड़ लिया। लोग चाहते तो उसी समय उसकी हत्या कर सकते थे और इस तरह अपने हृदय की जलन मिटा सकते थे, लेकिन तत्काल इस युवक की हत्या करना उन्हें यह मामूली सजा लगी। यह सोचकर लोगों ने ऐसा नहीं किया। लोग उसे कड़ी-से-कड़ी सजा देना चाहते थे, अतः उसे बाँधकर वहीं छोड़ दिया...''

इतना कहकर बुढ़िया चुप हो गई।

रात अधिक गहरी और काली हो चली थी और विचित्र तरह की धीमी आवाजें सुनाई देने लगीं। धानीमूष की उदास सीं-सीं स्तेपी में छा गई, अंगूरी बेलों में झींगुरों की झंकार भर गई, पत्ते उसाँसें छोड़ने और कानाफूसी करने लगे। गोल चाँद, जो पहले रक्ताभ था, धरती से दूर होता हुआ फीका पड़ गया और स्तेपी पर अधिकाधिक नीला धुँधलका-सा फैलता जा रहा था।

कुछ देर बाद बुढ़िया ने धीरे-धीरे कहना शुरू किया :

''और तब बड़े-बूढ़े उस अपराध की उचित सजा देने के लिए जमा हुए। कुछ लोगों ने यह राय दी कि घोड़ों से उसकी बोटी-बोटी रौंदवाई जाए, लेकिन यह सजा उन्हें काफी मालूम नहीं हुई। फिर कुछ लोगों ने राय दी कि वे सब एक-एक तीर से उसका शरीर बींध डालें, लेकिन यह सजा भी कुछ जँची नहीं। फिर यह सुझाव आया कि उसे जिन्दा जला दिया जाए, लेकिन ऐसा करने से वे धुएँ के कारण उसे तड़पता हुआ नहीं

देख सकेंगे। अतः इस सजा को भी टाल दिया गया। उन्हें कुछ भी ऐसा नहीं सूझा, जो सभी को पसन्द आता। इस बीच युवक की माँ उनके सामने घुटने टेके चुपचाप बैठी रही। उसे न तो उनके हृदयों में दया उपजानेवाले शब्द मिल रहे थे और न ही आँसू। बहुत देर तक वे आपस में राय-विचार करते रहे, अन्त में बुद्धिमानों में से एक ने काफी सोच-विचार के बाद कहा—'उससे पूछें तो कि उसने ऐसा क्यों किया ?'

और उन्होंने उससे पूछा। उसने कहा—'मुझे खोलो ! जब तक मैं बँधा हूँ, एक शब्द भी मुँह से नहीं निकालूँगा !'

और जब उन्होंने उसे खोल दिया तो उस युवक ने पूछा—'आखिर तुम लोग क्या चाहते हो ?' उस युवक का लहजा ऐसा था जैसे वहाँ उपस्थित लोग उसके गुलाम हों !

'यह तुम जानते हो...' उस बुद्धिमान ने कहा।

'मैं तुम्हें अपने कृत्यों की सफाई किसलिए दूँ ?'

'इसलिए कि हम तुम्हें समझ सकें। सुनो गर्वीले, तुम्हारी मौत तो निश्चित है...हमें यह समझने में मदद करो कि तुमने ऐसा काम क्यों किया। हम तो जीवित रहेंगे, और जितना कुछ हम जानते हैं, अपने उस अनुभव में वृद्धि करने से हमें आगे सोचने में लाभ होगा...'

'अच्छी बात है, मैं तुम्हें बताता हूँ हालाँकि मैं खुद भी पूरी तरह नहीं जानता कि मैंने ऐसा क्यों किया। मुझे ऐसा लगता है कि मैंने इसलिए उसकी हत्या की कि उसने मेरी अवहेलना की...मैं उसे चाहता था।'

'लेकिन वह तुम्हारी नहीं थीं,' उन्होंने उससे कहा।

'क्या तुम केवल उन्हीं चीजों से काम लेते हो जो तुम्हारी होती हैं ? मैं देखता हूँ कि हर आदमी के पास हाथ, पाँव और बोलने के लिए एक जबान के सिवा और कुछ अपना नहीं होता...फिर भी वह ढोर-डंगरों, स्त्रियों, जमीन और अन्य कितनी ही चीजों का स्वामी होता है...'

इसका उन्होंने यह जवाब दिया—'मानव जिस भी चीज का स्वामी बनता है, उसका दाम चुकाता है—अपनी बुद्धि से, अपनी शक्ति से, कभी अपनी जान तक से।'

'लेकिन मैं कोई दाम नहीं चुकाना चाहता,' उस युवक ने कहा।

काफी देर तक उससे बातें करने के बाद वे लोग इस निष्कर्ष पर पहुँचे कि वह युवक अपने-आपको उन सबसे ऊपर समझता है, अपने सिवा अन्य किसी को खातिर में नहीं लाता। जब उन्होंने अनुभव किया कि वह बिलकुल एकाकी है, तो वे सभी चिन्तित हो उठे। उसकी न तो कोई जाति थी, न कोई अपना था, न ढोर-डंगर थे, न पत्नी थी और न वह ऐसा कुछ चाहता ही था।

यह सब जानने के बाद लोगों ने फिर से यह विचार करना शुरू किया कि उसके लिए कौन-सी सजा उपयुक्त होगी, लेकिन उन्हें बहुत देर तक आपस में बातचीत नहीं करनी पड़ी। उसी बुद्धिमान ने, जो अब तक चुप बैठा था, उनसे कहा—'उसे हाथ नहीं लगाना, क्योंकि वह स्वयं ही मरना चाहता है !'

और लोग रुक गए। वे नहीं चाहते थे कि वह व्यक्ति, जिसने ऐसा नृशंस अपराध किया है, उनके हाथों मरकर अपनी यंत्रणा से छुट्टी पा जाए।

वे रुक गए और उस पर हँसने लगे। उनकी हँसी सुन वह युवक काँप उठा और दोनों हाथों से अपने सीने को टटोलने लगा, जैसे कोई चीज खोज रहा हो! फिर पत्थर लेकर वह एकाएक लोगों पर टूट पड़ा। उन्होंने उसके पत्थरों से अपने को बचाया लेकिन पलटकर एक भी पत्थर नहीं मारा। अन्त में, जब वह थक गया और निराशा से चीखकर धरती पर गिर पड़ा, तो वे लोग एक तरफ खड़े होकर उसे देखने लगे। वह अचानक खड़ा हो गया और जमीन पर पड़े एक चाकू को उसने उठा लिया, जो भगदड़ में किसी के हाथ से गिर गया था और अपने सीने पर उससे वार किया। लेकिन आश्चर्य ! चाकू के दो टुकड़े हो गए, जैसे किसी पत्थर से वह टकरा गया हो! फिर वह जमीन पर गिर पड़ा और उस पर अपना सिर पटकने लगा, लेकिन जमीन भी, जहाँ उसका सिर टकराता, नीचे धसक जाती और इस तरह कठोर जमीन उससे दूर खिसकती गई।

'यह मर भी नहीं सकता !' लोग खुशी से चिल्लाए।

और वे उसे वहीं छोड़कर चले गए। वह चित पड़ा आकाश को ताक रहा था। उसने देखा कि दूर, बहुत दूर, शक्तिशाली बाज़ काले धब्बों की भाँति उड़ रहे हैं। उसकी आँखों में इतना दुःख, इतनी वेदना तैर रही थी कि समूची दुनिया उसमें डूब सकती थी। तब से वह अकेला और एकदम आजाद मौत की प्रतीक्षा कर रहा है। वह बस इस धरती पर मँडराता रहता है...देख रहे हो न, वह एक परछाईं-भर रह गया है, और अनन्त काल तक इसी रूप में भटकता रहेगा ! न वह मानव की बोली समझता है और न ही उनका काम-काज। वह बस चलता ही जाता है–किसी चीज की खोज में, हर क्षण और हर घड़ी। न तो वह जीवित है और न उसे मौत ही आती है और न मानवों के बीच ही उसके लिए कोई जगह है...तो घमण्ड के लिए ऐसा बुरा हाल किया गया था उस मानव का !"

बुढ़िया ने एक आह भरी और चुप हो गई। अपने सिर को अजीब ढंग से हिलाया जो उसके सीने पर लुढ़क आया था।

मैंने उसकी ओर देखा। ऐसा मालूम होता था कि नींद उस पर हावी हो रही है। न जाने क्यों, मेरा हृदय उसके लिए वेदना से भर उठा। हालाँकि एक ऊँचे प्रताड़णा के स्वर में उसने अपनी कहानी का अन्त किया था, लेकिन फिर भी मुझे ऐसा लगा, जैसे उसमें भय और दयनीयता का पुट मिला हो !

## [ 2 ]

समुद्र-तट पर लोग गाने लगे–अजीब ढंग से गाने लगे। स्त्री के पतले स्वर ने गीत को छेड़ा। दो या तीन स्वरों के बाद एक दूसरी आवाज ने उसे फिर शुरू से उठाया, जबकि

पहलेवाली आवाज अगले स्वरों पर बढ़ती गई। इसी प्रकार तीसरी, चौथी और पाँचवीं आवाज ने उसे उठाया और फिर, एकाएक, पुरुष-कण्ठों ने मिलकर उसे गाना शुरू कर दिया।

स्त्रियों की आवाजों में से प्रत्येक अलग सुनाई दे रही थी। ऐसा मालूम होता था जैसे वे विभिन्न रंगों की धाराएँ हों, जो चट्टानों को पार करती, उछलती और चमचमाती पुरुष-कण्ठों की उमड़ती-घुमड़ती घनी धारा की ओर लपक रही हों, उसमें डूब गई हों, बल खाकर फिर बाहर निकल आई हों और इस बार पुरुष-कण्ठों को उन्होंने डुबो दिया हो और फिर एक-एक करके—भारी धारा से अलग होकर, सबल और सुस्पष्ट रूप में ऊँची उठती चली गई हों !

लहरों का शोर इन स्वरों में खो गया था।

"क्या तुमने ऐसा गाना इससे पहले भी कभी सुना है ?" सिर उठाते हुए बुढ़िया इज़रगिल ने मुझसे पूछा और उसका दन्तविहीन मुँह पोपली मुस्कुराहट से खिल उठा।

"नहीं, कभी नहीं सुना..." मैंने कहा।

"और कहीं तुम्हें सुनने को मिलेगा भी नहीं। गाना हम लोगों की जान है। केवल सहृदय लोग, जीवन के प्रेम में पगे लोग ही इतना अच्छा गा सकते हैं। हम लोग जीवन के प्रेम में पगे हुए हैं। जरा सोचो तो कि क्या ये लोग, जो अब गा रहे हैं, दिन-भर के काम के बाद थककर चूर नहीं हो गए होंगे ? सूरज निकलने से लेकर दिन छिपने तक उन्होंने हाड़ तोड़े, लेकिन चाँद के निकलते ही वे गाने लगे। जो लोग जीवन जीना नहीं जानते, वे बिस्तरों पर जा लेटते हैं, और जो जीवन में रस लेना जानते हैं, वे गा रहे हैं।"

"लेकिन स्वास्थ्य..." मैंने कहना चाहा।

"स्वास्थ्य की क्या बात करते हो ! स्वास्थ्य तो जीवन-भर के लिए हमेशा ही काफी रहता है। धन होने पर क्या तुम उसे खर्च नहीं करोगे ? स्वास्थ्य भी सोना ही है। जानते हो, जब मैं जवान थी तो क्या करती थी ? सुबह से शाम तक कालीन बुनती थी। बैठे-बैठे कमर अकड़ जाती थी। मैं, जो सूरज की किरण की तरह चंचल थी, हिले-डुले बिना पत्थर की भाँति बैठी रहती। कभी-कभी, इतनी देर बैठे रहने के कारण, मेरी हड्डियाँ तक दुखने लगतीं। लेकिन रात होते ही उस आदमी को चूमने के लिए हवा हो जाती, जिसे प्यार करती थी। तीन महीने तक मेरा वह प्रेम चला और मेरी हर रात उसके साथ बीती। फिर भी, देखो तो, मैं अब तक—इतनी बड़ी उम्र तक—जीवित हूँ। खून की कमी नहीं पड़ी ! न जाने कितनी बार मैं प्रेम में डूबी-उतराई, न जाने कितने चुम्बनों की मैंने बौछार की और बौछार ली !"

मैंने उसके चेहरे पर नजर डाली। उसकी काली आँखें इतनी धुँधली थीं कि उसकी ये स्मृतियाँ भी उनमें चमक नहीं ला सकी थीं। उसके सूखे-फटे हुए होंठ, उसकी नुकीली ठोड़ी, जिस पर सफेद बालों के गुच्छे उगे थे और उल्लू की चोंच की भाँति टेढ़ी उसकी झुर्रीदार नाक चाँद की रोशनी में चमक रही थी। गालों की जगह काले गड्ढे पड़े थे और उनमें से एक पर उसके सफेद बालों की एक लट पड़ी हुई थी, जो लाल रंग के

उस चिथड़े से बाहर निकल आई थी, जिसे उसने अपने सिर पर लपेट रखा था। उसके चेहरे, गर्दन और हाथों पर झुर्रियों का जाल बिछा था और जब भी वह हिलती-डुलती थी तो ऐसा लगता था, जैसे उसकी यह झुर्रीदार सूखी खाल अभी तड़ककर अलग जा गिरेगी और धुँधली काली आँखोंवाला हड्डियों का एक ढाँचा मात्र यहाँ बैठा रह जाएगा।

अपनी चरचराती आवाज में उसने अब फिर बोलना शुरू कर दिया था :

''मैं अपनी माँ के साथ फाल्मी के निकट बिरलात नदी के किनारे रहती थी। मैं पन्द्रह वर्ष की थी जब वह हमारे यहाँ आया—लम्बा कद, काली मूँछ, सुहावना और बहुत ही खुशमिजाज। हमारी खिड़की के निकट उसने अपनी नाव रोक दी और गूँजदार आवाज में पुकार उठा—'अरे, क्या कुछ खाने-पीने को मिल सकता है ?' मैंने खिड़की के पास खड़े ऐश वृक्ष की टहनियों के बीच से देखा कि नदी नीली चाँदनी में चमक रही है और वह सफेद कमीज पर पटका कसे, जिसके सिरे खुले थे, वहाँ खड़ा है। उसका एक पाँव नाव में था और दूसरा तट पर। वह हिलता-डुलता हुआ कुछ गा रहा था। जब उसकी नजर मुझ पर पड़ी तो बोला—'ओह, कैसी सुन्दरी रहती है यहाँ, और मुझे पता तक नहीं !' जैसे वह दुनिया-भर की सुन्दरियों का हिसाब रखता हो ! कुछ शराब और कुछ गोश्त मैंने उसको दे दिये...इसके चार दिन बाद मैं खुद भी उसकी हो गई। हर रात हम एकसाथ नाव पर घूमने जाते। वह आता और गिलहरी की भाँति धीमे से सीटी बजाता और मैं खिड़की में से मछली की भाँति कूद पड़ती, और हम दोनों नाव में चल देते। वह प्रूत नदी के तटवर्ती प्रदेश का मछुआरा था। जब मेरी माँ को हम दोनों की करतूत का पता चला और उसने मेरी मरम्मत की तो उसने मुझसे दोब्रूजा, बल्कि इससे भी दूर दान्यूब की उपनदियों की ओर भाग चलने को कहा। लेकिन तब तक मैं उससे ऊब चली थी—वह बस, गाता और चूमता ही रहता था। मैं इससे उकता गई थी। उन दिनों हुत्सूलों का एक दल घूमता-घामता इधर के इलाकों में आ धमका। उन्होंने इस देश की लड़कियों पर डोरे डालना शुरू किया। उन लड़कियों ने खूब मौज-मस्ती की। कभी-कभी ऐसा भी होता कि प्रेमी गायब हो जाता और उसकी प्रेमिका उसकी याद में घुलने लगती। सोचती, हो न हो, या तो वह जेल में डाल दिया गया होगा, या लड़ाई में मारा गया होगा। और कुछ दिनों बाद, एकाएक वह अकेला ही या फिर अपने दो-तीन साथियों के साथ इस तरह प्रकट हो जाता, जैसे आसमान से टपक पड़ा हो ! बहुमूल्य उपहारों का वह ढेर लगा देता। उनके लिए तो यह बायें हाथ का खेल था—अपनी प्रेमिका के साथ दावतें उड़ाना, अपने साथियों के सामने उसे लेकर खूब शेखी बघारना। इस सबसे वे खिल उठतीं।

एक बार एक लड़की से, जिसका प्रेमी ऐसा ही मनमौजी था, मैंने कहा कि मेरा भी किसी हुत्सूल से परिचय करवा दे...भला क्या नाम था उसका ? ओह, भूल गई। मेरी याददाश्त अब अच्छी नहीं रही। फिर यह बात इतनी पुरानी है कि उसे कोई भी भूल सकता है। उस लड़की ने एक जवान हुत्सूल से मेरी जान-पहचान करवा दी। बहुत खूबसूरत था वह—लाल मूँछें और लाल घुँघराले बाल ! दहकते हुए लाल था वह लेकिन

उदास-सा। कभी प्यार की तरंग में बहता तो कभी खूब गरजता और मरने-मारने पर उतर आता। एक बार उसने मेरे मुँह पर थप्पड़ दे मारा...बिल्ली की भाँति उछलकर मैं उसकी छाती पर सवार हो गई और उसके गाल में मैंने अपने दाँत गड़ा दिए...तब से उसके गाल में एक गढ़ा पड़ गया और जब मैं उसे चूमती तो उसे बहुत अच्छा लगता।''

''लेकिन उस मछुआरे का क्या हुआ ?'' मैंने पूछा।

''वह मछुआरा ? वह...यहीं बना रहा। वह भी उनमें—हुत्सूलों में—शामिल हो गया। शुरू में उसने मिन्नतें कीं कि मैं उसके पास लौट जाऊँ, फिर धमकियाँ दीं कि अगर मैंने ऐसा नहीं किया तो वह मुझे नदी में फेंक देगा, लेकिन उसके दिल का वह घाव जल्दी ही भर गया। वह उन लोगों में शामिल हो गया और उसने एक नई प्रेमिका खोज ली। वे दोनों—वह मछुआरा और मेरा वह हुत्सूल प्रेमी—एकसाथ फाँसी पर लटका दिए गए। मैं उन्हें फाँसी लगते देखने गई थी। दोब्रूजा में उन्हें फाँसी लगी। मछुआरे को जब लटकाने के लिए ले जाया गया तो उसके चेहरे पर मुर्दनी छाई थी और वह रो रहा था, लेकिन हुत्सूल पाइप पीता रहा। वह मजे से चला जा रहा था—पाइप पीता हुआ, जेबों में हाथ डाले। उसकी मूँछों का एक सिरा उसके कन्धे पर लटक रहा था और दूसरा उसके सीने पर। जब उसकी नजर मुझ पर पड़ी तो उसने अपने मुँह से पाइप निकाला और चिल्लाकर कहा—'अलविदा !' उसके लिए मैंने पूरे एक साल तक आँसू बहाए। वे ठीक उस वक्त पकड़े गए जब वे अपने कार्पेथिया पहाड़ों में वापस लौटनेवाले थे। किसी रूमानियावासी के घर उनकी विदाई की दावत हो रही थी। तभी उन्हें पकड़ लिया गया। केवल वे दो ही पकड़े गए। कई वहीं के वहीं मारे गए और बाकी बचकर भाग निकले...लेकिन रूमानियावासी को अपनी करनी का फल भुगतना पड़ा। उसका घर और खेत-खलिहान, उसकी पनचक्की और अनाज—सब जलाकर राख कर दिए गए। भिखारी बनकर रह गया।''

''क्या यह तुम्हारी करतूत थी ?'' मैंने यों ही पूछा।

''हुत्सूलों के अनेक मित्र थे—अकेली मैं ही नहीं। उनके सबसे पक्के मित्र ने ही उनकी याद में यह बदला लिया था।''

समुद्र-तट पर गाना अब बन्द हो गया था और लहरों की मर्मर ध्वनि ही बुढ़िया की इस कहानी का साथ दे रही थी। लहरों की यह चिन्तापूर्ण और बेचैन ध्वनि जीवन की इस कहानी के सर्वथा अनुकूल थी। रात की मृदुलता जितनी बढ़ती थी, चाँदनी की नीलिमा उतनी ही घनी होती जाती थी और रात के अदृश्य जीवों की अस्पष्ट आवाजों का जोर उतना ही धीमा पड़ता जाता था। समुद्र का गर्जन बढ़ता जा रहा था, हवा तेज होती जा रही थी।

''एक तुर्क से भी मैंने प्रेम किया था। मैं उसके हरम में दाखिल हो गई, जो स्कूतारी में था। हफ्ते-भर मैं वहाँ रही—कुछ बुरा नहीं था, लेकिन फिर भी मैं वहाँ के जीवन से ऊब गई। जिधर नजर डालो—औरतें ही औरतें। पूरी आठ थीं। दिन-भर वे चरती

रहतीं, सोतीं, बेमतलब चिचियातीं, या फिर कुड़क मुर्गियों की तरह लड़तीं। वह तुर्क जवान नहीं था। उसके बाल करीब-करीब पक गए थे। वह बहुत ही अमीर आदमी था। शाहों की भाँति बोलता था। उसकी आँखें काली और पैनी थीं। वे सीधे आत्मा की टोह लेती थीं। खुदा को बहुत याद करता था वह। सबसे पहले बुकुरेश्ती में उससे मेरी भेंट हुई। शाह की तरह बड़ी शान से वह बाजार में से चला जा रहा था। मैंने मुस्कुराकर उसकी ओर देखा। उसी रात मुझे पकड़कर उसके सामने पेश किया गया। वह चन्दन और ताड़ की लकड़ी का व्यापार करता था और कुछ माल खरीदने बुकुरेश्ती आया था।

'बोलो, मेरे साथ चलोगी ?' उसने पूछा।

'ओह, हाँ, चलूँगी,' मैंने कहा।

'तो ठीक है,' वह बोला।

और मैं उसके साथ हो ली।

बहुत अमीर था! वह तुर्क। उसके एक लड़का था—दुबला-पतला, काले बालोंवाला, सोलह वर्ष का। उसी के साथ मैं तुर्क के यहाँ से भागी—बुल्गारिया, लोम-पलान्का। वहाँ एक बुल्गारी स्त्री ने मेरी छाती में चाकू भोंक दिया। उसे वहम था कि कहीं मैं उसके पति प्रेमी को—मुझे ठीक याद नहीं रहा—भगा न ले जाऊँ।

इसके बाद, एक लम्बे अर्से तक मैं एक मठ में बीमार पड़ी रही। स्त्रियों का मठ था वह। एक पोलिश लड़की मेरी देख-भाल करती थी। उसका भाई, जो आर्त्सेर-पलान्का के निकट एक मठ में साधु था, उससे मिलने आया करता था। वह कीड़े की भाँति मेरे चारों ओर रेंगता रहता था। जब मैं अच्छी हो गई तो उसके साथ पोलैण्ड चली गई..."

"जरा रुको तो, उस तुर्क के लड़के का क्या हुआ ?" मैंने पूछा।

"लड़का ? वह मर गया।" बुढ़िया कुछ याद करती हुई बोली, "घर की याद में या शायद प्रेम में घुलकर। वह वैसे ही मुरझाने लगा जैसे ज्यादा धूप खाकर पौधा मुरझा जाता है। बस, मुरझाता चला गया और बिस्तर से लग गया। नीला-सा और बर्फ की भाँति पारदर्शी हो गया था, लेकिन प्रेम की आग अब भी उसके अन्दर जल रही थी। वह बार-बार अपने बिस्तर पर मुझे बुलाता, अनुरोध करता कि मैं झुककर उसको चुम्बन दूँ और मैंने खूब-खूब चुम्बन उसे दिए क्योंकि मैं भी उसे बहुत चाहती थी; लेकिन वह तिल-तिल करके गलता गया, हिल-डुल तक न पाता। वह बस वैसे ही पड़ा रहता और मेरी मिन्नतें करता—भिखारियों की भाँति गिड़गिड़ाता कि मैं उसके पास लेटकर उसे गरमा दूँ। और मैं ऐसा ही करती। जैसे ही मैं उसके पास लेटती, उसका रोम-रोम सिहर उठता।

एक दिन, जब मैं सुबह उठी, तो देखा, वह पत्थर की भाँति ठंडा पड़ा है। वह मर गया था। मैं खूब रोई। कौन जाने, शायद मेरी वजह से ही उसकी मृत्यु हुई हो ! मैं उम्र में उससे दुगुनी थी—मजबूत और रसीली थी। लेकिन वह ? वह तो निरा बच्चा था !"

बुढ़िया ने एक लम्बी साँस छोड़ी और अपने सूखे होंठों से कुछ बुदबुदाते हुए तीन

बार सलीब का निशान बनाया। इससे पहले मैंने कभी उसे ऐसा करते नहीं देखा था।

"फिर तुम पोलैण्ड चली गईं..." मैंने कहानी को आगे बढ़ाते हुए कहा।

"हाँ, उस नन्हे पोल के साथ। वह नीच और कुत्सित व्यक्ति था। जब उसे औरत की जरूरत होती, तो वह बिल्ले की भाँति मेरे चारों ओर मँडराता। उसके होंठों से शहद टपकता। लेकिन जब उसकी भूख मिट जाती, तो उसके तीखे शब्द मेरे दिल पर कोड़े की तरह चोट करते। एक दिन जब हम नदी-तट पर घूम रहे थे, उसने दम्भ में भरकर कोई अपमानजनक बात कही। ओह, मैं बुरी तरह झुँझला उठी। गुस्से में उबलने लगी। बच्चे की भाँति–वह बहुत छोटा जो था–मैंने उसे ऊपर उठाकर इतनी जोर से भींचा कि उसका मुँह नीला पड़ गया। इसके बाद मैंने उसे नदी में फेंक दिया। उसके मुँह से एक चीख निकली, जो बड़ी मजेदार लगी। तट की ऊँचाई से मैंने उसे पानी में हाथ-पाँव मारते देखा, फिर मैं वहाँ से चली आई–उसे उसके भाग्य पर छोड़ते हुए। इस मामले में मैं भाग्यवान रही–जिस प्रेमी को मैंने छोड़ा, उससे फिर कभी भेंट नहीं हुई। कितना बुरा मालूम होता है छोड़े हुए प्रेमियों से मिलना, जैसे मुर्दों से मिल रहे हों !"

यह कहते हुए बुढ़िया का चेहरा नफरत से सिकुड़ गया। उसके चुप होते ही मेरी कल्पना में उन लोगों के चित्र चक्कर काटने लगे, जिन्हें उसकी कहानी ने उभारा था। वह रहा धधकते लाल बालों और लाल मूँछोंवाला हुत्सूल प्रेमी, जो फाँसी की ओर जाते समय भी शान्त भाव से पाइप पीता रहा था। ऐसा मालूम हुआ कि उसकी आँखें ठंडे नीले रंग की थीं और उसकी नजर दृढ़ और गहरी थी। उसके साथ-साथ काली मूँछोंवाला, प्रूत नदी के तटवर्ती प्रदेश का वासी मछुआरा चला जा रहा था। मौत के भय से वह रो रहा था और उसकी आँखें, जिनमें कभी प्रसन्नता नाचती थी, अब पथराई-सी ताक रही थीं। उसका चेहरा आसन्न मौत के भय से सफेद पड़ गया था और आँसुओं से भीगी तथा शोक में डूबी उसकी ऐंठी हुई मूँछें उसके होंठों के छोरों पर लटक आई थीं। और वह रहा रोब-दाबवाला बूढ़ा तुर्क, जो शायद भाग्यवादी और पूरा स्वेच्छाचारी था। पास ही में था उसका पुत्र–चुम्बनों के विष का मारा हुआ। और वह रहा पोलैण्डवासी, वह दम्भी युवक, विनम्र और क्रूर, अत्यन्त भावप्रवण और भावनाहीन–वे सब क्षीण छायाओं के सिवा अब और कुछ नहीं रह गए थे और जिसे उन्होंने चूमा था, वह मेरे पास बैठी थी–जीवित, लेकिन उम्र की मार से जर्जर, रक्तहीन, मांसहीन, इच्छाहीन हृदय और चमकहीन आँखोंवाली–वह भी तो लगभग छाया ही थी।

उसने अपनी बात आगे बढ़ाई :

"पोलैण्ड में बड़ी मुसीबत में गुजरी। वहाँ के लोग झूठे और हृदयहीन हैं। मैं उनकी साँपों जैसी भाषा नहीं बोल सकती थी। वे जब बोलते तो लगता, जैसे फुँफकार रहे हों ! जाने क्या फुँफकारते हैं ! झूठ उनकी घुट्टी में मिला है, इसीलिए खुदा ने उन्हें साँपों जैसी जबान दी है। सो मैं चल पड़ी–किधर और क्यों, नहीं जानती थी। मैंने देखा कि पोलैण्डवासी तुम रूसियों के खिलाफ विद्रोह की तैयारी कर रहे हैं। मैं बोहनिया नगर में पहुँची। वहाँ एक यहूदी ने मुझे खरीद लिया–अपने लिए नहीं, बल्कि मेरे शरीर से

पैसा कमाने के लिए। मैं इसके लिए तैयार हो गई। आखिर जीने के लिए कोई हुनर जरूर आना चाहिए जबकि मैं कुछ नहीं जानती थी। सो अपने शरीर से मैंने उसका मूल्य चुकाया। लेकिन मैंने सोचा कि जब मेरे पास अपने बिरलात लौटने लायक पैसा हो जाएगा, तो अपने बन्धनों को, चाहे वे कितने ही मजबूत क्यों न हों, तोड़कर फेंक दूँगी। और जब तक मैं वहाँ रही—एक-से-एक धनी लोग मेरे पास आते, मेरे साथ खाते-पीते। इसकी उन्हें भारी कीमत चुकानी पड़ती। मुझे लेकर वे एक-दूसरे से लड़ते और तबाह होते। उनमें से एक मेरा हृदय जीतने के लिए बहुत दिनों तक मेरे पीछे लगा रहा। एक दिन जब वह आया तो उसका नौकर उसके पीछे-पीछे बहुत बड़ा थैला उठाए दाखिल हुआ। वह भला आदमी थैला लेकर मेरे सिर पर उलटने लगा। सोने की मुद्राएँ मेरे सिर पर लगतीं तो चोट से मैं कराह उठती, लेकिन जब वह फर्श पर गिरकर खन्न से बोलतीं, तो मेरा हृदय खुशी से नाच उठता। लेकिन फिर भी मैंने उस महानुभव को बाहर निकाल दिया। उसका चेहरा चर्बी-चढ़ा था और उसकी तोंद ऐसी थी जैसे गोल कद्दू। वह मोटे-ताजे सूअर-सा लगता था। हाँ, मैंने बेशक उसे बाहर निकाल दिया लेकिन वह कहता रहा कि उसने मुझे सोने से लाद देने के लिए ही अपनी सारी जमीन, घर-बार और घोड़े बेच डाले हैं। उस समय मैं एक अन्य आदमी से प्रेम करने लगी थी। उसके चेहरे पर घाव के निशान थे—निशानों का एक जाल-सा बिछा था उसके चेहरे पर। ये निशान तुर्कों की तलवारों की यादगार थे। यूनानियों की खातिर तुर्कों के खिलाफ लड़कर वह उन्हीं दिनों लौटा था। क्या शानदार आदमी था वह भी! पोलैण्ड का रहनेवाला—भला क्या लेना-देना था उसे यूनानियों से? फिर भी वह यूनानियों के साथ उनके दुश्मनों से जूझा। तुर्कों ने बड़ी बेरहमी से उसके अंग-भंग किए—उनकी मार से उसकी एक आँख और बाएँ हाथ की दो उँगलियाँ गायब हो गईं...यूनानियों से उसका—एक पोल का—क्या वास्ता? दरअसल बात यह थी कि वह बहादुरी के कारनामों के लिए छटपटाता रहता था, और आदमी का हृदय जब वीर-कृत्यों के लिए छटपटाता हो, तो इसके लिए वह सदा अवसर भी ढूँढ़ लेता है। जीवन में ऐसे अवसरों की कुछ कमी नहीं है और अगर किसी को ऐसे अवसर नहीं मिलते, तो समझ लो कि वह काहिल है या फिर कायर, या यह कि वह जीवन को नहीं समझता। अगर वह समझता होता, तो निश्चय ही वह अपनी छाप छोड़ जाना चाहता। और तब जीवन उसे इस तरह न निगल पाता कि उसका कोई नाम-निशान तक बाकी न रहे। वह घावोंवाला बहुत ड़ी बढ़िया आदमी था। कुछ-न-कुछ करने के लिए वह दुनिया के छोर पर भी जा पहुँचता। शायद तुम्हारे लोगों ने विद्रोह के दौरान ऐसा हाल कर डाला है। तुम मगयारों से लड़ने क्यों गए? बस, चुप रहना!"

मुझे मुँह बन्द रखने का आदेश देकर बुढ़िया इज़रगिल खुद चुप हो गई और विचारों में खो गई। फिर कुछ देर बाद बोली :

"मेरी जान-पहचान का एक मगयार भी था। एक दिन वह मुझे छोड़कर चला गया। जाड़ों के दिन थे—बसंत के दिनों में जब बर्फ़ पिघली, तो एक खेत में उसकी लाश

मिली। उसके सिर में गोली लगने का निशान था। देखा तुमने, प्रेम से इतने ही लोग मरते हैं, जितने प्लेग से। अगर गिनती की जाए, तो कम नहीं निकलेंगे...लेकिन हाँ, मैं क्या कह रही थी ? पोलैंड की बात थी...अपना आख़िरी खेल मैंने वहीं खेला। एक बड़े अमीर से वहाँ मेरी मुलाक़ात हुई। बहुत ख़ूबसूरत था वह—बेहद ख़ूबसूरत। लेकिन तब मैं बूढ़ी हो चली थी। चालीस वर्ष की ? हाँ, शायद चालीस वर्ष की...और वह दम्भी स्त्रियों के मुँह चढ़ा था। बहुत महँगा पड़ा वह मुझे। उसने समझा कि उसका इशारा करते ही मैं उसके सामने बिछ जाऊँगी, लेकिन मैं इतनी आसानी से झुकनेवाली नहीं थी। किसी की ग़ुलाम बनकर रहना मेरे लिए सम्भव नहीं था। उस वक़्त तक मैंने यहूदी से नाता तोड़ लिया था—बहुत पैसे दिए थे मैंने उसे। मैं तब क्रैको में थी। मेरे पास सबकुछ था—घोड़े थे, सोना, नौकर-चाकर। वह मुझसे मिलने आता—दम्भी शैतान—और यह चाहता कि मैं खुद उसके सामने बिछ जाऊँ। जमकर खींच-तान चली। इतना अधिक तनाव बढ़ा कि अंजर-पंजर और भी ढीले हो गए। काफ़ी समय तक ऐसी ही स्थिति बनी रही, लेकिन अन्त में विजय मैंने ही प्राप्त की। उसने मेरे सामने घुटने टेके, तभी वह मुझे पा सका... लेकिन जैसे ही मैं उसकी हुई, फटे कपड़े की भाँति उसने मुझे फेंक दिया। तब मुझे वास्तव में अनुभव हुआ कि अब मैं बूढ़ी हो चुकी हूँ। बड़ा कटु अनुभव था वह—बहुत ही कटु ! मैं उसे चाहती थी—उस शैतान को, और वह मेरे मुँह पर ही मेरी हँसी उड़ाता था। नीच था वह। दूसरों के सामने भी मेरा मज़ाक उड़ाने से न चूकता—मुझसे यह छिपा नहीं था। ओह, कितना असह्य था यह सब ! लेकिन वह मेरी आँखों के सामने रहता था और मैं उसे देख-देखकर खुश होती रहती थी ! और जब वह तुम रूसियों से लड़ने चला गया, तो मेरे लिए यह सहन करना मुश्किल हो गया। मैंने अपने को बहुत सँभाला, लेकिन दिल पर क़ाबू न पा सकी। मैंने उसके पास जाने का निश्चय कर लिया। वार्सा के निकट एक जंगल में वह तैनात था।

लेकिन जब मैं वहाँ पहुँची, तो मालूम हुआ कि वह तुम्हारे रूसी सैनिकों के सामने टिक नहीं सका, वह युद्ध-बंदी बना लिया गया। थोड़ी ही दूर एक गाँव में उसे क़ैद करके रखा गया था।

'इसका मतलब यह कि अब मैं उससे कभी नहीं मिल सकूँगी,' मैंने मन में सोचा। लेकिन मैं उससे मिले बिना रह नहीं सकती थी। सो मैं इसके लिए कोशिश करने लगी। मैंने भिखारिन का भेस बनाया, लँगड़ी होने का ढोंग किया, अपने मुँह को ढक लिया और उस गाँव की ओर चल पड़ी, जहाँ वह बंदी था। चारों ओर सैनिक और कज़्ज़ाक थे। वहाँ रहना मुझे बहुत महँगा पड़ा ! पोल क़ैदियों का मैंने पता तो लगा लिया, लेकिन उन तक पहुँचना अत्यन्त कठिन था। लेकिन पहुँचे बिना मैं रह भी नहीं सकती थी। सो एक रात मैं रेंगती हुई उस जगह के पास पहुँची, जहाँ वे बंदी थे। तरकारियों की क्यारियों में रेंगती हुई मैं बढ़ रही थी कि मैंने देखा, एक संतरी मेरे रास्ते में खड़ा है...पोलों के गाने और बतियाने की ऊँची आवाज़ आ रही थी। वे माँ मरियम के बारे में एक गीत गा रहे थे। मेरा आरकाडेक भी उनके साथ गा रहा था। और यह सोचकर

मेरे दिल को बड़ा दुःख हुआ कि एक वह भी ज़माना था, जब लोग मेरे लिए रेंगते थे, और एक यह भी ज़माना आया है कि मैं एक आदमी के लिए—शायद अपनी मौत को गले लगाने—साँप की भाँति रेंग रही हूँ। संतरी के कान खड़े हो गए और वह आगे की ओर झुक आया। अब मैं क्या करूँ ? मैं खड़ी हो गई और उसकी ओर बढ़ चली। मेरे पास न तो छुरी थी, न कुछ और ही—बस, हाथ और जबान ही थी। मुझे अफ़सोस हुआ कि मैं अपने साथ छुरी लेकर क्यों नहीं आई। संतरी ने मेरी गरदन की सीध में अपनी संगीन तान ली। मैं फुसफुसाई—'ठहरो। मैं जो कहना चाहती हूँ, पहले उसे सुन लो, अगर तुम्हारी छाती में हृदय हो! तुम्हें देने के लिए मेरे पास कुछ नहीं है, मैं तुमसे दया की भीख माँगती हूँ...'

उसने अपनी संगीन झुका ली और मेरी ही तरह फुसफुसाकर पूछा—'दफ़ा हो जाओ ! जाओ यहाँ से ! किसलिए आई हो यहाँ ?'

मैंने उसे बताया—'मेरा बेटा यहाँ बंदी है। मेरा बेटा है यहाँ, समझते हो न, सैनिक ? आख़िर तुम्हारे भी माँ है, तुम भी किसी के बेटे हो ! मेरी ओर देखो और सोचो कि मेरा भी तुम्हारे जैसा ही बेटा है और वह यहाँ बंदी है ! मुझे नज़र-भर उसे देख़ लेने दो। कौन जाने उसके भाग्य में मौत बदी हो...और यह भी हो सकता है कि कल तुम ही मारे जाओ—क्या तुम्हारी माँ आँसू नहीं बहाएगी ? और अपनी माँ को देखे बिना मरना क्या तुम्हारे लिए सहज होगा ? मेरे बेटे के लिए भी यह सहज नहीं होगा। खुद उस पर और मुझ पर—उसकी माँ पर—दया करो !'

ओह, जाने कितनी देर तक मैं उसे मनाती रही ! पानी पड़ने लगा और हम भीग गए। हवा सनसना रही थी। वह कभी पीठ पर थपेड़े मारती थी, तो कभी छाती पर, और मैं काँपती हुई उस पत्थर-दिल सैनिक के सामने खड़ी गिड़गिड़ा रही थी। वह 'नहीं !' की रट लगाए था। और हर बार जब इस संवेदनहीन शब्द को मैं सुनती, तो आरकाडेक को देखने की इच्छा मेरे हृदय में और भी तीव्र हो उठती। बात करते-करते मैंने सैनिक को आँखों-ही-आँखों में तौला। वह दुबला-पतला और नाटे कद का आदमी था। खाँसी ने उसे जकड़ रखा था। चुनाँचे मैं उसके सामने ज़मीन पर गिर गई, मिन्नत-समाजत करते-करते उसके घुटनों को बाँहों में कसकर उसे ज़मीन पर पटक दिया। वह कीचड़ में जा गिरा। तब मैंने उसे औंधा कर दिया और कीचड़ में उसका मुँह ठूँस दिया, जिससे वह चिल्ला न सके। वह चिल्लाया नहीं, लेकिन मुझे अपनी पीठ पर से धकेलने की कोशिश में वह अपना हाथ-पाँव पटकता रहा। मैंने दोनों हाथों से उसका सिर पकड़ा और उसे कीचड़ में तब तक धँसाए रखा जब तक कि उसका दम नहीं निकल गया। फिर मैं बाड़े की ओर लपकी, जहाँ पोल गा रहे थे।

'आरकाडेक !' बाड़ की दरारों में से मैंने धीमी आवाज में पुकारा। बड़े समझदार होते हैं ये पोल, सो मेरी आवाज सुनकर उन्होंने गाना बंद नहीं किया। ठीक अपनी सीध में मुझे उसकी आँखें दिखाई दीं। 'क्या तुम बाहर आ सकते हो ?' मैंने पूछा।

'हाँ, नीचे से रेंगकर आ सकता हूँ,' उसने कहा।

'तो आओ।'

और उनमें से चार बाहर रेंग आए। मेरा आरकाडेक भी उनमें था।

'संतरी कहाँ है ?' आरकाडेक ने पूछा।

'वह पड़ा है,' मैंने कहा।

और तब, एकदम दोहरे होकर, चुपचाप वे खिसक चले। पानी अभी भी पड़ रहा था और हवा ज़ोरों से फुँफकार रही थी। हम गाँव के छोर पर पहुँचे और चुपचाप जंगल में बढ़ते गए। हम तेज़ी से डग भर रहे थे। आरकाडेक मेरा हाथ अपने हाथ में थामे था। उसका हाथ गर्म था और काँप रहा था। ओह, जब तक वह चुप रहा, तब तक उसके साथ चलना कितना अच्छा लग रहा था! वे मेरे आख़िरी क्षण थे—कभी न तृप्त होनेवाले मेरे जीवन के आख़िरी सुखद क्षण ! अन्त में हम एक चरागाह में पहुँचे और वहाँ रुक गए। मैंने जो किया था, उसके लिए चारों ने मुझे धन्यवाद दिया। बहुत देर तक बहुत कुछ कहा उन्होंने मुझे। मैं सुन रही थी और अपने प्यारे की ओर देख रही थी, अब वह मेरे साथ कैसे पेश आएगा ? उसने मुझे अपनी बाँहों में कस लिया और भारी-भरकम शब्दों में कुछ कहा। शब्द तो मुझे याद नहीं आ रहे, लेकिन उनका आशय यह था कि अब वह मुझे—जिसने उसे क़ैद से छुड़ाया था—प्यार करेगा...और उसने घुटनों के बल मेरे सामने बैठकर मुस्कुराते हुए कहा—'मेरी रानी !'

उफ़, कितना फ़रेबी था वह घिनौना कुत्ता ! तब मैंने उसे एक ठोकर मारी और उसके मुँह पर भी एक तमाचा जड़ा होता, लेकिन वह उछलकर पीछे हटा और बच गया। वह मेरे सामने खड़ा था—बहुत ही भयावह और स्तब्ध...अन्य तीनों भी वहाँ खड़े थे—भारी मुँह लिए और निर्वाक्। मैंने उन्हें देखा, और मुझे याद है कि एक भारी ऊब और वितृष्णा ने मुझे घेर लिया। मैंने उनसे कहा—'चले जाओ !' और उन्होंने—'कुतिया कहीं की !' मुझसे कहा—'क्या तुम वापस जाकर उन्हें ख़बर दोगी कि हम किस दिशा में भागे हैं ?'

देखा, कितने नीच थे वे ! हाँ, तो वे चले गए। और मैं भी चली आई। दूसरे दिन तुम्हारे सैनिकों ने मुझे पकड़ लिया, लेकिन उन्होंने मुझे अधिक नहीं रोका। तब मैंने अनुभव किया कि अब कहीं घोंसला बनाकर बैठना चाहिए। पक्षी का जीवन अतीत की वस्तु बन गया था। मेरा बदन भारी हो चला था, डैने कमज़ोर पड़ गए थे, पर झड़ने लगे थे...हाँ, उसका वक़्त आ गया था ! वक़्त आ गया था ! सो मैं गालीशिया चली गई और वहाँ से दोबूजा। पिछले तीस साल से मैं यहाँ रह रही हूँ। मेरा एक पति था—मोल्दावी। उसे मरे क़रीब एक साल हो गया, और मैं जी रही हूँ—एकदम अकेली...नहीं, अकेली नहीं, उनके साथ..."

बुढ़िया ने लहरों की ओर हाथ हिलाया। अब वहाँ सबकुछ शान्त था। जब-तब कोई धीमी और तेज कोई ध्वनि सुनाई देती और वह तुरन्त ही खो जाती।

"वे मुझसे प्रेम करते हैं। मैं उन्हें तरह-तरह की कहानियाँ सुनाती हूँ। उन्हें इसकी ज़रूरत है। वे अभी नवउम्र हैं। उनके साथ रहना मुझे भी अच्छा लगता है। मैं उन्हें

देखती और सोचती हूँ—एक समय था जब मैं भी उन्हीं जैसी थी...लेकिन मेरे समय में लोगों में ज़्यादा ताक़त और जोश था और इसी कारण जीवन अधिक आनन्दपूर्ण और अच्छा होता था...हाँ !"

वह चुप हो गई और उसके पास बैठा हुआ मैं उदास हो उठा। वह ऊँघ रही थी, सिर हिलाकर कुछ बुदबुदा रही थी—शायद वह प्रार्थना कर रही थी।

## [ 3 ]

समुद्र की ओर से एक बादल उठा—खूब घना और काला, पर्वत-शृंखला की भाँति कटावदार। यह शृंखला स्तेपी की ओर बढ़ रही थी। उसके छोर से बादलों के गोले टूटकर अलग हो जाते, तेज़ी से उससे आगे बढ़ते और एक के बाद एक सितारे की रोशनी छीनते जाते। समुद्र फिर से गरजने लगा था। हमसे कुछ ही दूर अंगूरों के बगीचे से चुम्बन, फुसफुसाहट और गहरी साँसें सुनाई दे रही थीं। स्तेपी में कोई कुत्ता रो रहा था। हवा में एक अजीब गंध भरी थी, जो नथुनों और रगों में एक गुदगुदी-सी पैदा करती थी। बादलों की परछाइयों के झुरमुट धरती पर रेंग रहे थे—कभी वे धुँधले पड़ जाते थे और कभी खूब साफ़ दिखाई देने लगते थे। चाँद अब धुँधली दूधिया आभा का एक गोल धब्बा मात्र रह गया था, जिसे कभी-कभी बादल का एक छोटा-सा टुकड़ा पूर्णतया ओझल कर देता था। स्तेपी-विस्तार में, जो मानो अपने आँचल में कुछ छिपाकर अब काला और भयानक हो उठा था, बहुत दूर छोटी-छोटी नीली लपटें थरथरा रही थीं। वे इस तरह चमक उठतीं जैसे लोग किसी चीज़ की खोज में स्तेपी में घूमते हुए दियासलाइयाँ जलाते हों, जिन्हें हवा तुरन्त बुझा देती हो। बहुत ही अजीब थीं ये नीली रोशनियाँ—परी-कथा की झलक दिखाती-सी।

"देख रहे हो तुम ये चिंगारियाँ ?" इज़रगिल ने पूछा।

"वे छोटी-छोटी नीली रोशनियाँ ?" स्तेपी की ओर इशारा करते हुए मैंने कहा।

"नीली ? हाँ, ये वही हैं...सो वे अब भी उड़ती रहती हैं ! ठीक ! मैं तो अब उन्हें देख नहीं पाती। बहुत कुछ नहीं दिखाई देता अब मुझे।"

"कहाँ से निकल रही हैं ये ?" मैंने बुढ़िया से पूछा।

उनके बारे में पहले भी मैं कुछ सुन चुका था, लेकिन बुढ़िया इज़रगिल क्या कहेगी, मैं यह सुनना चाहता था।

"ये दान्को के जलते दिल से निकल रही हैं। बहुत दिन पहले एक हृदय मशाल की भाँति जल उठा था, उसी से अब ये चिंगारियाँ निकलती हैं। मैं तुम्हें उसकी कहानी सुनाऊँगी। यह भी बहुत पुरानी कथा है—बहुत पुरानी ! देख रहे हो न, कितना कुछ था पुराने दिनों में! आजकल तो कुछ भी नहीं है—न वे आदमी हैं, न वे कारनामे हैं, न वे क़िस्से हैं—कुछ भी तो ऐसा नहीं है, जिसकी उन पुराने दिनों से तुलना की जा सके। ऐसा क्यों है ? बताओ तो ! नहीं बता सकते। क्या जानते हो तुम ? नई

पीढ़ी के तुम सभी लोग क्या जानते हो ? ओह-हो ! अगर तुम अतीत की खोज-बीन करो, तो जीवन की सभी पहेलियों का जवाब मिल जाए...लेकिन तुम लोग ऐसा नहीं करते और इसीलिए जीने का ढंग नहीं जानते। क्या मैं जीवन का रंग-ढंग नहीं देखती ? सबकुछ देखती हूँ, बेशक मेरी आँखें कमज़ोर हो गई हैं। और मैं देखती हूँ कि जीने के बजाय लोग अपना समूचा जीवन जीने की तैयारी करने में गँवा देते हैं। और इतना सारा समय हाथ से निकल जाने के बाद जब वे अपने को लुटा हुआ देखते हैं, तो भाग्य को कोसने लगते हैं। भाग्य भला इसमें क्या कर सकता है ? हर आदमी खुद ही अपना भाग्य है। आज दुनिया में हर तरह के लोग हैं, लेकिन मुझे उनमें कोई शक्तिशाली नज़र नहीं आता। वे कहाँ गए ? और सुन्दर लोग भी तो दिनोंदिन कम होते जा रहे हैं।''

बुढ़िया रुककर इस चिन्ता में डूब गई कि शक्तिशाली और सुन्दर लोग कहाँ गए। वह यह सोच रही थी और उसकी आँखें स्तेपी के अन्धकार में एकटक जमी थीं, जैसे वे वहाँ इस प्रश्न के उत्तर की खोज कर रही हों !

उसके कहानी शुरू करने तक मैं चुपचाप प्रतीक्षा करता रहा। मुझे डर था कि मेरे कुछ कहने से कहीं उसका ध्यान न भटक जाए, और उसने कहानी सुनानी शुरू कर दी :

''बहुत-बहुत पहले एक जाति थी। वह जिस जगह रहती थी, उसके तीन ओर अगम्य जंगल छाए थे तो चौथी ओर घास के मैदान। इस जाति के लोग तगड़े, बहादुर और खुशमिज़ाज थे। लेकिन बुरे दिनों ने उन्हें आ घेरा। कुछ अन्य जातियों ने वहाँ धावा बोल दिया और उन्हें जंगल की गहराइयों में खदेड़ दिया। जंगल अन्धकार में डूबा हुआ और दलदली था। कारण कि वह बहुत पुराना था और पेड़ों की शाखाएँ ऐसे कसकर एक दूसरी के साथ गुँथी थीं कि आकाश की शक्ल तक नज़र नहीं आती थी और घनी शाखाओं को चीरकर दलदल तक पहुँचने में सूरज की किरणों की सारी शक्ति चुक जाती थी। अगर वे कहीं पानी तक पहुँच जातीं, तो वहाँ विषैली गंध उठने लगती थी, जिससे लोग मरने लगते। उस जाति की स्त्रियाँ और बच्चे रोने-पीटने और पुरुष चिन्ता में घुलने लगते। तब जंगल से निकल भागने के सिवा कोई चारा नहीं रहता, लेकिन बाहर निकलने के दो ही रास्ते थे–एक, पीछे की ओर, जहाँ सशक्त और जानी दुश्मन मौजूद थे और दूसरा, आगे की ओर, जहाँ दैत्यों के आकार के पेड़ उनका रास्ता रोके खड़े थे, जिनकी मज़बूत शाखाएँ एक दूसरी के साथ इस मजबूती के साथ गुँथी हुई थीं कि उनके बीच से निकलना मौत को दावत देने जैसा था। उनकी पेंचदार टेढ़ी-मेढ़ी जड़ें दलदली कीचड़ में काफी गहराई तक चली गई थीं। ये दैत्यों के आकार के पेड़ दिन के धूसर अँधेरे में निर्वाक् और निश्चल खड़े रहते और रात को जब अलाव जलते, तो लोगों के गिर्द अपना घेरा और भी कस लेते। स्तेपी की उन्मुक्त गोद के अभ्यस्त लोग हमेशा दिन और रात अँधेरे की दीवारों में बंद रहते जो मानो उन्हें कुचलने की क़सम खाए बैठी थीं। इस सबसे भी अत्यन्त भयानक थी हवा। जब वह पेड़ों की चोटियों पर से

सनसनाती और फुँफकारती हुई गुज़रती तो ऐसा मालूम होता, जैसे समूचा जंगल उन लोगों के लिए किसी भयंकर शोक-गीत से गूँज उठा हो। वे एक बहादुर जाति के लोग थे और मृत्यु-पर्यन्त उन लोगों से लड़ते रहते थे, जिनसे वे एक बार हार चुके थे। लेकिन वे लड़ाइयों में अपने को मरने नहीं दे सकते थे, क्योंकि उनके अपने जीवन के कुछ आदर्श थे। अगर वे मर जाते, तो उनके जीवन के आदर्श भी उनके साथ ही नष्ट हो जाते। इसीलिए वे दलदल की ज़हरीली गंध और जंगल के घुटे-घुटे शोर में लम्बी रातों में बैठे हुए अपने भाग्य के बारे में सोचते रहते थे। जब वे सोच में डूबे बैठे होते, और आग की लपटों की परछाइयाँ उनके इर्द-गिर्द मूक नृत्य में उछलती-कूदती रहतीं, तब उन्हें ऐसा लगता, जैसे ये निरी परछाइयाँ नृत्य ही नहीं कर रही हैं, बल्कि जंगल और दलदल की प्रेतात्माओं के रूप में अपनी विजय का उत्सव मना रही हैं...लोग बैठे-बैठे ऐसे सोचते रहते। आदमी को परेशान करनेवाले विचार आदमी को जितना निचोड़ते हैं, उतना और कोई चीज़ नहीं—न श्रम, न स्त्रियाँ। लोग चिन्ता से दुबलाने लगे। भय का उनके हृदयों में उदय हुआ और उनकी मज़बूत बाँहों को उसने जकड़ लिया। विषैली गंध के कारण मरे लोगों के शवों पर स्त्रियों का विलाप भय से निःशक्त हुए जीवितों में आतंक पैदा करता और इस तरह जंगल में कायरतापूर्ण शब्द भिनभिनाने लगे—पहले धीमे और फिर दबे-दबे और बाद में मुखर होकर। अन्त में थक-हारकर वे अपने दुश्मनों के समक्ष आत्मसमर्पण करने की सोचने लगे। मृत्यु के भय ने उन्हें इतना अशक्त कर दिया था कि हर कोई गुलाम की भाँति जीवन बिताने को तैयार हो गया था...लेकिन तभी दान्को आया और उसने उन सबकी रक्षा ही नहीं की, बल्कि बहादुरी के साथ जीने की राह को प्रशस्त भी किया।''

दान्को के जलते हुए हृदय की कहानी बुढ़िया शायद अक्सर सुनाती थी। बैठे हुए गले से चरचराती आवाज़ में जब वह गाती हुई-सी इसे सुना रही थी, तो मुझे ऐसा लगा, जैसे मैं उस जंगल की गूँज सुन रहा हूँ, जिसकी गहराइयों में वे अभागे लोग विषैली गंध से मर रहे थे।

''दान्को उन्हीं में से एक सुन्दर जवान था। सुन्दर लोग हमेशा साहसी होते हैं। उसने अपने साथियों से कहा :

'राह की चट्टानें सोचने से नहीं हट जातीं। जो कुछ नहीं करते, वे कुछ नहीं पाते। सोच और भय में हम अपनी शक्तियाँ क्यों बरबाद कर रहे हैं ? उठो, जंगल को चीरते हुए हम आगे बढ़ चलें—आख़िर कहीं न कहीं तो इसका अन्त होगा ही, क्योंकि हर चीज़ का अन्त होता है। चलो, आगे बढ़ें !'

लोगों की आँखें उसकी ओर उठीं और उन्होंने देखा, वह उनमें सबसे श्रेष्ठ है, क्योंकि उसकी आँखें शक्ति और जीवन जीने की ललक से दमक रही थीं।

'तुम हमारी अगुवाई करो !' लोगों ने उसे आग्रह से कहा।

और उसने उनकी अगुवाई की।''

बुढ़िया बोलते-बोलते रुक गई और स्तेपी के उस पार देखने लगी। अन्धकार

काजल की भाँति गहरा और घना होता जा रहा था। बहुत दूर दान्को के जलते हुए हृदय की चिंगारियाँ रह-रहकर चमक उठतीं—नीले आकाश-कुसुमों की भाँति।

"सो दान्को उन्हें ले चला। वे उत्साह से उसके साथ चले, क्योंकि उनका उसमें विश्वास था। रास्ता बड़ा विकट था। अँधेरा था। क़दम-क़दम पर दलदल मुँह बाए थी, जो लोगों को निगल जाती थी और पेड़ मज़बूत दीवारों की भाँति राह रोके खड़े थे। उनकी शाखाएँ कसकर एक दूसरी में गुँथी थीं, साँप की भाँति हर तरफ़ फैली हुई थीं उनकी जड़ें। हर क़दम आगे बढ़ने के लिए उन्हें अपने रक्त और पसीने से क़ीमत चुकानी पड़ती। देर तक वे चलते रहे। जंगल जब और अधिक घना होता गया तो लोगों की शक्ति क्षीण पड़ती गई और तब वे दान्को के ख़िलाफ़ भुनभुनाने लगे। कहने लगे कि वह निरा लड़का और अनुभवहीन है और न जाने हमें कहाँ ले आया है! लेकिन वह उनके आगे-आगे चलता रहा। उसके मन में किसी तरह की शंका और चेहरे पर शिकन नहीं थी।

लेकिन एक दिन तूफ़ान ने जंगल को घेर लिया और पेड़ों में आतंकपूर्ण सनसनाहट दौड़ गई, और तब इतना घना अँधेरा छा गया कि लगता था, वे तमाम रातें एक साथ यहाँ जमा हो गई हैं, जो जंगल के जन्म से लेकर अब तक बीती थीं। लेकिन फिर भी वे छोटे-छोटे लोग भीमाकार पेड़ों तथा तूफ़ानी गर्जन के बीच चलते रहे। वे चलते जाते, भीमाकार पेड़ चरचराते, भयंकर गीत-से गाते और पेड़ों की चोटियों के ऊपर बिजली चमकती, क्षण-भर के लिए एक ठंडी नीली रोशनी जंगल में कौंधकर लुप्त हो जाती और फिर उतनी ही तेज़ी से वह प्रकट होती। लोगों के हृदय भय से काँप उठते। बिजली की ठंडी रोशनी में पेड़ जीते-जागते मालूम होते—अपनी गठीली लम्बी बाँहों को फैलाए और उन्हें गूँथकर घना जाल बिछाए, ताकि ये लोग, जो अन्धकार की क़ैद से छूटने की कोशिश कर रहे हैं, उसमें फँसकर रह जाएँ। शाखाओं के घटाटोप में से भी कोई ठंडी, काली और भयानक चीज़ उनकी ओर घूर रही थी। बड़ा ही बीहड़ मार्ग था वह। और लोग, जो थककर चूर-चूर हो गए थे, हिम्मत हार बैठे। लेकिन शर्म के मारे वे अपनी कमज़ोरी स्वीकार नहीं करते और अपना गुस्सा तथा खीज दान्को पर उतारते, जो उनके आगे-आगे चल रहा था। वे उस पर आरोप लगाते कि वह उनकी अगुवाई करने की योग्यता नहीं रखता...तो लोगों की ऐसी हालत थी !

वे रुक गए और उस काँपते हुए अँधेरे और जंगल की विजयोन्मत्त गर्जन के बीच थकान तथा गुस्से से बेहाल उन लोगों ने दान्को को भला-बुरा कहना शुरू किया :

'तुम कमीने और दुष्ट हो ! तुम्हीं ने हमें इस मुसीबत में फँसाया है,' उन्होंने कहा, 'यहाँ लाकर तुमने हमारी जान सोख ली और इसके लिए तुम्हें अब अपनी जान से हाथ धोना पड़ेगा !'

दान्को ने उनकी ओर देखा और चिल्लाकर बोला, 'तुमने कहा—हमारी अगुवाई करो, और मैंने तुम्हारी अगुवाई की। मुझमें तुम्हारी अगुवाई करने की हिम्मत है और इसीलिए मैंने इसका बीड़ा उठाया। लेकिन तुम ? तुमने अपनी मदद के लिए क्या

किया ? चलते ही रहे और अधिक लम्बे रास्ते के लिए अपनी शक्ति सुरक्षित नहीं रख पाए ! भेड़ों के रेवड़ की भाँति तुम केवल चलते ही रहे !'

उसके इन शब्दों ने उन्हें और भड़का दिया।

'हम तुम्हारी जान ले लेंगे... तुम्हारी जान ले लेंगे !' वे चीख़ उठे।

जंगल गूँज रहा था। उनकी चीखों को प्रतिध्वनित कर रहा था। बिजली अँधेरे की चिंदियाँ बिखेर रही थी। दान्को की नज़र उन पर टिकी थी, जिनके लिए उसने इतना कष्ट उठाया था, और उसने देखा कि वे दरिन्दे बने हुए हैं। लोगों की भीड़ उसे घेरे थी, लेकिन उनके चेहरों पर सद्भावना का कोई चिन्ह नज़र नहीं आ रहा था। उनसे किसी तरह की दया की उम्मीद नहीं की जा सकती थी। तब गुस्से की एक आग-सी उसके हृदय में धधकी, लेकिन लोगों के प्रति दयाभाव ने उसे शान्त कर दिया। वह लोगों को चाहता था और उसे डर था कि उसके बिना वे नष्ट हो जाएँगे। उन्हें बचाने और सुगम पथ पर ले जाने की एक महत्त्वाकांक्षा की ज्योति उसके हृदय में जल उठी और इस महान ज्योति की तेज़ लपटें उसकी आँखों में नाचने लगीं...और यह देखकर लोगों ने सोचा कि वह आपे से बाहर हो गया है और इसी कारण उसकी आँखों में आग की प्रखर लौ थिरक रही है। वे भेड़ियों की भाँति चौकस हो गए—इस आशंका से कि वह अब उन पर टूट पड़ेगा। वे लोग उसके और भी निकट आ गए ताकि दान्को को दबोच लें और मार डालें। उसने उनके इस इरादे को भाँप लिया, जिससे उसके हृदय की ज्योति और भी उज्ज्वल हो उठी, क्योंकि उनके इस विचार से उसका दिल तड़प उठा था।

और जंगल अपना शोकपूर्ण गीत गाता जा रहा था, बादल गरजते जा रहे थे और ज़ोर से पानी बरसता जा रहा था। 'लोगों के लिए मैं क्या करूँ ?' दान्को की आवाज़ बादलों की गरज को बेधती हुई गूँज उठी।

और सहसा उसने अपना वक्ष चीर डाला। अपने हृदय को नोचकर बाहर निकाला और उसे अपने सिर से ऊँचा उठा लिया।

वह सूरज की भाँति दमक रहा था, बल्कि उसका प्रकाश सूरज से भी ज्यादा तेज़ था। जंगल की गर्जन शान्त हो गई और इस मशाल का—मानवजाति के प्रति महान प्रेम की इस मशाल का—आलोक फैल चला। प्रकाश से अन्धकार के पाँव उखड़ गए और वह काँपता-थरथराता दलदल के सड़े-गले गर्त्त में कूदकर अतल गहराइयों में सभा गया, और लोग आश्चर्य के मारे पत्थर की मूर्ति बने वहीं खड़े रह गए।

'बढ़े चलो !' दान्को ने चिल्लाकर कहा और अपने जलते हुए हृदय को खूब ऊँचा उठाकर लोगों का पथ जगमगाता हुआ तेज़ी से आगे बढ़ चला।

लोग मन्त्रमुग्ध-से उसके पीछे हो लिए। तब जंगल एक बार फिर भिनभिनाने और अपनी शिराओं को अचरज से हिलाने लगा। लेकिन उसकी यह भिनभिनाहट दौड़ते हुए लोगों के पाँवों की आवाज में खो गई। लोग अब साहस और तेज़ी के साथ भागते हुए आगे बढ़ रहे थे—जलते हुए हृदय का अद्भुत आलोक उन्हें अनुप्राणित कर रहा था।

लोग मरते तो अब भी थे, लेकिन आँसुओं और शिकवा-शिकायत के बिना। दान्को सबसे आगे बढ़ा जा रहा था और उसका हृदय दहकता ही जा रहा था, दहकता ही जा रहा था।

और सहसा जंगल ने उनके लिए रास्ता बना दिया और खुद पीछे रह गया—मूक और घना। और दान्को तथा वे सभी लोग सूरज की धूप और बारिश से धुली हवा के सागर में हिलोरें लेने लगे। तूफ़ान अब उनके पीछे, जंगल के ऊपर था, जबकि यहाँ सूरज सोना बिखेर रहा था, स्तेपी राहत की साँस ले रही थी, वर्षा के मोतियों में घास चमक रही थी और नदी सोने की तरह चमचमा रही थी। साँझ का समय था और छिपते हुए सूरज की किरणों में नदी वैसी ही लाल लग रही थी, जैसी लाल थी गर्म खून की वह धारा, जो दान्को की फटी छाती से बह रही थी।

वीर दान्को ने अन्तहीन स्तेपी-विस्तार पर नज़र डाली—स्वाधीन धरती पर आनन्द से छलछलाती नज़र, और फिर गर्व से वह हँसा। फिर ज़मीन पर गिरा और वह मर गया।

लोग तो खुशी में मस्त और आशा से ओतप्रोत थे। वे उसे मरते हुए यह भी नहीं देख पाए कि उसका वीर हृदय उसके मृत शरीर के पास पड़ा अभी भी जल रहा है। सिर्फ़ एक सतर्क आदमी की ही उसकी ओर दृष्टि गई और उसने भयवश उस गर्वीले हृदय को अपने पैरों से रौंद डाला। चिंगारियों की एक फुहार-सी उसमें से निकली, और वह बुझ गया...।

यही वजह है कि स्तेपी में तूफान के पहले नीली चिंगारियाँ दिखाई देती हैं।''

बुढ़िया की कहानी का अन्त होते न होते स्तेपी में भयानक निस्तब्धता छा गई थी। ऐसा मालूम होता था, जैसे वीर दान्को की शक्ति से वह भी आतंकित हो उठी हो—जिसने लोगों के लिए खुद अपने हृदय की मशाल जलाई और बदले में किसी भी चीज की इच्छा किए बिना वह मर गया।

बुढ़िया ऊँघ चली। मैं उसकी ओर देखता हुआ सोच रहा था कि जाने अभी कितनी और कहानियों तथा स्मृतियों का भण्डार है उसके पास ! और मैं सोच रहा था दान्को के महान जलते हुए हृदय के बारे में और इतनी सुन्दर तथा प्रभावपूर्ण लोककथाओं को जन्म देनेवाली मानवीय कल्पना के बारे में।

इज़रगिल अब गहरी नींद में सो गई थी। हवा के एक झोंके ने उन चिथड़ों को हटाकर अलग कर दिया था, जो उसकी हड़ियल छाती को ढके थे। मैंने उसके बूढ़े शरीर को ढक दिया और उसकी बगल में लेट गया।

स्तेपी अँधेरे से घिरी निस्तब्ध थी। आकाश में बादल तैर रहे थे—धीरे-धीरे, उदास-उदास। सागर मर्मर-ध्वनि कर रहा था—दबी-दबी और दर्दभरी !

# चेल्काश

धूल के कारण नीला दक्षिणी आकाश धुँधलाया हुआ था। दहकता सूरज जैसे पतले से भूरे नकाब के भीतर से हरे सागर की ओर झाँक रहा था। वह पानी में प्रतिबिम्बित नहीं हो रहा था, क्योंकि उसे चप्पुओं की चोटों, स्टीमरों के पंखों, दो मस्तूली तुर्की जहाजों की पैनी बल्लियों और बहुत तंग बन्दरगाह पर सभी दिशाओं से आते-जाते कई प्रकार के जहाजों ने मथ डाला था। ग्रेनाइट पत्थर के बाँध में जकड़ी, भारी बोझों से दबी-दबाई और तरह-तरह के कूड़े-करकट से गन्दी हुई सागर की लहरें तट और आने-जानेवाली जहाजों से टकरा रही थीं– फनफनाती और झाग उगलती हुई।

लंगरों की जंजीरों की खनखनाहट, मालगाड़ियों के काँटों की खड़खड़, जहाजों के भोंपुओं की घुटी-घुटी और कर्कश आवाजें, घाट-मजदूरों, जहाजियों और चुंगीघर के सिपाहियों की चीख-चिल्लाहट–उन सब ध्वनियों के सम्मिश्रण से ऐसे रौद्र संगीत की सृष्टि हो रही थी, जो बन्दरगाह के ऊपरी वातावरण में व्याघात उपस्थित करता हुआ उमड़-घुमड़ रहा था। नीचे धरती से उठती आवाजों की नई लहरें उसमें शामिल होने के लिए निरन्तर आकाश की ओर बढ़ती रहतीं–कभी धरती को कँपा देनेवाली गड़गड़ाहट के रूप में तो कभी उमस-भरी वायु को तार-तार कर देनेवाले धमाके के रूप में, जैसे कोई भारी चीज टूटकर चकनाचूर हो गई हो !

ग्रेनाइट पत्थर, लोहा, लकड़ी, फर्श के पत्थर, जहाज और लोग-बाग–हर चीज मरकरी की वन्दना के सबल स्वरों में डूबी हुई थी। इसमें मानवीय आवाजें मुश्किल से ही सुनाई देती थीं। मानवीय आवाजें क्षीण और हास्यास्पद थीं, और खुद लोग भी–जिन्होंने इस शोर-गुल को जन्म दिया था–निरीह और हास्यास्पद थे। धूल से लथपथ तथा चिथड़ों में लिपटे उनके फुर्तीले शरीर कमर पर लदे बोझ से दोहरे होते हुए धूल, तपन और शोरगुल के बीच इधर-से-उधर आ-जा रहे थे लेकिन अजगरों से भी बड़े लौह भीमों, मालों के अम्बारों, खड़-खड़ करते रेल के डिब्बों तथा अन्य तमाम चीजों की तुलना में–जिनका खुद उन्होंने ही निर्माण किया था–वे नगण्य मालूम होते थे। उन्हीं के हाथों से बनी चीजों ने उन्हें अपना गुलाम ही नहीं बनाया था, बल्कि उन्हें व्यक्तित्वहीन भी कर दिया था।

भाप गरमाते हुए भारी-भरकम और लम्बे-चौड़े जहाज सीटियों की सिसकार और फुँफकार छोड़ रहे थे, भारी उसाँसें ले रहे थे। उनसे निकलनेवाली ध्वनि उन गन्दे और

मटमैले जीवों का घृणा से उपहास करती प्रतीत होती थी जो उनके गहरे तहखानों में दास्य-श्रम से तैयार हुआ माल लादने के लिए उनके डेकों पर रेंग रहे थे। अपने पेट में डालने के लिए दो मुट्ठी अनाज पाने की खातिर घाट-मजदूरों की ये लम्बी कतारें जब जहाज का लौह-पेट भरने के लिए हजारों मन अनाज अपनी कमर पर लादकर चलतीं तो ऐसी हास्यास्पद लगतीं कि हँसते-हँसते आँखों में आँसू आ जाएँ। चिथड़ों में लिपटे, पसीने से तर और गर्मी, शोर तथा हाड़तोड़ मेहनत के कारण मूढ़ बने लोग और उन्हीं के द्वारा निर्मित शक्तिशाली एवं सूर्य की किरणों में चमकती हुई बढ़िया मशीनें—जिन्हें अन्ततः भाप ने नहीं, बल्कि उनके बनानेवालों के रक्त और मांसपेशियों ने चालू किया था—ऐसा मालूम होता था, जैसे दोनों मिलकर कटु-व्यंग्यपूर्ण कविता की तुलना प्रस्तुत कर रहे हों !

चारों ओर शोर-ही-शोर। इस शोर से वातावरण बड़ा बोझिल मालूम होता था। धूल नाक और आँखों में घुसी जाती ! तपन इतनी थी कि शरीर झुलसा और बेदम हुआ जाता था। हर चीज में एक कसाव और तनाव था! जैसे धीरज का बाँध टूटना चाहता हो, जैसे कोई प्रलयंकर घटना सिर पर मँडरा रही हो! जैसे एक ऐसा भीषण विस्फोट होनेवाला हो जिससे यह समूचा दमघोंटू वातावरण खत्म हो जानेवाला हो, ताकि लोग उन्मुक्त और सहज भाव से साँस ले सकें। तब एक शान्त निस्तब्धता दुनिया पर छा जाएगी और लोगों को बहरा, चिड़चिड़ा तथा पागल बना देनेवाली यह धूल-धूसरित चिल्लपों सदा के लिए विदा हो जाएगी, और यह नगर, सागर और आकाश शान्त, ताजा और सुन्दर हो उठेंगे।

एक के बाद एक सधी हुई आवाज में बारह के घंटे बजे। जब ताम्बे की आखिरी गूँज विलीन हो गई तो श्रम के बनैले संगीत ने भी विराम ग्रहण किया और अगले ही क्षण वह केवल असन्तोष की भिनभिनाहट बनकर रह गया। अब लोगों की आवाजें और सागर की मर्मर-ध्वनि अधिक स्पष्टता से सुनाई देने लगीं।

यह भोजन करने का समय था।

अपना काम बन्द करने के बाद जब घाट-मजदूर शोर मचाती छोटी-छोटी टोलियों में घाट पर इधर-उधर फैलकर और खोमचेवालों से खाने की चीजें खरीदकर छायादार जगह की खोज कर रहे थे, जहाँ बैठकर आराम से वे अपना भोजन कर सकें, तभी पुराने घाघ ग्रीश्का चेल्काश ने वहाँ अपनी सूरत दिखाई। सभी घाट-मजदूर उसे अच्छी तरह जानते थे। वह पक्का पियक्कड़, साहसी और दक्ष चोर था। वह नंगे पाँव और नंगे सिर था। वह तार-तार हुआ मखमली पतलून और छींट की मैली-कुचैली कमीज पहने था जिसका कॉलर फटा हुआ था। उसके भीतर से साँवली चमड़ी चढ़ी उसकी हड़ियल छाती दिखाई पड़ रही थी। उसके अधपके अस्त-व्यस्त बालों, अलसाए लम्बोतरे चेहरे से यह पता चल रहा था कि वह अभी-अभी सोकर उठा है। एक तिनका उसकी भूरी मूँछों में

और दूसरा बाएँ गाल पर उगी खूँटी में उलझा हुआ था तथा अपने कान के ऊपर उसने लीपा वृक्ष की एक छोटी-सी टहनी तोड़कर खोंस ली थी। दुबला-पतला और लम्बा, कन्धे कुछ झुके हुए, पत्थर की सड़क पर सामने से वह आ रहा था–अलस गति से झूमता-झामता, हुकदार नाक से हवा को सूँघता और अपनी चमकदार भूरी आँखों से घाट-मजदूरों की टोह लेता, जैसे वह उनमें से किसी की खोज कर रहा हो! उसकी लम्बी भूरी मूँछें, बिल्ली की मूँछों की भाँति, बराबर फरफरा रही थीं। अपने हाथों को वह कमर के पीछे बाँधे था और उन्हें बराबर आपस में ऐंठता हुआ अपनी टेढ़ी-मेढ़ी फुर्तीली उँगलियों को चटखा रहा था। जहाँ उसके जैसे अन्य सैकड़ों तलछटी लोग मौजूद थे, वहाँ वह तुरन्त ध्यान आकर्षित करता था, क्योंकि अपने दुबले-पतले शरीर और घात में लगी चाल के कारण वह स्तेपी के बाज़ जैसा लगता था। उसकी चाल में बाज़ की तरह झपट्टा मारने की सन्नद्धता छिपी थी।

कोयले की टोकरियों के ढेर की छाया में बैठे मजदूरों के एक दल के पास जब वह पहुँचा तो मजबूत काठी का एक युवक–जिसके बुद्धू-से चेहरे पर चकत्ते उभर आए थे और गर्दन की खरोंचें यह बता रही थीं कि हाल ही में उसकी खूब मरम्मत की गई है–उससे मिलने के लिए उठ खड़ा हुआ। चेल्काश के साथ-साथ चलते हुए उसने धीमी आवाज में कहा, "जहाजियों को पता चल गया है कि कपड़े की दो गाँठें गायब हैं। वे उनकी खोज कर रहे हैं।"

"तो ?" शान्त भाव से ऊपर से नीचे तक उसका जायजा लेते हुए चेल्काश ने पूछा।

"तो क्या ? बस, खोज कर रहे हैं, और कुछ नहीं।"

"क्या मुझे भी उनका हाथ बँटाना चाहिए इस खोज में ?" गोदाम की ओर देखते हुए चेल्काश ने मुस्कुराकर कहा।

"भाड़ में जाओ !"

और वह लौट पड़ा।

"रुको !" चेल्काश ने अपनी आँखों में शरारती मुस्कान लाते हुए उसके निकट जाकर पूछा, "यह तो बताओ, तुम्हारे चेहरे का यह बनाव-शृंगार किसने किया है ? क्या हुलिया बना डाला है !...मीश्का को तो यहाँ कहीं नहीं देखा ?"

"नहीं, उसे काफी देर से नहीं देखा," युवक ने अपने साथियों की ओर जाते हुए मुड़कर कहा।

चेल्काश को जो भी देखता, पुराने परिचित की तरह उसका आवभगत करता। लेकिन चेल्काश जो हमेशा बहुत खुशमिजाज रहता था और शब्दों के तीखे बाण चलाता था, आज अपने रंग में नहीं था। आज वह झल्लाहट के साथ नपा-तुला जवाब दे रहा था।

सहसा माल के एक ढेर के पीछे से चुंगी-गारद का एक सिपाही प्रकट हो गया–गहरे हरे रंग की वर्दी पहने, धूल-धूसरित, सीधा-सतर, झपटने के लिए तैयार। वह चेल्काश की राह रोककर चुनौती की मुद्रा में खड़ा हो गया। उसका एक हाथ कटार

की मूठ पर था और दूसरा चेल्काश की गर्दन की ओर बढ़ रहा था।

''ठहरो, कहाँ जा रहे हो ?''

एक डग पीछे हटा, नजर उठाकर चेल्काश ने गारद के सिपाही की ओर देखा और एक फीकी-सी मुस्कान उसके होंठों पर तैर गई।

सिपाही के लाल, धूर्त-दयालु चेहरे ने भयानक मुद्रा धारण करने का प्रयत्न किया। इसके लिए उसने अपने गालों को फुलाकर सुर्ख कर लिया, भौंहों को सिकोड़ा और आँखों को तरेरा—लेकिन इससे उसका चेहरा और हास्यास्पद हो उठा।

''तुम्हें आगाह किया जा चुका है कि अगर तुम अपनी हड्डी- पसलियों की खैर चाहते हो तो घाट के पास न फटकना, लेकिन तुम फिर यहाँ चले आए ?'' उसने गरजकर कहा।

''कहो, सेम्योनिच, मजे में तो हो ?'' चेल्काश ने शान्त भाव से अपना हाथ बढ़ाते हुए कहा, ''आज बहुत दिनों के बाद दिखाई दिए।''

''अच्छा होता कि तुम कभी भी दिखाई न देते ! जाओ, जाओ यहाँ से !''

लेकिन फिर भी उसने बढ़े हुए हाथ से हाथ मिलाया।

''मैं तुमसे पूछना चाहता था,'' गारद के सिपाही के हाथ को अपनी इस्पाती उँगलियों में थामे और घनिष्ठता के अन्दाज में उसे हिलाते हुए चेल्काश ने कहा, ''मीश्का को तो कहीं नहीं देखा ?''

''कौन मीश्का ? मैं किसी मीश्का-वीश्का को नहीं जानता ! यहाँ से चलते बनो, भाई, अगर गोदामघर के सिपाही ने तुम्हें देख लिया तो...''

''वही लाल बालोंवाला, जिसके साथ पिछली बार मैं 'कोस्त्रोमा' पर काम करता था ?'' चेल्काश ने अपनी ही बात दोहराई।

''जिसके साथ मिलकर तुम चोरी करते हो, वही न ? अस्पताल में है तुम्हारा वह मीश्का। उसके ऊपर लोहे का ढाँचा आ गिरा और उसकी टाँग कुचल गई। लेकिन मैं तुमसे शराफत से कह रहा हूँ कि भाई, यहाँ से चलते बनो, वरना मुझे तुम्हारी गर्दन पकड़कर तुम्हें धकियाना पड़ेगा।''

''अरे, वाह ! और तुम कहते थे कि मीश्का को नहीं जानते...आखिर तुम इतने नाराज क्यों हो, सेम्योनिच ?''

''बक-बक मत करो ! निकलो यहाँ से !''

गारद का सिपाही झुँझला उठा। उसने अपने चारों ओर देखा और हाथ छुड़ाने की कोशिश करने लगा, लेकिन चेल्काश ने उसका हाथ नहीं छोड़ा। शान्त भाव से अपनी झाड़ीनुमा भौंहों के नीचे से उसे देखा और कहता गया, ''तुम मुझे ऐसे खदेड़ो नहीं। मैं तुम्हारे साथ थोड़ी बातचीत करके चल दूँगा। हाँ, तो कैसा हाल-चाल है ? तुम्हारी बीवी और बच्चे तो मजे में हैं न ?'' और फिर अपनी आँखों को मिचमिचाते तथा व्यंग्यपूर्ण हँसी में अपनी बत्तीसी झलकाते हुए उसने कहा, ''बहुत दिनों से तुमसे मिलने को जी चाह रहा था, लेकिन आ ही नहीं सका। इस कम्बख़्त शराब के मारे...''

''बस, बस, रहने दो ! मज़ाक-वज़ाक से काम नहीं चलेगा, हड़ीले शैतान ! मैं बहुत संजीदगी से कह रहा हूँ...या फिर तुमने अब घरों में सेंध लगाना और राहगीरों को लूटना शुरू कर दिया है ?''

''इसकी क्या जरूरत है ? यहाँ घाट पर ही इतनी दौलत है कि हम और तुम ज़िन्दगी-भर व्यस्त रह सकते हैं। सच, सेम्योनिच, बड़ी दौलत है यहाँ। हाँ, सुना है कि तुमने कपड़े की दो और गाँठें तिड़ी कर दी हैं। ज़रा सँभलकर चलो, नहीं तो मुसीबत में फँसे नजर आओगे !''

गुस्से से आग-बबूला होकर सेम्योनिच काँपने लगा और लारें टपकाते हुए कुछ कहने की कोशिश करने लगा। चेल्काश ने उसका हाथ छोड़ दिया और शान्त भाव से लम्बे डग भरता घाट के फाटक की ओर चल दिया। गारद का सिपाही भी खूब गालियाँ देता हुआ उसके पीछे-पीछे हो लिया।

चेल्काश अब चहक उठा था। अपने दाँतों के बीच से वह धीरे-धीरे सीटी बजाता, दोनों हाथ पतलून की जेबों में डाले धीरे-धीरे चला जा रहा था और दाएँ-बाएँ चुटकियाँ लेता और हँसी-मज़ाक भी करता जाता था। जवाब भी उसे उतने ही करारे मिलते थे।

''तुम्हारे भी खूब ठाठ हैं, चेल्काश ! साथ में मालिकों ने एक टहलुवा भी लगा दिया है !'' एक घाट-मज़दूर ने, जो अपने साथियों के साथ जमीन पर पाँव पसारे भोजन के बाद सुस्ता रहा था, चिल्लाकर कहा।

''सेम्योनिच को इस बात का बड़ा ख़याल है कि मेरे नंगे पाँवों में कहीं कोई कील-काँटा न गड़ जाए !'' चेल्काश ने जवाब दिया।

वह फाटक पर पहुँच गया। दो सिपाहियों ने चेल्काश के कपड़ों को टटोल-टटोलकर उसकी तलाशी ली और फिर उसे धीरे से बाहर सड़क पर धकेल दिया।

वह सड़क पार कर, शराबख़ाने के दरवाज़े के सामने एक पेटी पर बैठ गया। माल से लदी घोड़ा-गाड़ियों की एक पाँत खड़खड़ करती घाट के फाटक में से बाहर निकल रही थी और ख़ाली गाड़ियों की एक दूसरी पाँत दूसरी ओर से भीतर प्रवेश कर रही थी। उनके गाड़ीवान, अपनी गद्दियों पर बैठे, धचकोले खाकर उछल रहे थे। घाट से बेहद शोरगुल सुनाई दे रहा था और दमघोंटू धूल के गुब्बारे दिखाई दे रहे थे...।

इस भयानक शोर-शराबे में चेल्काश अपने को खूब रंग में महसूस कर रहा था। वह किसी भारी माल पर हाथ साफ़ करने की योजना में मग्न था। इसमें उसे थोड़ी-सी मेहनत, लेकिन बड़ी फुर्ती की ज़रूरत होगी। उसे विश्वास था कि चुस्ती-फुर्ती की उसमें कमी नहीं है। यह सोचकर उसने खुशी से अपनी आँखें सिकोड़ीं कि नोटों की उन तमाम गड्डियों को वह अगली सुबह किस प्रकार ख़र्च करेगा...उसे अपने साथी मीश्का का ख़याल आया। उसकी उसे सख़्त ज़रूरत थी, लेकिन वह अपनी टाँग तोड़े बैठा था। चेल्काश ने मन-ही-मन उसे कोसा—उसे डर था कि वह अकेला इस काम को अंजाम नहीं दे सकेगा। रात को मौसम का जाने क्या रंग हो! सिर उठाकर

उसने आकाश पर नज़र डाली, फिर सामने फैली सड़क को नापा।

कोई छह-एक डग दूर, खम्भे से कमर टिकाए एक लड़का पटरी पर बैठा था। वह गाढ़े की नीली कमीज़ और पतलून, पाँवों में बक्कल की चप्पलें और सिर पर फटी हुई छज्जेदार भूरी टोपी पहने था। उसकी बग़ल में एक छोटा-सा थैला, सूखी घास में लिपटा और ढंग से रस्सी से बँधा हुआ बिना हत्थे का एक हँसिया पड़ा था। लड़का हट्टा-कट्टा और चौड़े कंधोंवाला था। उसके बाल सुनहरे थे और चेहरा हवा और धूप से साँवला पड़ गया था। वह अपनी बड़ी-बड़ी नीली आँखों से चेल्काश की ओर सहज विश्वास और मित्र-भाव से देख रहा था।

चेल्काश ने अपनी बत्तीसी चमकाई, जीभ बाहर निकाली, और मुँह बनाकर तथा दीदें फाड़कर उसकी ओर ताकने लगा।

लड़के ने, अचरज में भरकर, पहले तो आँखें मिचमिचाईं, फिर ज़ोरों से हँसने लगा और हँसते हुए ही चिल्लाकर कहा, "ओह, बड़े मौजी हो !" फिर उठे बिना ही, फ़र्श के पत्थरों पर से खिसकता वह चेल्काश की ओर बढ़ चला। उसका थैला भी उसके साथ-साथ धूल में घिसट रहा था और उसके हँसिए की नोक पत्थरों से टकराकर खनखना रही थी।

"लगता है, बहुत पी गए हो भाई ?" चेल्काश के पतलून को ज़रा खींचते हुए उसने पूछा।

"तुमने ठीक कहा, मेरे बच्चे, ठीक ही कहा है तुमने," चेल्काश ने मुस्कुराते हुए स्वीकार किया। इस स्वस्थ, भले हृदय और निश्छल आँखोंवाले लड़के ने तुरत उसके हृदय में घर कर लिया। "और तुम क्या घास काटकर आ रहे हो ?" चेल्काश ने पूछा।

"कुछ न पूछो ! डेढ़ मील तक घास काटी और मिलीं कौड़ियाँ। बुरे दिन आ गए हैं। लोगों की भरमार है ! अकाल के मारे ढेरों लोग चले आए हैं, मजूरी बहुत कम रह गई। ज़रा सोचो तो, कुबान प्रदेश में अब साठ कोपेक मिलते हैं। कहते हैं, पहले तीन या चार, बल्कि पाँच रूबल तक मिल जाते थे !"

"पहले की बात करते हो? पहले तो किसी रूसी की शक्ल देखकर ही वे तीन-तीन रूबल तक दे डालते थे। दसेक साल पहले मैं इसी तरह रोज़ी कमाता था। किसी गाँव में चला जाता और कहता—'देखो लोगो, मैं रूसी हूँ !' फिर वे मेरे चारों ओर जमा हो जाते, ऊपर से नीचे तक मुझे देखते, मेरे बदन में उँगलियाँ गड़ाते और चुटकियाँ काटते, ओह-आह करते और तीन रूबल मेरी भेंट कर देते। इसके अलावा खूब खिलाते-पिलाते और जब तक जी चाहे, गाँव में रहने का बुलावा देते।"

लड़का पहले तो मुँह बाए और अपने गोल चेहरे पर अचरज-भरे भाव लिए सुनता रहा, लेकिन जब उसने अनुभव किया कि चेल्काश दूर की हाँक रहा है तो उसने सटाक से अपना मुँह बन्द कर लिया और हँस पड़ा।

चेल्काश अपने चेहरे पर संजीदगी बनाए रहा और अपनी मुस्कुराहट को उसने मूँछों के भीतर छिपाए रखा।

"तुम भी अजीब हो। बातें ऐसे करते हो, जैसे सच बोल रहे हो और मैं भी विश्वास करता जाता हूँ...लेकिन ईमान से कहता हूँ, पहले वहाँ..."

'और मैं क्या कह रहा था ? यही कि पहले वहाँ..."

"ओह, हटाओ इसे !" लड़के ने हाथ झटकते हुए कहा, "यह बताओ कि तुम हो कौन—मोची या दर्ज़ी ?"

"मैं ?" चेल्काश ने एक क्षण कुछ सोचा और फिर बोला, "मैं मछुआरा हूँ..."

"मछुआरा ? अरे, वाह ! तो तुम मछलियाँ पकड़ते हो ?"

"मछलियाँ ही क्यों ? यहाँ के मछुआरे केवल मछलियाँ ही नहीं पकड़ते, डूबे लोगों, पुराने लँगरों और डूबी हुई नावों को भी पकड़ते हैं। इसके लिए ख़ास क़िस्म के काँटे होते हैं..."

"फिर बेपर की उड़ाने लगे ! शायद तुम उन मछुआरों में से हो जिनका यह गीत है :

*हम डालते हैं अपने जाल*
*सूखे-सूखे तटों पर,*
*बाज़ार की दुकानों*
*और खुले तहख़ानों पर !"*

"ऐसे मछुआरों से कभी मिले हो ?" चेल्काश ने मुस्कुराकर पूछा।

"मिला तो नहीं, लेकिन सुना है..."

"अच्छे लगते हैं ?"

"कौन, वे लोग ? अच्छे क्यों न लगेंगे ? भले लोग हैं, आज़ाद हैं, अपनी मस्ती-भरी जिन्दगी जीते हैं..."

"तुम्हारे लिए आज़ादी का क्या मतलब है ? क्या तुम्हें भी आज़ादी पसन्द है ?"

"बेशक। इससे अच्छी बात भला और क्या होगी कि आदमी खुद ही अपना मालिक हो—जहाँ जी चाहे, जाए। जो मन में आए, करे...केवल अपना दामन बेदाग़ रखे, ऐसा न हो कि गले में चक्की के पाट बँध जाएँ। खुदा को न भूले और खूब मज़े से ज़िन्दगी बिताए..."

चेल्काश ने घिन से थूका और मुँह फेर लिया।

"अब मुझे ही ले लो..." लड़का कहता गया, "मेरा बाप बिना कुछ छोड़े मर गया। मेरी माँ बूढ़ी है और ज़मीन में कुछ पैदा नहीं होता। ऐसी हालत में मैं क्या करूँ ? जीना तो है ही। मगर कैसे ? मालूम नहीं। भले घर की एक लड़की से मेरी शादी हो सकती है। मुझे कोई एतराज़ नहीं, अगर घरवाले उसका हिस्सा उसके नाम कर दें। लेकिन वे नहीं करेंगे। उसका खूसट बाप उसे एक इंच भी ज़मीन नहीं देगा। सो मुझे उसका दास बनकर काम करना पड़ेगा—बहुत दिनों तक...बल्कि सालों तक ! देखा तुमने, कैसी मुसीबत है ! अधिक नहीं, अगर सौ-डेढ़ सौ रूबल भी मेरे हाथ लग जाते तो मैं अपने पैरों पर खड़ा हो जाता और उसके बाप के सामने गर्दन तानकर

कह सकता—'तुम अपनी जायदाद का हिस्सा मारफ़ा के नाम कर देना चाहते हो या नहीं ? नहीं करना चाहते ? तुम्हारी मर्ज़ी ! गाँव में अकेली वही नहीं है, और लड़कियाँ भी हैं, भला हो भगवान का !' और मैं, देखा तुमने, आज़ाद हो जाऊँगा। जो चाहूँगा, कर सकूँगा !"

लड़के ने आह भरी और फिर कहता गया, "लेकिन ऐसा मालूम होता है कि बंधक घर-जमाई बनने के सिवा मेरे लिए और कोई चारा नहीं है। मैंने सोचा था कि कुबान में मज़दूरी से सौ-दो सौ रूबल कमा लूँगा और बस, मैं भी भला आदमी बन जाऊँगा ! लेकिन वहाँ कुछ पल्ले नहीं पड़ा। मेरे भाग्य में तो खेत-मज़दूर बनना ही बदा है...मैं कभी निजी खेत का मालिक नहीं बन सकूँगा, देखा तुमने ?"

बंधक घर-जमाई बनने की कल्पना उसे इतनी अप्रिय थी कि कहते-कहते उसके बदन में बल पड़ गए और उसका चेहरा उदास हो गया।

"अब कहाँ जाओगे ?" चेल्काश ने पूछा।

"घर। और कहाँ जा सकता हूँ ?"

"यह मैं क्या जानूँ ? हो सकता है, तुम तुर्की जाने की सोच रहे हो..."

"तुर्की ?" वह चकित हो उठा, "क्या कोई ईसाई कभी वहाँ जाता है ? तुम भी क्या बात करते हो !"

"तुम्हारे भेजे में निरा गोबर भरा है !" चेल्काश झुँझलाकर बोला और उसने अपना मुँह फेर लिया। गाँव के इस स्वस्थ लड़के ने उसके हृदय में एक खलबली मचा दी थी।

भीतर-ही-भीतर असन्तोष की एक भावना आकार ग्रहण कर रही थी जिसकी वजह से रात की मुहिम पर वह अपना ध्यान केन्द्रित नहीं कर पा रहा था।

चेल्काश के शब्दों से आहत होकर वह लड़का मन-ही-मन भुनभुनाया और कनखियों से उसकी ओर देखा। उसके गाल फूलकर कुप्पा बन गए थे, उसके होंठ बाहर को निकले हुए थे और वह तेज़ी से अपनी सिकुड़ी हुई आँखों को विचित्र ढंग से मिचमिचा रहा था। स्पष्ट ही उसे यह उम्मीद नहीं थी कि मूँछोंवाले इस आवारा जीव के साथ उसकी बातों का इस तरह अचानक असन्तोषजनक रूप में अन्त हो जाएगा।

इस आवारा आदमी ने अब उसकी ओर कोई ध्यान न दिया। पेटी पर बैठा वह सोच की मुद्रा में सीटी बजा रहा था और अपने गन्दे पाँव के अँगूठे से ताल दे रहा था।

लड़के का हृदय उससे सुलटने के लिए कुड़मुड़ा रहा था।

'ऐ मछुआरे, क्या तुम अक्सर इसी प्रकार नशे में धुत् रहते हो ?"

उसने यह कहना ही चाहा था कि वह मछुआरा अनायास उसकी ओर मुड़ते हुए बोला, "सुनो, बच्चे, क्या आज रात मेरे साथ काम करना चाहोगे ? जल्दी से सोच करके बताओ !"

"कैसा काम है ?" लड़के ने दुविधा में पड़ते हुए पूछा।

"कैसा क्या ! जो भी काम मैं तुम्हें दूँ...हम मछली पकड़ने जा रहे हैं। तुम डाँड़ चलाना..."

"हुँह...इसमें क्या है ? यह तो कर सकता हूँ। लेकिन ऐसा न हो, तुम किसी मुसीबत में फँसा दो। तुम बहुत अजीब जीव हो...तुमसे कोई पार नहीं पा सकता..."

चेल्काश अन्दर-ही-अन्दर जल-भुन उठा और झल्लाकर बोला, "जब तुम कुछ जानते नहीं, तो यों ही बक-बक न करो। अभी इस थूथनी पर एकाध जड़ दूँ न, तो अक्ल ठिकाने आ जाए।"

वह उछलकर खड़ा हो गया। उसकी आँखों से चिनगाड़ियाँ निकल रही थीं। उसका बायाँ हाथ मूँछ ऐंठ रहा था और दायाँ कसा हुआ गँठीला मुक्का बना हुआ था।

लड़का काँप उठा। उसने जल्दी से अपने अगल-बगल देखा, फिर घबराहट में आँखें मिचमिचाता, वह भी उछलकर खड़ा हो गया। दोनों चुपचाप खड़े आँखों-ही-आँखों में एक-दूसरे को तौल रहे थे।

"हाँ, तो ?" चेल्काश ने कठोर आवाज में पूछा।

इस जरा-से पिल्ले ने उसका अपमान किया था। अब तक वह यों ही उपेक्षा के साथ उससे खिलवाड़ करता रहा था, लेकिन अब उसकी समूची आत्मा घृणा से उबल रही थी, क्योंकि उसकी नीली आँखें निश्छल थीं, उसका सँवलाया हुआ चेहरा स्वस्थ था, उसकी छोटी-छोटी बाँहें पुष्ट थीं, क्योंकि उसका कहीं कोई गाँव था और उस गाँव में उसका एक घर था, और एक धनी किसान उसे अपना घर-जमाई बनाने को तैयार था। उसे घृणा थी जीवन के उस ढंग से, जिसे वह अतीत में गुजार चुका था और जिसे वह भविष्य में गुजारना चाहता था, लेकिन सबसे अधिक घृणा थी उसे इस बात से कि उसमें—चेल्काश की तुलना में एक निरा बच्चा होते हुए भी—आजादी से जीवन बिताने की एक ऐसी भावना मौजूद थी जिसका न तो वह मूल्य जानता था और न ही जिसकी उसे जरूरत थी।

यह बात हमें कभी अच्छी नहीं लगती कि वह आदमी भी, जिसे हम अपने से नीचा समझते हैं, ठीक उन्हीं चीजों से प्यार अथवा घृणा करे जिनसे हम करते हैं, क्योंकि ऐसा करके वह एक प्रकार से हमारे साथ अपनी समानता की स्थापना करता मालूम होता है।

लड़के ने चेल्काश की ओर देखा और उसे उसने स्वामी के रूप में स्वीकार कर लिया।

"यों तो मुझे...कोई एतराज नहीं," उसने कहा, "आखिर मुझे काम चाहिए। इससे क्या फर्क पड़ता है कि मैं तुम्हारे लिए काम करता हूँ अथवा अन्य किसी के लिए ! मेरे मुँह से वह बात कुछ यों ही इसलिए निकल गई कि तुम कुछ कामकाजी आदमी नहीं दिखाई पड़े ...तुम खासे फटेहाल हो। लेकिन यह कोई बड़ी बात नहीं। मैं जानता हूँ, ऐसा किसी के भी साथ हो सकता है। नशे में धुत् लोग क्या मैंने पहले नहीं देखे ? देखे हैं, बहुत देखे हैं—तुमसे भी बढ़-चढ़कर।"

"ठीक है, ठीक है ! तो तुम राजी हो ?" चेल्काश ने नर्म पड़ते हुए कहा।

"मैं ? हाँ, खुशी से ! बोलो, क्या दोगे ?"

"यह तो काम पर निर्भर करता है। इस काम पर कि कितना हमारे हाथ लगता

है। हो सकता है कि तुम पाँच रूबल तक पा जाओ, समझे ?''

बात अब पैसे की होने लगी थी, इसलिए किसान का वह बच्चा पक्की बात कर लेना चाहता था—अपनी ओर से भी और उस आदमी की ओर से भी, जोकि उसे ठेके पर रख रहा था। सो एक बार फिर सन्देह और आशंकाओं ने उसे घेर लिया।

''नहीं, भाई, ऐसे काम नहीं चलेगा !'' चेल्काश ने भी अपना पासा फेंका, ''अभी इस बारे में बात न करो। आओ, शराबखाने में चलें।''

और वे साथ-साथ चल दिए—चेल्काश एक मालिक की तरह अपनी मूँछें ऐंठता हुआ और लड़का हुक्म बजाने को तैयार एक सेवक की तरह, किन्तु फिर भी सहमा-सा और हृदय में अविश्वास लिए।

''तुम्हारा नाम क्या है ?'' चेल्काश ने पूछा।

''गाव्रीला !'' लड़के ने जवाब दिया।

धुएँ से काले पड़े धुँधले शराबखाने में प्रवेश करने के बाद चेल्काश कलवार के पास पहुँचा और पुराने ग्राहक के अन्दाज में उसने एक बोतल वोद्का, गोभी के शोरबे, भुने मांस और चाय का ऑर्डर दिया। इसके बाद इतना और कह दिया, ''टाँक लेना !''

जवाब में कलवार ने चुपचाप सिर हिला दिया। यह देखकर गाव्रीला का हृदय तुरन्त अपने मालिक के प्रति सम्मान से भर गया, जो अपने इस आवारा आचरण के बावजूद, इतनी अधिक जान-पहचान और साख रखता था।

''अब कुछ खाने-पीने के साथ-साथ बातें भी कर लेंगे। तुम यहीं बैठो, मैं अभी आता हूँ,'' यह कहकर चेल्काश चला गया।

गाव्रीला ने अपने चारों ओर नजर डाली। शराबखाना तहखाने में था—अँधेरा और सीलन-भरा। वोद्का, तम्बाकू के धुएँ, राल तथा ऐसी ही अन्य किसी तेज गन्ध से दम घुटता था। नशे में धुत् लाल दाढ़ीवाला जहाजी, कोयले की धूल और राल में लिथड़ा, गाव्रीला के सामनेवाली मेज पर दोहरा हो गया था। हिचकियों के बीच वह किसी गीत के असम्बद्ध टूटे-फूटे शब्द बड़बड़ा रहा था, जो कभी सिसकारियों-से मालूम होते तो कभी गले की घर्र-घर्र जैसे। स्पष्टतः वह रूसी नहीं था।

उसके पीछे मोल्दाविया की दो स्त्रियाँ बैठी थीं—तपे ताम्बे-सा रंग, काले बाल, चिथड़ों में लिपटी। नशे में धुत् वे भी कोई गीत गुनगुना रही थीं।

धुँधले वातावरण में और भी शक्लें तैरती नजर आ रही थीं—सब-की-सब हल्ला करती हुई, बेचैन, अस्त-व्यस्त और नशे में धुत्...!

गाव्रीला को भय ने दबोच लिया। उसने चाहा कि मालिक शीघ्र ही आ जाए। शराबखाने की सभी आवाजें मिलकर गूँज पैदा करनेवाली एक आवाज बन गई थीं। ऐसा मालूम होता था, जैसे भयंकर आवाजोंवाला कोई भीमाकार जन्तु पत्थरों की इस खोह से बाहर निकलने में असमर्थ होने पर गुर्रा रहा हो! गाव्रीला को ऐसा मालूम हुआ, जैसे एक बोझिल नशा-सा उसके सिर में सरसरा रहा हो! उससे उसका सिर चकराने लगा था और उसकी भयभीत आँखें उत्सुकता से शराबखाने में चारों ओर

देख रही थीं, और फिर धीरे-धीरे उसकी आँखों में एक धुन्ध-सी छा गई थी।

आखिर चेल्काश आया और दोनों खाने-पीने तथा बातें करने लगे। तीसरा गिलास पीने के बाद गाव्रीला पर वोद्का का रंग जम गया। वह बहुत प्रसन्न था और अपने मालिक को खुश करने के लिए—जिसने उसे इतना बढ़िया खाना खिलाया था—कोई बहुत ही अच्छी बात कहना चाहता था। लेकिन शब्द उसके गले में ही अटककर रह जाते थे, मुँह से बाहर निकल ही नहीं पाते थे, जैसे किसी ने उसकी जीभ पर भारी पत्थर रख दिया हो !

चेल्काश होंठों पर एक व्यंग्यपूर्ण मुस्कुराहट लिए उसकी ओर देख रहा था, "इतने में ही चित हो गए ? बिलकुल चिथड़ा हो तुम ! लगे हवा में उड़ने और वह भी केवल पाँच जाम पीकर ! फिर काम कैसे करोगे ?"

"भाई !" गाव्रीला बड़ी मुश्किल से बुदबुदाया, "कोई चिन्ता न करो ! मैं तुम्हारी बड़ी इज्जत करता हूँ ! लाओ, तुम्हारा मुँह चूम लूँ...लाओ न ?"

"बस-बस, रहने दो ! लो, और पीओ !"

गाव्रीला पीता गया, पीता गया और आखिर में उसकी ऐसी हालत हो गई कि उसे अपने आस-पास की हर चीज लयबद्ध लहरों की भाँति हिलोरें लेती और डोलती नजर आने लगी। इससे सिर चकरा गया और जी मितलाने लगा। उसके चेहरे पर मूर्खतापूर्ण उत्साह झलक रहा था। जब भी वह कुछ कहने की कोशिश करता, उसके होंठ हास्यास्पद ढंग से एक-दूसरे से जुड़ जाते और उनसे अस्पष्ट स्वर निकलने लगते। चेल्काश एकटक—जैसे वह कुछ याद कर रहा हो—उसकी ओर देखता हुआ अपनी मूँछों को ऐंठ रहा था और कटुता से मुस्कुरा रहा था।

शराबखाना अब भी मदमत्त आवाजों से गूँज रहा था। लाल बालोंवाला जहाजी मेज पर सिर टिकाकर सो रहा था।

"चलो, अब चलें," चेल्काश ने उठते हुए कहा।

गाव्रीला ने उसके साथ चलने का प्रयत्न किया, लेकिन सफल नहीं हो सका। उसके मुँह से एक बेहूदा-सी गाली निकली और वह नशे में धुत् आदमी की तरह बेमतलब की हँसी हँसने लगा।

"ढेर हो गया !" चेल्काश बुदबुदाया और फिर अपनी जगह पर बैठ गया।

गाव्रीला हँसता हुआ चौंधियाई आँखों से अपने मालिक की ओर देखता रहा। चेल्काश ने अपनी पैनी और गम्भीर नजर से उसका जायजा लिया। एक ऐसे आदमी का उसने जायजा लिया जिसका भाग्य वह अपने भेड़ियों-जैसे पंजों में दबोचे था। उसने अनुभव किया कि वह उसके साथ जो भी चाहे, कर सकता है। वह चाहे तो उसे ताश के पत्ते की भाँति फेंट सकता है और चाहे तो सहारा देकर उसे उसके ठोस किसानी जीवन में पहुँचा सकता है। उस पर अपना प्रभुत्व अनुभव करते हुए चेल्काश ने सोचा कि इस लड़के को वह प्याला कभी न पीना पड़े जो खुद उसे पीना पड़ा है...लड़के से जहाँ उसे ईर्ष्या हो रही थी, वहीं उस पर दया भी आ रही थी। वह उसका मजाक भी

उड़ाता था और साथ ही यह सोचकर उसका हृदय कसकता भी था कि अगर वह उसके जैसे किसी दूसरे के हाथों में पड़ गया तो इस लड़के का क्या होगा ?

अन्त में चेल्काश के हृदय को मथनेवाले इन विभिन्न भावों ने मिलकर एक भाव का रूप धारण कर लिया—एक ऐसे भाव का, जिसमें पिता का स्नेह तो था ही, व्यावहारिकता भी थी। इस लड़के की उसे जरूरत भी थी और उसे उस पर तरस भी आ रहा था। सो उसने गाव्रीला को अपनी बाँहों का सहारा दिया, उसे उठा लिया और अपने घुटनों से धीरे-धीरे धकेलता हुआ उसे शराबखाने से बाहर ले आया। बाहर लकड़ियों का एक ढेर था। वहाँ पहुँचकर लकड़ियों के ढेर के साए में उसने उसे लिटा दिया और खुद उसके पास बैठकर पाइप पीने लगा। गाव्रीला कुछ देर छटपटाता रहा और फिर दो-चार बार गुर्राकर-काँखकर सो गया।

''तैयार हो ?'' चेल्काश ने फुसफुसाकर गाव्रीला से कहा जो डाँड़ों से उलझ रहा था।

''अभी डाँड़ों का कुन्दा ढीला है। डाँड़ से उसे ठोक लूँ ?''

''नहीं, आवाज बिलकुल नहीं होनी चाहिए ! उसे हाथों से दबा दो। वह अपनी जगह पर बैठ जाएगा।''

दोनों बिना आहट किए एक नाव के साथ जूझ रहे थे, जो ओक वृक्ष के तने, खजूर, चन्दन की लकड़ी तथा सरो के मोटे लट्ठों से लदे तुर्की मस्तूली जहाजों के समूचे बेड़े में से एक नाव के साथ बँधी थी।

रात अँधेरी थी। छितरे-फटे बादलों के झुण्ड आकाश में इधर-से-उधर तैर रहे थे। समुद्र शान्त था। उसमें से नम, लोनी गन्ध निकल रही थी। उसकी लहरें तट और जहाजों से टकराकर हलकी छपछप की आवाजें कर रही थीं और चेल्काश की नाव को धीरे-धीरे डोला रही थीं। तट से कुछ दूर आकाश की पृष्ठभूमि में जहाजों की काली रेखाएँ नजर आ रही थीं और उनके मस्तूलों की चोटियाँ रंग-बिरंगी रोशनियों से चमक रही थीं। सागर में इन रोशनियों का अक्स पड़ रहा था। पानी की काली मखमली सतह पर रोशनियों के अनगिनत पीले धब्बे काँपते और थिरकते हुए बड़े सुन्दर मालूम होते थे। समुद्र दिन-भर काम करने के बाद थके हुए मजदूर की भाँति गहरी नींद सो रहा था।

''चलो,'' डाँड़ को पानी में डालते हुए गाव्रीला ने कहा।

''लो, चल दिए,'' चेल्काश ने कहा और चालक-पहिए को जोर से घुमाता हुआ नाव को बजरों के बीच में से निकाला, और वह तेजी से तैर चली। जब डाँड़ पानी से टकराते, तो लहरों पर फासफोरसी नीली चमक की एक गोट-सी चढ़ जाती। नाव आगे निकल जाती और यह गोट, चमकदार फीते की भाँति, लहराती हुई नाव का पीछा करती मालूम होती।

''तबीयत अब कैसी है ? सिर दर्द तो नहीं कर रहा ?'' चेल्काश ने हार्दिकता से पूछा।

"बुरी तरह भन्ना रहा है और सीसे की भाँति भारी हो गया है...सोचता हूँ, पानी से तर कर लूँ।"

"किसलिए ? सिर नहीं, अपना दिल को तर करो। उससे जल्दी ठीक हो जाओगे," चेल्काश ने बोतल बढ़ाते हुए कहा।

"भाई वाह, परमात्मा भला करे !"

और फिर गट-गट की आवाज आने लगी।

"ऐ, बस करो !" चेल्काश ने उसे टोका।

नाव फिर आगे बढ़ चली—अन्य जहाजों के बीच से, बिना शब्द किए और तेजी से अपना रास्ता बनाती हुई। अनायास ही सबको पीछे छोड़ वह आगे निकल आई। सागर, शक्तिशाली और सीमाहीन, दूर काले-नीले क्षितिज तक सामने फैला था। वहाँ, क्षितिज पर, बादलों के पहाड़ के पहाड़ लहरों की भाँति उठ और बढ़ रहे थे—भूरे और बैंगनी, जिनके किनारों पर रूई के गालों जैसी पीले रंग की गोट लगी हुई थी, जो समुद्र के पानी के हरे और सीसे जैसे रंग की भारी और डरावनी परछाइयाँ डाल रहे थे। बादल धीरे-धीरे आकाश में बढ़ रहे थे। कभी वे एक-दूसरे में विलीन हो जाते, तो कभी होड़ करते हुए दौड़ने लगते। कभी उनके रूप और रंग का विलय हो जाता, एक-दूसरे को हड़प जाते और फिर से नए रूपों में प्रकट होते—धीर-गम्भीर और बड़ी भव्यता के साथ। इन प्राणहीन पिण्डों की धीमी गति एक अजीब-से आतंक का संचार करती। ऐसा मालूम होता, जैसे वे अनगिनत संख्या में वहाँ मौजूद हों और इसी प्रकार अनन्त काल तक उठकर आकाश में रेंगते रहेंगे, इस दुर्भावना से प्रेरित होकर कि आकाश अपनी असंख्य सुनहरी आँखों, जीवित और स्वप्निल ज्योति से टिमटिमाते हुए बहुरंगी सितारों के साथ, जो लोगों के हृदयों में ऊँची आकांक्षाओं का संचार करते हैं और जिनके लिए उनकी स्वच्छ चमक ही एकमात्र बहुमूल्य सम्बल होती है, कभी भी ऊँघते सागर के ऊपर न चमक पाए।

"सागर अद्‌भुत है न ?" चेल्काश ने पूछा।

"है तो, लेकिन मेरे हृदय में यह भय संचार करता है," अपने डाँड़ों को पूरा जोर लगाकर और समगति से चलाते हुए गाव्रीला ने कहा। जब डाँड़ पानी से टकराते तो उसमें एक हलकी-सी गूँज, छनक और छपछपाहट पैदा होती और फिर नीली फासफोरसी चमक की एक गोट भी उसमें लहराने लगती।

"डर लगता है ? तुम भी निरे बुद्धू हो।" चेल्काश मजाकिया ढंग से कहा।

एक चोर समुद्र को बहुत प्यार करता था। उसका संवेदनशील स्वभाव, जो हमेशा नए अनुभवों के लिए व्याकुल रहता था, अन्धकार में डूबे समुद्र के विस्तारों को—उन्मुक्त, सशक्त और सीमाहीन विस्तारों को—देखते कभी नहीं अघाता था। वह जिस चीज को इतना प्यार करता था, उसके सौन्दर्य के प्रति गाव्रीला के उदासीन उछाह का यह प्रर्दशन उसे अच्छा नहीं लगा। नाव के पिछले भाग में बैठा वह चालक पहिए से पानी को काट रहा था और शान्त भाव से एकटक सामने की ओर देख रहा था।

उसका हृदय इस समय एक ही इच्छा से भरा था कि सागर की इस मखमली सतह पर अनन्त काल तक वह इसी प्रकार बढ़ता रहे।

सागर उसमें हमेशा हार्दिकता की भावना का संचार करता था। यह भावना उसके रोम-रोम में समा जाती और आए-दिन के जीवन की कीच को धोकर साफ कर देती। लहरों के बीच और खुली हवा में जीवन-सम्बन्धी विचारों का तीखापन तिरोहित हो जाता और फिर वह अपने आपको एक अच्छे आदमी के रूप में देखना पसन्द करता था।

रात को सोये हुए सागर की साँसों की कोमल और निर्लिप्त ध्वनि पानी की सतह पर धीमे-धीमे प्रवाहित होती हुई मानव के हृदय में शान्ति का संचार करती है, उसकी कुत्सित भावनाओं को दूर करके महान सपनों को जन्म देती है।

"मछली पकड़ने का सामान कहाँ है ?" अचानक गाव्रीला ने पूछा और व्यग्र भाव से नाव के कोनों की टोह लेने लगा।

चेल्काश यह सुनकर चौंका।

"सामान ? यहाँ मेरे पास है, नाव के पिछले हिस्से में।"

इस लड़के के सामने झूठ बोलने से उसे दुःख हुआ और साथ ही उसके सवाल से अपने विचारों तथा भावनाओं का ऐसे अचानक भंग हो जाना उसे अच्छा नहीं लगा। वह झुंझला उठा। अपने गले और हृदय में उसने फिर एक जलन का अनुभव किया और कठोर आवाज़ में गाव्रीला से कहा, "सुनो, जहाँ तुम हो, वहीं जमकर बैठे रहो और अपने काम से काम रखो। डाँड़ चलाने के लिए मैंने तुम्हें रखा है, सो चलाए जाओ। अगर बक-बक करोगे, तो बुरा नतीजा होगा। समझ गए न ?"

क्षण-भर के लिए नाव डोली और रुक गई। डाँड़ पानी में घिसटने और भँवर पैदा करने लगे। गाव्रीला अपनी जगह पर बेचैनी से हिलने-डुलने लगा।

"डाँड़ चलाओ !"

और फिर एक गंदी गाली से हवा काँप उठी।

गाव्रीला ने डाँड़ों को उठाया तो नाव जैसे डर गई। डरकर वह उछली और झटके खाती तथा पानी को छलछलाती तेज़ी से बढ़ चली।

"ढंग से !"

चालक-पहिया थामे हुए ही चेल्काश कुछ उठा और उसने अपनी निष्ठुर दृष्टि गाव्रीला के सफ़ेद पड़ गए चेहरे पर जमा दी। आगे की ओर झुका वह इस तरह खड़ा था, जैसे बिल्ली अभी झपट्टा मारनेवाली हो ! उसके दाँत पीसने तथा भयभीत गाव्रीला के दाँतों के बजने की आवाज एक साथ सुनाई दे रही थी।

"ऐ, वहाँ कौन चिल्ला रहा है ?" समुद्र के विस्तार में से किसी की कड़ी आवाज़ सुनाई दी।

"डाँड़ चला, हरामी पिल्ले ! चला डाँड़ कम्बख़्त ! एक, दो ! ख़बरदार, जो ज़रा भी आवाज़ की तो ! बोटी-बोटी नोच लूँगा !" चेल्काश फुँफकार उठा।

"माँ मरियम...हे भगवान !" गाव्रीला बुदबुदाया। वह भय और थकान से काँप रहा था।

नाव घूम गई और बन्दरगाह की ओर वापस लौट चली जहाँ जहाज़ों की रंग-बिरंगी रोशनियाँ बंदनवार-सी झलक रही थीं और उनके मस्तूल स्पष्ट दिखाई दे रहे थे।

"ऐ, उधर कौन चिल्ला रहा है ?" वह आवाज़ फिर सुनाई दी। लेकिन अब वह पहले से अधिक दूर थी। चेल्काश का ढाढ़स बँधा।

"तुम खुद ही चिल्ला रहे हो !" उसने पलटकर जवाब दिया। फिर वह गाव्रीला की ओर मुड़ा, जो अब भी माँ मरियम को याद कर रहा था।

"तुम भाग्यवान हो, लडके ! अगर उन शैतानों ने पीछा किया होता तो तुम्हारा पत्ता कट जाता। मैं तुम्हें समुद्र में फेंककर मछलियों का कलेवा बना देता !"

अब, जब चेल्काश शान्ति से और कुछ नर्मी से बात कर रहा था, तो गाव्रीला ने काँपते हुए उससे विनती की, "मुझे जाने दो, भगवान के लिए मुझे जाने दो ! यहीं कहीं उतार दो मुझे। ओह...ओह...ओह, मैं बुरा फँसा ! भगवान के लिए मुझे जाने दो ! तुम मुझसे क्या चाहते हो ? मैं यह काम नहीं कर सकता ! मैं कभी ऐसे काम में शामिल नहीं हुआ...यह पहला ही मौक़ा है...हे भगवान, मैं तो सदा के लिए मारा जाऊँगा ! तुमने मेरे साथ ऐसा क्यों किया ? यह गुनाह है ! आत्मा का खून कर रहे हो। ओह, यह भी कोई धंधा है ?"

लड़के को इतना आतंकित देख चेल्काश को मज़ा आने लगा। वह उसके बारे में सोचता हुआ रस लेने लगा। यह कल्पना करने में भी उसे कुछ कम आनन्द नहीं आया कि वह खुद किस हद तक एक भयानक जीव बन सकता है।

"यह बुरा धंधा है, भाई, बुरा धंधा...मुझे जाने दो, भगवान के लिए मेरी जान बख़्शो ! तुम्हें भला मेरी क्या ज़रूरत हो सकती है ? सुनो, मुझ पर एहसान करो, भले आदमी..."

"चुप रहो ! अगर मुझे तुम्हारी ज़रूरत न होती तो अपने साथ यहाँ लाता ही क्यों? बस, अब अपनी ज़बान बन्द रखो !"

"हे भगवान... !" गाव्रीला बुदबुदाया।

"ऐ, यह बुदबुदाना बन्द करो !" चेल्काश ने उसे बीच में ही रोक दिया।

लेकिन गाव्रीला में अब इतनी सामर्थ्य नहीं थी कि वह अपने आपको क़ाबू में रख सके। वह दबी आवाज़ में भुनभुनाता, खाँसता-खँखारता, ऐंठता और बल खाता हुआ भी निराशा से डाँड़ चलाता रहा। नाव तीर की भाँति उड़ चली। वे अब जहाज़ों के काले आकारों के बीच पहुँच गए। पानी की सँकरी गलियों में से मुड़ती और बल खाती हुई उनकी नाव जहाज़ों के बीच खो गई।

"ऐ, कान खोलकर सुन लो ! अगर तुमसे सवाल पूछे जाएँ तो अपना मुँह बन्द रखना। इसी में तुम्हारी जान की ख़ैर है, समझे ?"

"हे भगवान !" गाव्रीला ने उसाँस छोड़ी और फिर तीखे स्वर में कहा, "मेरी क़िस्मत फूट गई !"

"फिर बुदबुदाने लगे ?" चेल्काश ने फुँफकार छोड़ी।

इस फुँफकार ने तो गाव्रीला की सुध-बुध ही छीन ली। आनेवाली मुसीबत की आशंका से वह सुन्न हो गया। उसने यन्त्रवत् डाँड़ पानी में डाले, अपने बदन को पीछे की ओर हटाते हुए डाँड़ों को खींचा, उन्हें उठाया, फिर पानी में डाला और टकटकी बाँधकर अपनी बक्कल की चप्पलों को देखता रहा।

लहरों की अलसाई छप-छप भय और आतंक का संचार कर रही थी। वे घाट-क्षेत्र में पहुँच गए थे।...पत्थर की दीवार के उस पार से आदमियों के बोलने की, गाने और सीटी बजाने की और लहरों के टकराने-छितराने की आवाज़ें आ रही थीं।

"रुको," चेल्काश फुसफुसाया, "डाँड़ को छोड़ दो ! दीवार के सहारे हाथों से धकेलो। आवाज़ न करो, कम्बख़्त !"

गाव्रीला नाव को काई-जमी दीवार के साथ-साथ ले चला। नाव बिना आवाज़ किए फिसल रही थी।

"ठहरो ! डाँड़ मुझे दे दो। इधर दो ! तुम्हारा पासपोर्ट कहाँ है ? थैले में ? थैला भी दे दो ! जल्दी ! यह इसलिए कि कहीं तुम तिड़ी न हो जाओ...अब कोई डर नहीं। डाँड़ों के बिना तुम भाग सकते हो, लेकिन पासपोर्ट के बिना नहीं। बस, यहीं रहना। और देखो, अगर कुछ भी जबान से उगला तो बच नहीं पाओगे—समुद्र के अन्दर से भी मैं तुम्हें पकड़ लाऊँगा।"

फिर किसी चीज़ पर हाथ टिकाकर यह दीवार पर चढ़ा और उसके दूसरी ओर ग़ायब हो गया।

गाव्रीला चौंका...पलक झपकते ही यह सब हो गया। उसने महसूस किया कि उस मूँछोंवाले दुबले-पतले चोर की उपस्थिति में वह जो घबराहट और भय अनुभव कर रहा था, दूर हो रहा है। अब भागना चाहिए। उसने खुलकर साँस ली और अपने अगल-बगल देखा। बाईं ओर एक मस्तूलहीन जहाज़ की काली काया उठती-उभरती जा रही थी। ऐसा मालूम होता था, जैसे वह कोई भीमाकार ताबूत हो—सूना और परित्यक्त ! हर बार, जब भी लहरें उससे टकरातीं, एक खोखली-सी आवाज़ उसमें से निकलती और ऐसा लगता, जैसे वह कराह रहा हो! दाहिनी ओर बाँध की काई-जमी दीवार थी जो एक भारी-भरकम अजगर की भाँति सागर की सतह पर फैली थी। उसके पीछे काले ढाँचे तैर रहे थे और आगे की ओर, दीवार और उस ताबूत के बीच खुली जगह में से सूने सागर की झलक मिल रही थी। ऊपर काले बादल घिरे थे—बोझिल और भीमाकार। वे आकाश में धीमे-धीमे बढ़ रहे थे—अन्धकार में भय और आतंक का संचार करते हुए। ऐसा मालूम होता था, जैसे वे अपने भारी बोझ से मानव को कुचल देना चाहते हों! हर चीज़ भयानक, काली और डरावनी मालूम होती थी। गाव्रीला भय से काँप उठा, और यह भय चेल्काश के भय से कहीं ज्यादा भयानक था। उसने उसके सीने को जकड़ लिया और इतना दबोचा कि उसकी समूची प्रतिरोध शक्ति निचोड़ ली और वह जहाँ का तहाँ जमा-सा रह गया।

हर चीज़ निस्तब्धता में डूबी थी। समुद्र की उसाँसों के सिवा और कोई आवाज़ सुनाई नहीं पड़ रही थी। बादल अब भी धीमे-धीमे और उदासी में डूबे-से रेंग रहे थे और समुद्र से इतनी बड़ी संख्या में उठ रहे थे कि खुद आकाश भी एक समुद्र की भाँति दिखाई दे रहा था, जैसे एक उमड़ते-घुमड़ते सागर को नीचे के चिकने और सोते हुए सागर के ऊपर उलटकर रख दिया गया हो! बादल लहरों की भाँति मालूम होते थे जिनकी झागदार शिराएँ नीचे धरती की ओर दौड़ रही थीं, फिर वे उन गह्वरों जैसे लगते थे, जिनमें से हवा इन लहरों को खींच लाई थी और वे प्रतीत होते थे उन नवजात लहरों जैसे, जिन्होंने अभी उबलना-उफनना और विक्षुब्ध होकर हरा झाग उगलना शुरू नहीं किया था।

इस विषादपूर्ण निस्तब्धता और सौन्दर्य से गाव्रीला इतना अभिभूत और आतंकित हो उठा कि अपने मालिक के वापस लौटने की चिन्ता ने उसे व्यग्र बना दिया। अगर वह नहीं लौटा, तो ? समय के पाँव में जैसे बेड़ियाँ पड़ गई थीं, वह बहुत ही धीरे-धीरे घिसट रहा था—आकाश में बादलों की गति से भी धीरे। प्रतीक्षा की घड़ियों के साथ-साथ निस्तब्धता भी आतंकपूर्ण होती जा रही थी। आख़िर बाँध की दीवार के दूसरी ओर से छपछपाने, सरसराने और किसी के फुसफुसाने की आवाज़ सुनाई दी। गाव्रीला को लगा, जैसे अगले क्षण उसकी जान ही निकल जाएगी।

''अरे, क्या ऊँघ रहे हो ? यह लो ! सावधानी से !'' चेल्काश की दबी हुई आवाज़ सुनाई दी।

दीवार के ऊपर से कोई भारी और चौरस-सी चीज़ नीचे लटक आई। गाव्रीला ने उसे नाव में रख लिया। इसके बाद वैसा ही एक दूसरा बंडल आया। फिर चेल्काश की दुबली-पतली आकृति नीचे उतर आई। चेल्काश हाँफता हुआ नाव के पिछले हिस्से में अपनी जगह पर जा बैठा।

गाव्रीला के चेहरे पर प्रसन्न किन्तु आशंकित मुस्कान दौड़ गई।

''थक गए ?'' उसने पूछा।

''किसी हद तक। हाँ, तो अब अपने डाँड़ों को सँभालो ! पूरी ताक़त से ले चलो ! अच्छी मज़दूरी पाओगे। आधा काम तो पूरा हो गया। अब इतना और करना है कि उन हरामख़ोरों को धता बताते हुए तेज़ी से निकल चलो—फिर अपना हिस्सा लेकर अपनी माश्का के साथ मौज करना। तुम्हारी माश्का तो है न ?''

''न-हीं !''

गाव्रीला अपनी पूरी शक्ति से नाव खेने में जुटा था। उसके फेफड़े धौंकनी की भाँति उठ-गिर रहे थे और उसकी बाँहें इस्पात का स्प्रिंग बनी हुई थीं। पानी नाव के नीचे सनसना रहा था और वह नीला और चमकदार फ़ीता अब अधिक चौड़ा बनकर नाव के पीछे लहरा रहा था। गाव्रीला पसीने से तर था, लेकिन उसने डाँड़ों को ढीला नहीं पड़ने दिया। उस रात को भारी भय उसे दो बार जकड़ चुका था और अब तीसरी बार जकड़े जाने की उसकी ज़रा भी इच्छा नहीं थी। उसकी एक ही इच्छा

थी—जैसे भी हो, इस जंजाल से जल्दी से जल्दी छुटकारा मिले, काम को ख़त्म कर वह धरती पर पाँव रखे और जीते-जी तथा जेल की हवा खाए बिना इस आदमी के चंगुल से छूटकर निकल भागे। उसने निश्चय किया कि उसके सामने अब वह अपना मुँह नहीं खोलेगा, किसी भी रूप में उसका विरोध नहीं करेगा। जो कुछ भी आदेश वह देगा, उसे मानेगा, और इसके बाद अगर वह सही-सलामत यहाँ से निकल सका तो अगले ही दिन चमत्कारों की खान संत निकोलस का जाप करेगा। वह इतना अभिभूत हो उठा कि जाप के शब्द उसके होंठों पर थिरकने लगे। लेकिन उसने उन्हें प्रकट नहीं होने दिया और इंजन की भाँति हाँफते हुए कनखियों से चेल्काश की ओर देखा।

लम्बा और दुबला-पतला चेल्काश आगे की ओर झुका हुआ बैठा था और कहीं उड़ने के लिए तैयार पक्षी की भाँति लग रहा था। उसकी बाज़-जैसी आँखें सामने फैले अन्धकार को बींध रही थीं, उसकी हुकदार नाक वायु की गंध ले रही थी। उसका एक हाथ चालक-पहिए को कसकर थामे था और दूसरे से वह मूँछों को ऐंठ रहा था जो उस समय फरफराने लगती थीं, जब मुस्कान में उसके पतले होंठ टेढ़े होते थे।

चेल्काश प्रसन्न था—अपनी इस मुहिम से, खुद अपने-आप और इस युवक से, जिसे उसने आतंकित किया था और अपना गुलाम बना लिया था। जब चेल्काश ने देखा कि गाव्रीला जी-जान से डाँड़ चला रहा है, तो उसका हृदय उसके लिए दया से भर उठा। उसका मन हुआ कि उसे बढ़ावा देने के लिए कुछ कहे।

"ऐ," कुछ मुस्कुराते हुए चेल्काश ने धीमे से कहा, "तुम बहुत डर गए थे क्या ?"

"कोई बात नहीं," गाव्रीला ने उसाँस छोड़ी और काँखा।

"अब घबराने की जरूरत नहीं। ख़तरा पार हो गया। केवल एक स्थल और पार करना है। कुछ सुस्ता लो..."

गाव्रीला ने चुपचाप डाँड़ चलाना बन्द कर दिया, पसीने से तर चेहरे को आस्तीन से पोंछा और डाँड़ों को फिर से पानी में डाल दिया।

"धीरे-धीरे चलाओ। इस तरह कि पानी आवाज़ न करे। एक फाटक है जिसे पार करना है—धीमे-धीमे। यहाँ बहुत सँभल के...यहाँ वे गोली भी चला देते हैं। खोपड़ी बिंध जाती है और आदमी आह भी नहीं कर पाता।"

नाव अब पानी पर क़रीब-क़रीब फिसल रही थी। केवल डाँड़ों से चूनेवाली नीली बूँदों से, सागर में पैदा होनेवाली नीली जगमग से ही उसकी गति का आभास होता था। रात का अँधेरा जहाँ और भी अधिक घना होता जा रहा था, वहाँ सन्नाटा और भी अधिक। आकाश अब उमड़ते-घुमड़ते सागर की भाँति नहीं मालूम होता था। बादलों ने फैलकर एक भारी वितान का रूप धारण कर लिया था जो पानी के ऊपर बहुत नीचे और एकदम थिर लटका हुआ था। समुद्र और अधिक थिर तथा काला हो गया था। उसकी गर्म, लोनी गंध और भी अधिक तेज़ थी और अब वह उतना सीमाहीन नहीं मालूम होता था।

"काश कि बारिश होने लगे !" चेल्काश बुदबुदाया, "तब हम ऐसे निकल जाएँगे जैसे पर्दे के पीछे से।"

नाव के दाईं और बाईं ओर पानी की काली सतह पर भारी-भरकम आकार उभर आए। ये बजरे थे–निश्चल, डरावने और काले। उनमें से एक पर एक रोशनी हरकत करती दिखाई दे रही थी–कोई लालटेन लिए उस पर चल रहा था। इन बजरों के पहलुओं को सहलाता हुआ सागर मानो उनसे धीरे-धीरे कोई विनती करता प्रतीत होता था और वे रूखी तथा खोखली आवाज़ों में ऐसे जवाब देते लगते थे, जैसे सागर की विनती उन्हें मंजूर न हो !

"गार्ड !" मुश्किल से सुनाई पड़नेवाली आवाज़ में चेल्काश ने कहा।

जब से उसने गाव्रीला से नाव को धीरे-धीरे खेने के लिए कहा था, तभी से गाव्रीला के हृदय में आशंकापूर्ण तनाव पैदा हो गया था। वह अन्धकार में आगे को झुका। उसे ऐसा अनुभव हुआ, जैसे वह फैल रहा है–उसकी तनी हुई हड्डियाँ और नसें दर्द से खिंची जा रही थीं, एक ही खयाल से जकड़ा हुआ उसका सिर दर्द कर रहा था, उसकी पीठ की चमड़ी तड़क रही थी और उसके पाँवों में छोटी-छोटी, तेज़ तथा ठंडी सुइयाँ-सी चुभ रही थीं। उसकी आँखें, अँधेरे में ताकते-ताकते, ऐसे तन गई थीं कि लगता था, जैसे वे फट जाएँगी। उसे आशंका थी कि किसी भी क्षण कोई अँधेरे में से प्रकट होगा और चिल्लाकर कहेगा–'ठहरो, चोरो !'

चेल्काश के मुँह से 'गार्ड' शब्द सुनकर गाव्रीला काँप उठा। उसके मस्तिष्क में एक तीखा और भस्म करता विचार कौंध गया और उसने उसके तने हुए स्नायुओं को झनझना दिया। उसने चाहा कि चिल्लाए, किसी को मदद के लिए पुकारे। उसने अपना मुँह तक खोल लिया, छाती फुलाई और उसमें बहुत-सी हवा भर ली, मगर फिर अचानक ही भय से आतंकित होकर उसने अपनी आँखें बन्द कर लीं और अपनी जगह से लुढ़ककर नीचे जा गिरा।

दूर क्षितिज तक फैले समुद्र के उस काले अन्धकार में से प्रकाश की एक नीली तलवार प्रकट हुई। वह ऊपर उठी और रात के अन्धकार को चीरकर आकाश के बादलों को काटती हुई एक चौड़े नीले फ़ीते की भाँति समुद्र के वक्ष पर आकर टिक गई। प्रकाश के उस फीते में अब तक अदृश्य जहाज अन्धकार में से निकल आए–काले और मूक, रात के अँधेरे की धुँधली चादर ओढ़े हुए। ऐसा मालूम होता था, जैसे ये जहाज चिरकाल से समुद्र की अतल गहराइयों में बन्द थे, जहाँ तूफ़ान की शक्तियों ने उन्हें पटक दिया था, और अब–समुद्र में से निकली प्रकाश की इस तलवार के इशारे पर–वे उस क़ैद से निकालकर बाहर लाए गए हैं ताकि वे आकाश और पानी की सतह से ऊपर की हर चीज़ को देख सकें। उनके मस्तूलों से लिपटी रस्सियाँ उन समुद्री लताओं-सी मालूम होती थीं जिन्होंने समुद्र की अतल गहराइयों में भारी-भरकम काले जहाज़ों को अपने जाल में जकड़ रखा था और जो अब उनके साथ ही साथ लिपटी हुई ऊपर उभर आई थीं। इसके बाद वह नीली तलवार, भयावह और चमचमाती,

फिर समुद्र के वक्ष पर से उठी, रात के अन्धकार को फिर उसने चीरा और फिर समुद्र के वक्ष पर आकर टिक गई–इस बार दूसरी दिशा में। अब तक अदृश्य जहाज़ों के आकार फिर उसकी रोशनी में उजागर हो उठे।

चेल्काश की नाव रुक गई और पानी की सतह पर डोलने लगी, जैसे वह सोच रही हो कि अब क्या करे? गाव्रीला नाव के तले में पड़ा था। अपना चेहरा उसने हाथों से ढक रखा था और चेल्काश उसे ठोकर मारता हुआ बेहद गुस्से से, मगर धीमी आवाज़ में कह रहा था, "वह चुँगीवालों का कूज़र है, बेवकूफ़ ! और वह उसकी सर्चलाइट है। उठो, उल्लू ! किसी क्षण हम पर भी उनकी रोशनी पड़ सकती है ! तुम मुझे और साथ ही अपने आपको भी मरवाकर छोड़ेगे ! उठो !"

कमर पर एक करारी ठोकर लगने से गाव्रीला सकपकाकर खड़ा हो गया। उसकी आँखें डर के मारे अब भी बन्द थीं। वह बेंच पर बैठ गया। टटोलकर उसने डाँड़ों को पकड़ा और नाव को खेने लगा।

"धीमे ! जान निकाल लूँगा ! धीमे ! तुम पर शैतान की मार, घनचक्कर ! आख़िर तुम्हारी जान क्यों निकल गई है ? सूअर का बच्चा ! क्या कभी लालटेन नहीं देखी ? धीरे-धीरे डाँड़ चला, कम्बख़्त ! वे चोरी से माल लानेवालों की खोज में हैं। हमें नहीं पकड़ सकते–वे बहुत दूर हैं। डरो नहीं, हमें नहीं पकड़ सकते। हम अब..." विजय के भाव से चेल्काश ने इधर-उधर देखा, "ख़तरे से बाहर हैं ! छी...उड़नछू ! बहुत क़िस्मतवाले हो तुम, मिट्टी के माधो !"

गाव्रीला चुपचाप नाव खेता रहा और हाँफता हुआ प्रकाश की उस तलवार की ओर कनखियों से देखता रहा, जो बराबर उठ और गिर रही थी। चेल्काश ने कहा था कि यह एक लालटेन मात्र है, लेकिन उसे विश्वास नहीं हुआ। यह सर्द नीली रोशनी, जो अँधेरे को चीर डालती थी और समुद्र को रुपहली आभा से जगमगा देती थी, कुछ रहस्यमयी थी और गाव्रीला का हृदय एक बार फिर कचोटते भय से जकड़ गया। वह यन्त्रवत् डाँड़ चला रहा था और उसकी एक-एक रग तनी हुई थी इस आशंका से कि कहीं ऊपर से कोई वज्रपात न हो जाए। अब वह कुछ भी नहीं चाहता था। वह अन्दर से एकदम खाली और भावनाशून्य हो गया था। इस रात की उत्तेजना ने उसमें जो कुछ भी मानवीय था, वह सब निचोड़ लिया था।

लेकिन चेल्काश प्रसन्न था। उसके स्नायु, जो ऐसे तनावों के अभ्यस्त थे, शान्त हो चुके थे। उसकी मूँछें खुशी से थिरक रही थीं और उसकी आँखें चमक रही थीं। वह बहुत मज़े में था। दाँतों के भीतर से सीटी बजा रहा था, समुद्र की नम हवा में खुलकर साँस ले रहा था, चारों ओर नज़र दौड़ा रहा था और जब गाव्रीला के चेहरे पर उसकी नज़र टिकती, तो वह सहृदयता से मुस्कुरा देता था।

हवा बहने लगी। समुद्र को उसने जगा दिया और छोटी-छोटी लहरियाँ उसकी सतह पर नाचने लगीं। बादल अधिक पतले और पारदर्शी हो गए, लेकिन आकाश अब भी उनसे ढँका हुआ था। हवा के हलके झोंके इधर-से-उधर सागर के वक्ष पर किलोलें कर

रहे थे। लेकिन बादल निश्चल थिर थे, जैसे नीरस और ऊब-भरे विचारों में गहरे डूबे हुए हों !

"अरे, भाई, अब तो होश में आओ ! तुम तो ऐसे बैठे हो, जैसे किसी ने तुम्हारी जान ही निकाल ली हो और हड्डियों का ढाँचा ही बाक़ी रह गया हो! अब तो क़िस्सा ख़त्म हो चुका है—सुना ?"

प्यार-भरी आवाज़ सुनकर—भले ही वह चेल्काश की हो—गाव्रीला को ख़ुशी हुई।

"मैं सुन रहा हूँ," वह गुनगुनाया।

"बड़े कमज़ोर दिल हो, जैसे कुछ दम ही न हो! लो, तुम मेरी जगह बैठो और मैं डाँड़ चलाऊँगा। शायद तुम थक गए हो !"

गाव्रीला यन्त्रवत् उठा और जगह की अदला-बदली कर ली। चेल्काश ने जगह बदलते हुए लड़के पर नज़र डाली और यह देखा कि वह काँपती हुई टाँगों पर लड़खड़ा रहा है, तो उसे उस पर और भी अधिक तरस आया।

उसने उसके कंधे को थपथपाते हुए कहा, "अरे, ऐसे डरो नहीं ! तुम्हें अच्छा इनाम मिलेगा। पच्चीस रूबल पाना चाहोगे ?"

"मुझे कुछ नहीं चाहिए। बस, तट पर पहुँच जाऊँ..."

चेल्काश ने हाथ झटका, थूका और नाव को खेने लगा—अपनी लम्बी बाँहों से डाँड़ों को ख़ूब पीछे तक खींचते हुए।

समुद्र अब पूर्णतया जाग गया था। वह छोटी-छोटी लहरियाँ बनाने, झाग की गोटों से उन्हें सजाने, उन्हें एक दूसरी के पीछे दौड़ाने और आपस में टकराने का खेल खेल रहा था। झाग उसाँसें भरता और सिसकारियाँ लेता हुआ घुल जाता था। समूचे वातावरण में संगीतमय ध्वनियाँ गूँज रही थीं। ऐसा प्रतीत होता था, जैसे अन्धकार सजीव हो उठा हो !

"हाँ, तो अब," चेल्काश ने कहा, "तुम अपने गाँव लौट जाओगे, शादी करके अपना घर बनाओगे, ज़मीन जोतोगे, अनाज उपजाओगे, तुम्हारी बीवी बच्चे पैदा करेगी, रोज़ी-रोटी की फ़िक्र में घुलोगे और जीवन-भर ऐसे ही खटते रहोगे...बहुत मज़ा मिलेगा क्या इसमें ?"

"इससे ज्यादा मज़े की बात और क्या हो सकती है ?" गाव्रीला ने धीमी आवाज़ में कुछ काँपते हुए कहा।

हवा ने बादलों को छितराकर उनमें जहाँ-तहाँ दरारें डाल दी थीं। उनके बीच से नीले आकाश के टुकड़े—जिनमें एक या दो तारे जड़े थे—नज़र आ रहे थे। तारे, प्रतिबिम्बित होकर, लहरों के साथ आँख-मिचौनी-सी खेल रहे थे—कभी वे छिप जाते, कभी प्रकट होकर फिर झिलमिलाने लगते।

"नाव को दाहिनी ओर करते जाओ," चेल्काश ने कहा, "समझ लो कि ठिकाने पर पहुँच ही गए। काम पूरा हुआ— बहुत बड़ा काम। ज़रा सोचो तो, एक ही रात में पाँच सौ रूबल !"

"पाँच सौ ?" गाव्रीला ने आँखें फाड़ते हुए दोहराया। फिर इन शब्दों से सहमकर, नाव में पड़ी गाँठों को हलकी-सी ठोकर मारते हुए पूछा, "इनमें क्या चीज़ है ?"

"इनमें बहुत क़ीमती चीज़ है। अगर ठीक दामों पर बेची जाए, तो हज़ार से भी अधिक पूँजी हाथ आ जाए। लेकिन मुझे इसकी कुछ परवाह नहीं ! है न बढ़िया बात ?"

"शायद !" अविश्वास के साथ गाव्रीला ने कहा, "अगर मुझे भी..." उसके हृदय में एक टीस-सी उठी और उसे अपने गाँव, मनहूस खेत, अपनी माँ और अपने से दूर उन सभी सगे-सम्बन्धियों तथा चीज़ों का ख़याल हो आया जिनकी ख़ातिर वह घर छोड़कर काम की खोज में निकल पड़ा था और इन यन्त्रणाओं को सहा था। स्मृतियों की एक बाढ़-सी आई और उसमें वह बह चला—पहाड़ी के ढलान पर बसा उसका छोटा-सा गाँव, नीचे तलहटी में भोज, बेंत, रोवन और रसभरियों के झुरमुटों में बहती हुई नदी..."ओह, कितना अच्छा होता !" उसने एक उदास साँस भरते हुए कहा।

"अरे, हाँ ! तुम तो फ़ौरन घर का टिकट कटा लोगे...वहाँ लड़कियाँ तुम पर लट्टू हो उठेंगी ! जिसे चाहोगे, वही तुम्हारी हो जाएगी। तुम अपने लिए एक नया घर बनाओगे, लेकिन इतनी पूँजी में घर बनना मुश्किल है..."

"हाँ, यह ठीक है। उधर लकड़ी बहुत महँगी है।"

"तो पुराने घर की ही मरम्मत कर लो। और घोड़ा ? घोड़ा तो है न ?"

"हाँ, है तो, लेकिन मरियल-सा और बहुत बूढ़ा।"

"तो तुम्हें एक घोड़ा ख़रीदने की भी ज़रूरत होगी। एक बढ़िया घोड़ा और एक गाय, कुछ भेड़ें, मुर्ग़े-मुर्ग़ियाँ भी—क्यों ?"

"बस-बस, रहने दो ! हे भगवान ! मज़ा आ जाता जीने का !"

"हाँ, भाई ! ख़ासा अच्छा जीवन होता तुम्हारा। मुझे भी इन चीज़ों का थोड़ा-बहुत अनुभव है। कभी तो मेरा भी अपना एक घोंसला हुआ करता था...मेरा बाप गाँव के सबसे धनी लोगों में से था..."

चेल्काश अब नाव को धीरे-धीरे खे रहा था। नाव लहरों के थपेड़े खाकर डोल रही थी। लहरें शरारत से हुमकती उसके पहलुओं से आ-आकर टकरा रही थीं। काली लहरों के बीच, जिनकी चंचलता अब अधिकाधिक बढ़ती जा रही थी, नाव धीरे-धीरे खिसक रही थी। दोनों हिचकोले खाते और इधर-उधर नज़र दौड़ाते हुए अपने-अपने सपनों में खोए हुए थे। चेल्काश ने गाव्रीला को उसके गाँव की याद इस खयाल से दिलाई थी कि इससे उसके स्नायुओं का तनाव कम हो जाएगा और वह शान्त हो जाएगा। शुरू में उसने मूँछों में मुस्कुराते हुए बातें कीं, लेकिन बाद में उससे बातें करते और कृषक-जीवन के सुखों का राग अलापते हुए—जिनसे वह खुद कभी का निराश हो चुका था, वह उनके बारे में एकदम भूल गया था—धीरे-धीरे खुद उसकी स्मृति भी ताज़ा हो गई और वह उसके साथ बह चला। अनजाने में ही गाँव और उसके मामलों के बारे में लड़के से पूछताछ करने की बजाय वह स्वयं ही इस विषय का प्रतिपादन करने लगा :

“किसान-जीवन में सबसे मुख्य बात है आजादी। आदमी खुद अपना मालिक होता है। उसका एक अपना घर होता है—भले ही वह बहुत मामूली हो। उसके पास अपनी जमीन होती है—बहुत थोड़ी ही सही, लेकिन उसकी अपनी होती है। अपनी ज़मीन का वह राजा होता है। उसका अपना व्यक्तित्व होता है। सब के सम्मान का हक़दार होता है...क्यों, ठीक है न ?” उसने उत्साह से पूछा।

गाव्रीला कौतुक में भरकर उसकी ओर देख रहा था और स्वयं भी उत्साहित हो उठा था। बात करते-करते वह यह भी भूल गया कि चेल्काश किस कैंड़े का आदमी है। अब वह उसे अपनी ही भाँति एक किसान के रूप में देख रहा था जो पूर्वजों की अनेक पीढ़ियों के खून-पसीने और बचपन की स्मृतियों के सूत्रों से ज़मीन के साथ मज़बूती से चिपका और बँधा रहता है—एक ऐसा किसान, जिसने खुद अपनी मर्ज़ी से जमीन और ज़मीन पर किए जानेवाले श्रम से अपना नाता तोड़ लिया था और जो इसके लिए उचित सज़ा भी पा चुका था।

“सच भाई, तुम्हारी बात बिलकुल सच है ! अब तुम अपने को ही देखो, ज़मीन के बिना तुम क्या हो ? ज़मीन, भाई, माँ की भाँति है—उसे कोई भूल नहीं सकता।”

चेल्काश होश में आया। अपने सीने में उसने फिर एक जलन का अनुभव किया। यह जलन उसे हमेशा उस समय परेशान करती थी जब कोई—विशेषकर वह व्यक्ति जो उसकी दृष्टि में एकदम नगण्य हो—उसके गर्व को, दुस्साहसिक शैतान के स्वाभिमान को चोट पहुँचाता था।

“चालू हो गए !” उसने गुस्से से फुँफकारते हुए कहा, “तुम मेरी बातों को सच समझ बैठे ? ऐसा कुछ नहीं है !”

“तुम भी अजीब आदमी हो,” गाव्रीला फिर से सहम उठा, “मैं क्या तुम्हारी बात कर रहा था ? तुम्हारे जैसे तो और भी बहुत-से हैं। दुखियारों से दुनिया अटी पड़ी है—न घर, न बार, आवारगी में डूबे !”

“यह लो, डाँड़ सँभालो,” चेल्काश ने तड़ककर कहा और गले तक उमड़ आई गालियों की बाढ़ को वहीं रोक लिया।

दोनों ने अब फिर एक दूसरे से अपनी जगह बदली। उस समय, जब चेल्काश नाव के पिछले हिस्से में जाने के लिए गाँठों को लाँघ रहा था, तो उसे गाव्रीला को एक ऐसा जोरदार धक्का देने की इच्छा हुई कि वह लुढ़कता हुआ समुद्र की अतल गहराइयों में समा जाए, लेकिन उसने ऐसा नहीं किया।

अब वे मुँह बन्द किए बैठे थे। लेकिन अब गाव्रीला की चुप्पी से भी उसे गाँव की साँसों की अनुभूति हो रही थी। चेल्काश अतीत के विचारों में इतना डूबा था कि उसे नाव-चालन का भी ध्यान नहीं रहा था, जिसे लहरों ने फिर समुद्र की ओर मोड़ दिया था। लहरों ने जैसे भाँप लिया था कि यह नाव अपनी दिशा खो चुकी है, और वे उसके साथ मनमाना खिलवाड़ करने में मग्न थीं। वे उसे उछाल रही थीं और नन्ही नीली चिनगारियों के रूप में डाँड़ों के इर्द-गिर्द उछल रही थीं। चेल्काश की आँखों के

सामने अतीत चलचित्र की भाँति घूम रहा था, जब उसे, ग्यारह साल की उम्र में, आवारगी की खाई ने वर्तमान से अलग कर दिया था। उसका अपना बचपन, उसका गाँव, उसकी माँ—लाल गालों और भूरी आँखोंवाली गदराई नारी, और उसका पिता—लाल दाढ़ी और कठोर चेहरेवाला भीम—सभी कुछ उसकी आँखों के सामने घूम गया। वह दूल्हा बना, दुलहिन आई—काली आँखोंवाली गुदगुदी अनफ़ीसा, नर्म और खुशमिज़ाज—पीठ पर बालों की लम्बी चोटी लहराती हुई। फिर वह चित्र आँखों के सामने आया जब वह गार्डों की सेना का एक खूबसूरत गार्ड सिपाही था। फिर पिता का चेहरा दिखाई दिया जिनके बाल अब सफ़ेद हो गए थे और कंधे श्रम के बोझ से झुक गए थे। और माँ, जो अब झुर्रियों का पिंड बन गई थी और जिसकी दोहरी कमर ज़मीन छूती थी। और वह दृश्य, जब सैनिक सेवा पूरी कर वह घर लौटा था और गाँववालों ने उसका स्वागत किया था। उसका पिता, जो अपने इस गलमुच्छोंवाले स्वस्थ और सुन्दर सैनिक बेटे को देख गर्व से फूला न समाया था—सभी कुछ उसकी आँखों के सामने घूम गया। स्मृतियों में तो वह जीवनदायिनी शक्ति होती है कि अतीत के पत्थरों तक को सजीव कर देती हैं और बीते जीवन के कटुतम प्यालों में भी शहद की एकाध बूँद घोल देती हैं।

चेल्काश को ऐसा महसूस हुआ, जैसे वह गाँव की सुहानी हवा में तैर रहा हो! उसकी माँ के कोमल शब्द, उसके किसान-पिता की धीर-गम्भीर बातें और अन्य कितनी ही आवाजें, जिन्हें वह भूला हुआ था, उसे सुनाई दे रही थीं। धरती की मधुर गन्ध से उसके नथुने फरक रहे थे। यह गन्ध तब उठती थी, जब बर्फ पिघलती थी, जब उसमें नया-नया हल चलता था, जब वह हरी-हरी कोंपलों का बाना धारण करती थी। वह अपने-आपको एकदम एकाकी, उखड़ा हुआ और जीवन के उस ढर्रे से सदा के लिए विच्छिन्न अनुभव कर रहा था, जिस ढर्रे में पैदा हुआ रक्त उसकी रगों में दौड़ रहा था।

"ऐ, हमारी यह नाव किधर जा रही है ?" गाव्रीला चिल्लाया।

चेल्काश चौंका। शिकारी पक्षी की भाँति सतर्क दृष्टि से उसने अपने चारों ओर नजर डाली।

"अरे, यह हम कहाँ निकल आए ? जोर से डाँड़ चलाओ !"

"सपनों में खो गए थे क्या ?" गाव्रीला ने मुस्कुराते हुए पूछा।

"थक गया..."

"अब इनकी बदौलत पकड़े जाने का खतरा तो नहीं ?" गाँठों को हलकी-सी ठोकर मारते हुए गाव्रीला ने पूछा।

"नहीं, अब कोई डर नहीं। मैं अभी इन्हें ठिकाने लगाकर पैसा वसूल कर लूँगा।"

"पाँच सौ ?"

"इससे कम नहीं।"

"इतनी बड़ी रकम ! काश, यह मेरे हाथ लगती ! वह रंग जमता कि..."

"देहाती का रंग न ?"

"और नहीं तो क्या ? मैं अभी..."

और गाव्रीला ने अपनी कल्पना के पंख फैलाए। चेल्काश चुपचाप बैठा रहा। उसकी मूँछें झुक आई थीं। उसके दाहिने बाज़ू को लहरों ने उछलकर तर कर दिया था। उसकी आँखें धँस गई थीं और उनमें अब कोई चमक नजर नहीं आ रही थी। उसका समूचा शिकारीपन गायब हो गया था। अपमानजनक अन्तर-मन्थन ने उसे निचोड़ लिया था जो उसकी गन्दी कमीज की सलवटों तक के भीतर से झाँकता दिखाई पड़ रहा था।

नाव को तेजी से मोड़कर वह उसे एक काले आकार की दिशा में ले चला, जो पानी में से उभर रहा था।

आकाश अब फिर बादलों से घिर गया था। गर्म बौछारें पड़ने लगी थीं। बूँदें समुद्र के पानी से टकराती हुई टपाटप की आह्लादपूर्ण ध्वनि पैदा कर रही थीं।

"रोको ! सावधानी से !" चेल्काश ने आदेश दिया।

नाव की नाक बजरे के पहलू से टकराई।

"सब लम्बी ताने हैं क्या, हरामी कहीं के !" चेल्काश गुर्राया और नाव के कुन्दे को जहाज के पहलू से लटकते रस्से में फँसाने लगा। "ऐ, सीढ़ी लटकाओ ! यह कम्बक्त बारिश भी जैसे इसी घड़ी का इन्तजार कर रही थी ! ऐ, घोंघाबसन्तो, बहरे पत्थरो !"

"चेल्काश ?" ऊपर से कोई बुदबुदाया।

"सीढ़ी लटकाओ !"

"कालीमेरा, चेल्काश !"

"सीढ़ी लटकाओ, कम्बखतो !" चेल्काश गरजा।

"बाप रे, आज पारा खूब चढ़ा हुआ है, यह लो !"

"गाव्रीला, ऊपर चढ़ो," चेल्काश ने कहा।

कुछ क्षणों में वे डेक पर पहुँच गए जहाँ तीन काले दढ़ियल व्यग्रता के साथ हवालाती आवाज में बातें कर रहे थे और जहाज पर से नीचे चेल्काश की नाव में झाँक रहे थे। एक चौथा आदमी, लबादे में लिपटा, बढ़कर चेल्काश के पास पहुँचा, कुछ कहे बिना उससे हाथ मिलाया और फिर गाव्रीला को सन्देह की दृष्टि से देखा।

"रुपया सुबह तैयार रखना," चेल्काश ने संक्षेप में कहा। "मैं अब एक झपकी लेना चाहता हूँ। चलो, गाव्रीला, चलें। भूख लगी है क्या ?"

"मैं भी सोना चाहता हूँ," गाव्रीला ने कहा।

पाँच ही मिनट बाद वह जोरों से खर्राटे लेने लगा और चेल्काश उसके पास बैठकर किसी का बूट अपने पाँव में डालने की कोशिश करने लगा। रह-रहकर वह बगल में थूकता और किसी सोच में डूबे अपने दाँतों के बीच से सीटी बजाता। फिर वह भी गाव्रीला के बराबर में लेट गया। अपने हाथों को उसने सिर के नीचे लगा लिया और अपनी मूँछों को हिलाता रहा।

जहाज लहरों के साथ डोल रहा था। एक तख्ता रोनी-सी आवाज में चरचरा उठा। बारिश की बूँद डेक की सतह से और लहरें जहाज के पहलुओं से टकरा रही थीं। सभी कुछ भारी उदासी में डूबा था और ऐसी लोरी की याद दिलाता था जिसे एक माँ अपने बच्चे के सुखी जीवन की कोई आशा न देख निराश हृदय से गाती है। चेल्काश की बत्तीसी झलकी, उसने सिर उठाया, अगल-बगल एक नजर डाली, मन-ही-मन कुछ बुदबुदाया और फिर लेट गया। उसने अपनी टाँगें फैला लीं, और अब वह कैंची जैसा लगने लगा था।

वह सबसे पहले जागा। चौकन्नी दृष्टि से उसने इधर-उधर देखा, तुरन्त आश्वस्त हो गया, फिर उसने गाव्रीला पर नजर डाली जो मजे से खर्राटे भर रहा था। उसके स्वस्थ, साँवले, बच्चों जैसे चेहरे का रोम-रोम मुस्कुरा रहा था। चेल्काश ने एक उसाँस ली और सँकरी रस्सीदार सीढ़ी से ऊपर चढ़ गया। सुरमई रंग के आकाश का एक टुकड़ा डेक के झरोखे में से झाँक रहा था। उजाला फैल चला था, लेकिन दिन उदासी और ऊब में डूबा था, जैसाकि शरद में अक्सर होता है।

चेल्काश दो-एक घंटे बाद लौटा। उसका लाल चेहरा दमक रहा था और मूँछें ऊपर को ऐंठी हुई थीं। पाँवों में मजबूत ऊँचे बूट कसे थे। बदन पर चमड़े की जॉकेट और बिरजिस डाटे वह एक शिकारी जैसा लगता था। उसकी यह साज-सज्जा नई नहीं, लेकिन मजबूत थी और उसपर खूब फबती थी। इससे उसका बदन भरा हुआ नजर आता था, हड्डीलापन छिप गया था और उसकी शक्ल से फौजी का सा रोब टपकने लगा था।

''क्या सोते ही रहोगे, कबूतर ?'' एक हलकी-सी ठोकर मारते हुए उसने गाव्रीला को जगाया।

गाव्रीला नींद में ही उछलकर खड़ा हो गया और भयभीत आँखों से चेल्काश की ओर देखने लगा। वह उसे पहचान नहीं सका। चेल्काश खिलखिलाकर हँस पड़ा।

''अरे वाह !'' आख़िर उसके मुँह से बोल फूटा और प्रसन्नता-भरी मुस्कान के साथ बोला, ''तुम तो पूरे फौजी मालूम होते हो !''

''हमारे लिए तो यह बाएँ हाथ का खेल है। लेकिन तुम बिलकुल बुजदिल हो। कल रात न जाने कितनी बार तुम्हारी जान निकलते-निकलते बची !''

''तुम खुद ही सोचो, मैंने तो पहले कभी ऐसे काम में हाथ नहीं लगाया था। हमेशा के लिए आत्मा पाप की दलदल में फँस सकती थी !''

''बोलो, फिर ऐसे काम पर चलोगे ?''

''फिर ? वैसे तो...बात यह है कि मिलेगा क्या ?''

''मान लो, अगर तुम्हें दो चटकदार मिलें तो ?''

''मतलब यह कि सौ-सौ रूबल के दो नोट ? बुरा नहीं है...मैं चल सकता हूँ...''

''और तुम्हारी आत्मा का क्या होगा ?''

“हो सकता है, उसका कुछ न बिगड़े !” बत्तीसी दिखाते हुए गाव्रीला ने कहा।

“कुछ नहीं बिगड़ेगा तुम्हारी आत्मा का और आदमी बनकर मजे से अपना बाकी जीवन बिता सकोगे !” चेल्काश प्रसन्नता से खिलखिला उठा। “खैर ! अब मजाक खत्म। चलो, तट पर चलें...”

और वे अब फिर अपनी नाव में आ गए। चेल्काश चालक-चक्र चला रहा था और गाव्रीला डाँड़। सिर पर भूरे बादलों का चन्दोवा तना था। समुद्र धुँधला हरा था और मौज में भरा वह नाव के साथ खेल रहा था। वह उसे लहरों पर उछालता जो अभी छोटी-छोटी ही थीं और उसके पहलुओं पर झागों की उजली बौछार करता। सामने, बहुत दूर, पीली रेत की एक पट्टी-सी झिलमिला रही थी और पीछे झागदार लहरों से कटा-फटा समुद्र फैला था। पीछे की ओर ही जहाज भी थे—दूर बायीं ओर मस्तूलों का एक जंगल-सा नजर आ रहा था और इससे भी पीछे पृष्ठभूमि में नगर की सफेद इमारतें दिखाई पड़ रही थीं। वहाँ से समुद्र की सतह पर तैरती हुई गड़गड़ाहट की एक अस्पष्ट ध्वनि आ रही थी जो लहरों के गर्जन के साथ मिलकर जोरदार संगीत की रचना कर रही थी...हर चीज धुन्ध की एक पतली-सी चादर में लिपटी थी जिससे वे सभी एक-दूसरी से दूर, बहुत दूर, मालूम होती थीं।

“ज़रा रात होने दो, तब देखना, यह कैसा रंग लाता है,” समुद्र की ओर आँखों से इशारा करते हुए चेल्काश ने कहा।

“कौन, तूफान ?” लहरों को चीरकर पूरी शक्ति से डाँड़ चलाते हुए गाव्रीला ने पूछा। वह हवा द्वारा समुद्र पर उड़ाई जानेवाली फुहारों से सिर से पाँव तक भीग चुका था।

“हाँ !” चेल्काश ने हामी भरी।

गाव्रीला ने थाह लेनेवाली नजर से उसे देखा।

“हाँ, तो उन्होंने तुम्हें क्या दिया है ?” आखिर वह पूछ ही बैठा। चेल्काश के अन्दाज से उसने समझ लिया था कि वह अपने-आप इस बारे में कुछ बतानेवाला नहीं है।

“यह देखो,” चेल्काश ने कहा और अपनी जेब में से कोई चीज निकालकर उसकी ओर बढ़ाई।

रंगीन नोटों की इतनी बड़ी गड्डियाँ देखकर गाव्रीला की आँखें चौंधियाँ गईं।

“और मैं समझा था कि तुम यों ही गप्प मार रहे हो ! कितने हैं ?”

“पाँच सौ चालीस !”

“मजा आ गया !” गाव्रीला फुसफुसाया और ललचाई आँखों से नोटों की गड्डियों को उसकी जेब में समाते हुए देखता रहा।

“काश, मेरे पास भी इतना धन होता !” उसने आह भरी।

“अब हम दोनों खूब मौज करेंगे, मित्र !” चेल्काश ने उत्साहित होकर कहा, “जी भरकर पिएँगे...फिक्र नहीं करो, तुम्हें तुम्हारा हिस्सा मिलेगा। तुम्हें चालीस दूँगा ! क्यों, ठीक है न ? चाहो तो अभी हाथों-हाथ ले सकते हो।”

"ठीक है, अगर देना चाहते हो, तो ले लेता हूँ !"

गाव्रीला का समूचा बदन चाहत में फड़फड़ा रहा था।

"छछूंदर की दुम ! 'ले लेता हूँ !' मेहरबानी करके ले लो, मेरे भाई ! मैं नहीं जानता कि इतने धन का क्या करूँ। कृपा करके कुछ ले लो और मेरा बोझ हलका करो !" चेल्काश ने गाव्रीला की ओर कुछ नोट बढ़ा दिए।

डाँड़ों को छोड़कर गाव्रीला ने उन्हें अपनी काँपती हुई उँगलियों से पकड़ा और लालच से अपनी आँखें सिकोड़कर और जोर से अपने अन्दर हवा खींचते हुए, जैसे जलती चीज पी रहा हो, कमीज के भीतर खोंस लिया। चेल्काश उसे देख रहा था और उसके होंठों पर उपहास-भरी मुस्कान रेंग रही थी। गाव्रीला ने फिर डाँड़ों को सँभाला और विचलित-सा जल्दी-जल्दी नाव खेने लगा। उसकी आँखें उस आदमी की भाँति नीचे झुकी थीं, जिसे किसी भय ने जैसे अभी-अभी ग्रसा हो ! उसके कन्धे और कान सिहर रहे थे।

"तुम लालची हो, यह बुरी बात है, लेकिन...आखिर तुम किसान हो न..." चेल्काश ने कुछ सोचते हुए कहा।

"धन होने पर आदमी कुछ भी कर सकता है !" अकस्मात् उमंग और उत्साह में गाव्रीला के मुँह से निकला और फिर तेजी से अपने विचारों के पीछे लपकते और शब्दों को झपटते हुए उसने बताया कि धन होने पर गाँव का जीवन कैसा होता है और धन न होने पर कैसा। धन होने पर सम्मान, आराम, सुख !...

चेल्काश अपने चेहरे को गम्भीर बना, किसी विचार से आँखों को सिकोड़े हुए उसकी बात ध्यान से सुनता रहा। कभी-कभी उसके होंठों पर सन्तोषभरी मुस्कान तैर उठती।

"यह लो, हम किनारे से आ लगे !" गाव्रीला के शब्दों की बाढ़ को उसने काट दिया।

नाव एक लहर की लपेट में आकर रेत में धसक गई थी।

"हाँ, तो हमारी मंजिल अब पूरी हुई। नाव को खींचकर काफी दूर ले जाना होगा जिससे लहरें उसे बहा न ले जाएँ। कुछ लोग इसे ले जाएँगे। अच्छा, तो अब विदा। नगर से हम कोई चार-पाँच मील दूर हैं। तुम भी नगर ही लौट रहे हो न ?"

चेल्काश का चेहरा हार्दिक मुस्कुराहट से चमक रहा था, जैसे वह अपने लिए मजेदार और गाव्रीला के लिए बहुत ही अप्रत्याशित चीज की कल्पना कर रहा हो ! हाथ को जेब में डाले वह उसमें पड़े नोटों को सरसरा रहा था।

"नहीं...मैं...नगर नहीं जा रहा हूँ...मैं..." गाव्रीला हकलाने लगा, जैसे उसकी साँस घुट रही हो !

चेल्काश ने उसकी ओर देखा। "क्यों, क्या बात है ?"

"कुछ नहीं..."

यह कहते हुए पहले गाव्रीला का चेहरा लाल हुआ और फिर स्याह पड़ गया।

वह वहीं खड़ा-खड़ा पाँव को आगे-पीछे करता रहा, जैसे वह चेल्काश पर टूट पड़ना चाहता हो. या फिर कोई दुस्सह काम करने के लिए उतावला हो रहा हो!

चेल्काश गाव्रीला को इस तरह विचलित होता देख परेशान हो उठा। वह इसके अन्त की प्रतीक्षा करने लगा।

गाव्रीला एकाएक इस तरह हँसने लगा, जैसे सुबकियाँ भर रहा हो ! उसका सिर झुका था, इसलिए चेल्काश उसके चेहरे के भावों को पढ़ नहीं सका, लेकिन उसने उसके कानों को लाल से सफेद होते जरूर देखा।

''जहन्नुम में जाओ !'' हाथ हिलाते हुए चेल्काश ने कहा। ''तुम मुझसे प्रेम करने लगे हो क्या ? लड़की की तरह खड़े सुबक रहे हो ! या फिर तुम मुझसे अलग नहीं होना चाहते ? बोलो, कबूतर की दुम, नहीं तो मैं तुम्हें यहीं छोड़कर चल दूँगा !''

''तुम चले जाओगे ?'' गाव्रीला जोर से चीखा।

निर्जन रेतीला तट इस चीख से काँप उठा और समुद्र की लहरों से घुली रेत की पीली लहरों ने जैसे एक उसाँस भरी। खुद चेल्काश भी सहम गया। एकाएक गाव्रीला चेल्काश की ओर झपटा, उसके पाँव पर जा गिरा और उसके घुटनों को अपनी बाँहों में भरकर एक झटका दिया। चेल्काश लड़खड़ाया और धम से रेत पर गिर पड़ा। दाँत पीसकर उसने कसकर मुट्ठी बँधी अपनी लम्बी बाँह हवा में लहराई। लेकिन गाव्रीला की मिन्नतों से भरी फुसफुसाहट ने उसके प्रहार को रोक दिया।

''प्यारे, यह धन मुझे दे दो ! भगवान तुम्हारा भला करेगा, मुझे दे दो यह धन ! तुम इसका क्या करोगे ? देखो न, एक रात में...केवल एक रात में...और मुझे सालों तक...जाने कितने सालों तक...यह धन मुझे दे दो...मैं तुम्हारे लिए दुआ करूँगा। सारी उम्र दुआ करूँगा ! तुम इसे यों ही उड़ा दोगे, जबकि मैं ? मैं इसे जमीन में लगाऊँगा ! मुझे दे दो ! तुम्हारे लिए यह क्या मानी रखता है ! मेरे ऊपर एहसान कर दो ! तुम तो अपने को खो चुके हो...तुम्हारे आगे तो कुछ भी नहीं है। और मैं...मुझे दे दो !''

चेल्काश रेत में हथेलियाँ टेके बैठा था–सहमा-सा, हतबुद्धि, क्षुब्ध और चुपचाप। उसकी आँखें इस लड़के को, जो उसके घुटनों से अपना सिर सटाए फुसफुसा रहा था, बींध रही थीं। आखिर चेल्काश उसे पीछे धकेल, उछलकर खड़ा हो गया और फिर उसने अपना हाथ जेब में डाला और नोटों का बंडल निकालकर गाव्रीला की ओर फेंक दिया।

''यह लो, अब चाटो इन्हें लेकर !'' वह चिल्लाया। उसका समूचा बदन काँप रहा था उद्वेग से, तरस से और लालच के इस गुलाम के प्रति घृणा से। उसके सामने धन फेंककर चेल्काश अपने को बहुत ऊँचा अनुभव कर रहा था।

''मैं तो खुद ही तुम्हें ज्यादा देने जा रहा था। पिछली रात अपने गाँव की याद आने पर मेरा हृदय पिघल गया था। मैंने मन में सोच लिया था कि मैं तुम्हारी मदद करूँगा। लेकिन मैं देखना चाहता था कि तुम खुद क्या करते हो–हाथ फैलाते हो

या नहीं। और तुम...भिखारी ! लालची शैतान ! आत्मसम्मान का तुममें चिह्न तक नहीं ! पाँच-पाँच कोपेक के लिए अपने-आपको बेचने के लिए तैयार !''

''खुदा तुम पर अपना साया रखे ! अब मैं क्या हूँ ? अब मैं धनी हूँ !'' गाव्रीला बुदबुदाया। उसका रोम-रोम खुशी से काँप रहा था। नोटों की गड्डी को उठाकर उसने कमीज के नीचे छिपा लिया।

''कितने अच्छे हो तुम ! मैं कभी नहीं भूलूँगा तुम्हें–नहीं, कभी नहीं ! अपनी पत्नी और बच्चों से कहूँगा कि वे भी तुम्हारे लिए दुआ करें...''

खुशी के उद्‌गारों और लालच के उभार से विकृत उसके चमकते चेहरे को देखकर चेल्काश ने अनुभव किया कि वह चोर, पियक्कड़ और आवारा, जिसका अपने सगे-सम्बन्धियों से भी नाता टूट चुका है–कभी भी इतना नीचे नहीं गिरेगा। कभी इस प्रकार, इस हद तक अपना आत्मसम्मान खोकर धन के पीछे नहीं भागेगा। नहीं, वह कभी ऐसा नहीं करेगा, कभी इतना नीचे नहीं गिरेगा ! और इस विचार के आते ही, उसका हृदय खुद अपनी आजादी की चेतना से सराबोर हो उसे वहीं समुद्र के उस तट पर गाव्रीला की बगल में रोके रखा।

''तुमने मुझे सुख का दान दिया है !'' गाव्रीला ने चिल्लाकर कहा, और चेल्काश के हाथ को अपने चेहरे से सटा लिया।

चेल्काश भेड़िए की भाँति अपने दाँतों को झलकाता रहा, लेकिन बोला कुछ नहीं।

''और जरा सोचो तो, मैं क्या करने पर उतर आया था !'' गाव्रीला कहता गया, ''यहाँ आते समय रास्ते में मैंने मन-ही-मन सोचा...मैं तुम्हारे सिर पर...डाँड़ से...खटाक ! धन निकाल लूँगा...और तुम्हें फेंक दूँगा...समुद्र में। कौन है तुम्हारा नामलेवा ? और अगर तुम्हारी लाश किसी के हाथ लग भी गई तो कोई यह खोज करने में सिर नहीं खपाएगा कि यह किसने किया, और कैसे किया। तुम्हारे लिए कोई इतनी हाय-तौबा नहीं मचाएगा। किसी को इसकी जरूरत नहीं ! कोई इसके लिए परेशान नहीं होगा !''

''वापस करो वे रुपए !'' गाव्रीला की गरदन दबोचते हुए चेल्काश गरज उठा।

छिटककर जान छुड़ाने के लिए गाव्रीला ने जोर लगाया–एक बार, दो बार, लेकिन चेल्काश की बाँह साँप की भाँति उसकी गरदन को जकड़े थी। चर्र से कमीज फटी और गाव्रीला चारों खाने चित रेत पर जा गिरा। उसकी आँखें बाहर निकल आईं। वह अपनी उँगलियाँ जैसे हवा में लहरा रहा हो और टाँगें दर्द से छटपटा रही थीं। चेल्काश उसके ऊपर खड़ा था–सीधा-सतर, शिकारी पक्षी के समान। वह हँस रहा था–तीखी हँसी। उसकी बत्तीसी चमक रही थी। उसके पैने लम्बूतरे चेहरे पर मूँछें आवेग से बल खा रही थीं। आज तक उसके जीवन में किसी ने इस तरह का क्रूर मजाक करके उसके दिल को घायल नहीं किया था, न कभी उसे इतना क्रोध ही आया था।

''क्यों, अब तो सुखी हो न ?'' वह हँसा और फिर पलटकर नगर की ओर चल दिया।

वह पाँचेक कदम भी चला न होगा कि गाव्रीला बिल्ली की भाँति आगे को झुका, उछलकर खड़ा हुआ, जोरों से बाँह घुमाई और एक बड़ा-सा पत्थर चेल्काश के सिर पर दे मारा।

"यह लो !"

चेल्काश कराह उठा। उसने अपने दोनों हाथों से सिर को थाम लिया। लड़खड़ाकर वह कुछ कदम आगे बढ़ा, गाव्रीला की ओर घूमा और मुँह के बल रेत पर गिर पड़ा। गाव्रीला भय से सुन्न हो गया। चेल्काश की एक टाँग हिली, अपना सिर उठाने की उसने कोशिश की और फिर हवा में पत्ते की भाँति काँपकर पसर गया।

गाव्रीला अब भाग खड़ा हुआ इस अँधेरे शून्य में, जहाँ कोहरे में लिपटी स्तेपी के ऊपर एक बड़ा-सा झबरीला काला बादल लटका हुआ था। लहरें सरसरा रही थीं। बल खाती हुई वे आतीं, रेत से गले मिलतीं, और बल खाती हुई फिर वापस भाग जातीं। झाग फुँफकारें छोड़ रहे थे और हवा में फुहारें उड़ रही थीं।

बूँदें पड़ने लगीं। पहले इक्की-दुक्की, फिर मूसलाधार। लगता था, जैसे आकाश ने अपने झरनों का मुँह खोल दिया हो। स्तेपी और समुद्र के विस्तार में, बारिश और समुद्र के किनारे रेत पर पड़े मानव की एक लम्बी आकृति के सिवा और कुछ नजर नहीं आता था। आखिर अन्धकार को चीरकर, पक्षी की भाँति उड़ता हुआ गाव्रीला प्रकट हुआ। वह चेल्काश के पास पहुँचा, घुटनों के बल उसकी बगल में बैठा और उसे इधर-उधर हिलाने-डुलाने लगा। उसके हाथ ने किसी गर्म, लाल और चिपचिपी चीज को महसूस किया। वह काँप उठा और चौंककर पीछे हट गया। उसके चेहरे पर हवाइयाँ उड़ने लगीं।

"उठो, भाई, उठो !" बारिश की आवाज़ को बेंधते हुए गाव्रीला ने चेल्काश के कान में फुसफुसाकर कहा।

चेल्काश ने अपनी आँखें खोलीं और गाव्रीला को परे धकेल दिया।

"दफा हो जाओ !" खरखरी आवाज में वह फुसफुसाया।

"भाई मेरे, मुझे माफ करो ! मेरे सिर पर शैतान सवार था !" गाव्रीला ने फुसफुसाकर कहा और चेल्काश का हाथ होंठों से लगाया। उसका शरीर काँप रहा था।

"चले जाओ..." चेल्काश गुर्राया।

"मुझे माफ कर दो, भाई, मुझे माफ कर दो ! पाप का यह बोझ मेरे सीने से उतार दो !"

"जाओ...चले जाओ...जहन्नुम में जाओ !" एकाएक चीखकर चेल्काश उठ बैठा। उसका चेहरा सफेद पड़ गया था और उससे क्रोध टपक रहा था। फिर उसकी आँखों में धुन्ध-सी छाने लगी थी और वे इस प्रकार मूँदी जा रही थीं, जैसे उनमें नींद घिरी हो।

"अब और क्या इरादा है ? तुमने अपनी करनी कर ली...अब जाओ, दफा हो जाओ यहाँ से !" उसने कहा और दुःख से आहत गाव्रीला को ठोकर मारने की कोशिश

की, लेकिन ताकत ने उसका साथ नहीं दिया। अगर गाव्रीला उसके कन्धों में बाँह डालकर उसे सँभाल न लेता, तो वह फिर औंधे मुँह गिर पड़ता। चेल्काश का चेहरा अब गाव्रीला के चेहरे के बिलकुल पास था और दोनों ही चेहरे सफेद तथा भयावह नजर आ रहे थे।

"थू !" चेल्काश ने अपने नौकर की फैली-फैली आँखों पर थूक दिया। गाव्रीला ने चुपचाप आस्तीन से अपना चेहरा पोंछ लिया।

"जो भी तुम सजा देना चाहो, दो," वह फुसफुसाया, "मैं एक शब्द भी नहीं कहूँगा। बस, खुदा के लिए मुझे माफ कर दो !"

"कृतघ्न लड़के ! बुरा काम करने के लिए चौड़ी छाती होनी चाहिए !" चेल्काश ने घृणा से कहा। फिर अपनी जैकेट के नीचे से उसने अपनी कमीज का एक हिस्सा फाड़कर बाहर निकाला और दाँतों को पीसते हुए चुपचाप उससे वह अपना सिर बाँधने लगा।

"रुपए तुमने ले लिए ?" दाँतों को भींचे हुए उसने पूछा।

"नहीं भाई, मैंने नहीं लिया ! और मैं लूँगा भी नहीं ! वह मुसीबत की जड़ है !"

चेल्काश ने अपनी जैकेट की जेब में हाथ डाला, नोटों का बंडल खींचकर बाहर निकाला, उसमें से सौ रूबल का एक नोट अपनी जेब में वापस डालकर बाकी नोट गाव्रीला के सामने फेंक दिए।

"उठा लो और यहाँ से दफा हो जाओ !"

"नहीं, भाई, मैं नहीं ले सकता ! मैंने जो घृणित काम किया है, उसके लिए माफ कर दो !"

"सुना नहीं, मैं क्या कह रहा हूँ ? इसे उठा लो !" चेल्काश गरज उठा। उसकी आँखें भयंकर हो उठीं।

"तुम जब मुझे माफ कर दोगे—तब लूँगा..." गाव्रीला ने विनीत भाव से कहा और बारिश से भीगी रेत में धँसे चेल्काश के पाँवों पर गिर पड़ा।

"झूठ ! तुम इसे लोगे, कम्बख्त !" चेल्काश ने विश्वास के साथ कहा। गाव्रीला के बाल पकड़कर उसने उसका सिर ऊपर उठाया और उसके मुँह के सामने नोट लहराते हुए बोला, "यह लो ! ले लो ! तुमने कोई मुफ़्त में थोड़े ही काम किया था, जो न लोगे ! डरो नहीं, ले लो ! इस बात की शर्म न करो कि तुमने एक आदमी को जान से मारने का प्रयास किया था। मेरे जैसे आदमी की जान लेने के लिए कोई तुम्हारा पीछा नहीं करेगा। पता लगने पर वे लोग तुम्हें धन्यवाद ही देंगे। लो, इन्हें रख लो !"

यह देखकर कि चेल्काश हँस रहा है, गाव्रीला के हृदय का बोझ कम हो गया। उसने नोट अपने हाथ में दबोच लिए

"भाई, तुमने मुझे माफ कर दिया न ? क्या तुम मेरे लिए इतना भी नहीं कर सकते ?" डबडबाई आँखों से उसने विनती की।

"मेरे प्यारे !" खड़ा होकर अपने पाँवों पर डगमगाते हुए चेल्काश ने भी उसी

अन्दाज में जवाब दिया, "माफ करने की ऐसी बात भी क्या है ? कुछ हो तो माफ करूँ। आज तुमने मुझ पर चोट की, कल मैं तुम पर..."

"ओह, मेरे भाई !" विह्वलता से अपना सिर हिलाते हुए गाव्रीला ने आह भरी।

चेल्काश उसके सामने खड़ा था। उसके होंठों पर एक अजीब मुस्कान थिरक रही थी। उसके सिर की पट्टी, जो धीरे-धीरे लाल होती जा रही थी, तुर्की टोपी की भाँति मालूम होती थी।

मूसलाधार बारिश में समुद्र दबी हुई आवाज में गरज रहा था। उसकी विक्षुब्ध लहरें तट से टकरा रही थीं।

वे दोनों चुप थे।

"अच्छा, तो अब विदा," चेल्काश ने चलने के लिए मुड़ते हुए कहा। उसकी आवाज में व्यंग्य का पुट था।

उसकी टाँगें काँप रही थीं, और वह इस ढंग से अपने सिर को पकड़े था, जैसे डर रहा हो कि कहीं वह गिर न पड़े।

"मुझे माफ करना भाई !" गाव्रीला ने फिर विनती की।

"सब ठीक है !" लड़खड़ाते कदमों से चलते हुए चेल्काश ने रुखाई से कहा।

बाएँ हाथ से वह अपना सिर पकड़े और दाहिने से अपनी भूरी मूँछों को हलके-हलके ऐंठ रहा था।

गाव्रीला वहीं खड़ा उसे पानी के पर्दे में ओझल होता देखता रहा। मूसलाधार बारिश ने समूची स्तेपी को स्लेटी रंग की अबेध चादर में लपेट लिया था।

कुछ देर बाद गाव्रीला ने अपनी भीगी हुई टोपी उतारी, सलीब का चिह्न बनाया, हाथ के नोटों पर नजर डाली, सन्तोष की गहरी साँस ली, नोटों को अपनी कमीज के भीतर छिपाया और समुद्र के किनारे-किनारे, चेल्काश की उलटी दिशा में, तेजी से डग भरता हुआ चल दिया।

समुद्र गरजते हुए अपनी भीमाकार लहरों को तट पर उछाल रहा था और वे चूर-चूर होकर झाग उगल रही थीं, बौछारों में फूटी पड़ रही थीं। मूसलाधार बारिश समुद्र और पृथ्वी पर कोड़े बरसा रही थी...हवा चीख़ और चिल्ला रही थी...गरज और चीख से वायुमण्डल गूँज रहा था। बारिश ने समुद्र और आकाश दोनों को ओझल कर दिया था।

शीघ्र ही बारिश की बौछारों और समुद्र की लहरों ने रेत पर उस लाल धब्बे को धो डाला जहाँ चेल्काश गिरा पड़ा हुआ था। इसके साथ ही दोनों के पदचिह्नों को भी मिटा दिया। समुद्र के इस निर्जन तट पर इन दो व्यक्तियों के बीच खेले गए इस छोटे से दुखान्त नाटक की याद दिलानेवाला अब एक भी तो चिह्न बाकी नहीं बचा था !

# मेरा राहगीर साथी

उससे मेरी भेंट ओदेस्सा के जहाजघाट पर हुई। लगातार तीन दिनों तक उसकी गठीली मजबूत आकृति और सुन्दर दाढ़ी में जड़े उसके पूर्व प्रदेशीय चेहरे की ओर मेरा ध्यान आकृष्ट होता रहा। वह अक्सर मेरे सामने आ जाता। मैं कई घंटों तक उसे ग्रेनाइट के जहाजघाट पर खड़े अपनी बेंत की मूठ को चबाते हुए तथा अपनी काली बादाम की शक्ल की आँखों से जहाजघाट के फेनिल पानी की ओर अनमने ढंग से निहारते हुए देखता रहता। वह दिन में दर्जनों बार एक ऐसे आदमी की तरह मेरे पास से गुजर जाता जिसे दुनिया में कोई चिन्ता नहीं है। वह कौन था, यह जानने के लिए मैंने उस पर निगरानी रखना शुरू किया। वह जैसे मेरी उत्सुकता बढ़ाने के उद्देश्य से और ज्यादा मेरे सामने आने लगा। अन्त में जब मैं उसके हल्के चैक के सूट और काले टोप तथा उसकी धीमी चाल और उसकी स्फूर्तिहीन उबाऊ दृष्टि का अभ्यस्त हो गया, तो उसे दूर से ही पहचानने लगा। वह बन्दरगाह के वातावरण के लिए, जो जहाजों और इंजनों की सीटियों, जंजीरों की झनझनाहट, घाट मजदूरों की चिल्ल-पों, घाट के चारों ओर फैली उत्तेजित हलचल से भरा था–बिलकुल अनुपयुक्त था। यहाँ सभी आदमी अपने में व्यस्त, थके हुए थे। सभी दौड़-धूप में लगे, गन्दे पसीने से तर, चिल्लाते और गालियाँ देते दिखते थे। इस कोलाहल के बीच उस अजनबी आदमी की आकृति उबाऊ चेहरा लिए घूमती रहती--हर एक वस्तु के प्रति उदासीन और कटी हुई।

चौथे दिन वह मुझे दोपहर के भोजन के समय मिला, और मैंने तय किया कि चाहे कुछ हो, मैं यह जानकर ही रहूँगा कि वह कौन है। मैं उससे थोड़ी ही दूर पर एक रोटी और एक तरबूज लेकर बैठ गया–उसकी ओर देखते हुए और इस बात पर विचार करते हुए कि उससे बात करने का सबसे शिष्ट तरीका क्या हो सकता है, और मैंने खाना शुरू कर दिया।

वह चाय के पैकेटों के ढेर पर झुका हुआ खड़ा था–अपनी बेंत पर इस प्रकार अँगुलियाँ फिराता हुआ, जैसे वह एक बाँसुरी हो ! वह निष्प्रयोजन चारों ओर देख रहा था।

मेरे जैसे व्यक्ति के लिए जो एक आवारा की पोशाक पहने था और जिसकी पीठ पर घाट मजदूर का फीता बँधा था और सारा शरीर कोयले की राख से सना था, ऐसे बाँके व्यक्ति से परिचय करने के लिए पहल करना मुश्किल था। पर मुझे ताज्जुब हुआ

जब मैंने देखा कि उसकी आँखें मेरे ही ऊपर गड़ी थीं—एक अप्रिय, लोभी, पाशविक लौ लिए हुए। मैंने महसूस किया कि मेरी उत्सुकता का पात्र भूखा था, और मैंने चारों ओर एक सरसरी निगाह दौड़ाते हुए उससे पूछा, "कुछ खाना चाहोगे ?"

वह चौंका। ऐसा लगा, जैसे खाने के लालच में उसने अपनी बत्तीसी एकसाथ खोल दी हो ! मेरी ही तरह उसने भी सन्देह-भरी निगाह अपने चारों ओर दौड़ाई।

किसी का भी ध्यान हमारी ओर नहीं था। मैंने उसे आधा तरबूज और गेहूँ की रोटी का एक टुकड़ा दे दिया। वह उन्हें लेकर चला गया। वह क्रेटों के एक ढेर के पीछे सिमटकर उकड़ूँ बैठ गया। कभी-कभी टोप पीछे सरक जाने पर जब उसका सिर थोड़ा उभरता तो पसीने से तर भूरा माथा दिखलाई पड़ता था। न जाने क्यों, उसका चेहरा एक व्यापक मुस्कुराहट से चमक रहा था। वह मेरी ओर आँखें मिचकाए जा रहा था—बिना एक पल के लिए भी चबाना बन्द किए हुए। मैंने उसे संकेत किया कि वह मेरी प्रतीक्षा करे, और मैं कुछ गोश्त खरीदने चला गया। गोश्त लाने के बाद उसे थोड़ा दे दिया और फिर मैं क्रेटों के पास इस तरह खड़ा हो गया कि पास से निकलने वालों की निगाहें उस पर न पड़ें। फिर भी वह चारों ओर इस तरह निगाहें डाल रहा था जिस तरह एक शिकारी पशु अपना शिकार खाते हुए डालता है, जैसे उसे भय हो कि कहीं कोई उसका शिकार उससे छीन न ले। अब उसने शान्तिपूर्वक खाना शुरू किया. लेकिन इतनी जल्दी-जल्दी कि इस भीषण रूप से भूखे व्यक्ति को खाते हुए देखना मेरे लिए असह्य हो गया और मैंने उसकी ओर अपनी पीठ कर ली।

"मैं तुम्हें धन्यवाद देता हूँ। मैं तुम्हें बहुत धन्यवाद देता हूँ।" उसने मुझे कन्धे से हिलाया, फिर मेरा हाथ पकड़ा, उसे दबाया और उदासी के साथ उसे हिलाने लगा।

पाँच मिनट के अन्दर वह अपनी कहानी सुनाने लगा।

वह कुताइसी के एक रईस जमींदार की एकलौती सन्तान, जौर्जिया निवासी शहजादा शाक्रो प्लाद्‌जे था। वह त्रासकाकेशिया की रेल के एक स्टेशन पर क्लर्क की नौकरी करते हुए अपने एक मित्र के साथ रह रहा था। उसका दोस्त शहज़ादा शाक्रो प्लाट्‌जे का धन और कीमती वस्तुएँ लेकर जब एकाएक गायब हो गया तो शहजादा उसकी खोज में निकल पड़ा। संयोग से जब उसे पता चला कि उसके दोस्त ने बतूमी के लिए टिकट खरीदा था, शहजादा शाक्रो तुरन्त ही उसका पीछा करने के इरादे से उधर गया, लेकिन बतूमी पहुँचने पर उसे पता चला कि उसका दोस्त तो ओदेस्सा चला गया है। तब शहजादा शाक्रो एक वानो स्वानीद्‌ज नामक नाई के पास गया जो उसी की उम्र का उसका दोस्त था पर हमशक्ल नहीं था—उससे पासपोर्ट उधार लिया और ओदेस्सा के लिए रवाना हुआ। यहाँ उसने जब पुलिस को चोरी की सूचना दी, तो उसने चोर को पकड़ने का वचन दिया। वह दो सप्ताह तक प्रतीक्षा करता रहा और इस बीच उसका सारा पैसा खर्च हो चुका था। यह दूसरा दिन था जब उसने कुछ नहीं खाया था।

मैंने अपशब्दों से भरी उसकी कहानी सुनी, उसकी ओर देखा, उस पर विश्वास

करते हुए खेद अनुभव किया। हालाँकि वह बीस वर्ष से ऊपर का था परन्तु उसके भोलेपन को देखकर कोई भी उसे इससे कम आयु का ही समझता। कई बार उसने तीव्र रोष के साथ इस चोर के साथ अपनी घनिष्ठ मित्रता के विषय में बताया, जो उसकी चीजें चुराकर चम्पत हो गया था। शाक्रो को भय था कि यदि वह उन वस्तुओं को प्राप्त करने में असफल रहा तो निस्सन्देह उसका निर्दयी पिता उसकी गर्दन छुरे से काट देगा। मैंने सोचा कि यदि कोई व्यक्ति इस लड़के की मदद नहीं करेगा तो यह लालची शहर उसे चूस डालेगा। मैं जानता था कि मामूली कारणों से भी कभी-कभी बेरोजगार आवारागर्दों की श्रेणी में वृद्धि हो जाती है, और यहाँ शहजादा शाक्रो के लिए इसकी पूरी सम्भावना थी। मैं नहीं चाहता था कि वह इस श्रेणी में सम्मिलित हो। इसीलिए मैं उसकी सहायता करना चाहता था। मैंने शाक्रो को सुझाव दिया कि हम पुलिस के प्रधान के पास चलें और टिकट के लिए कहें लेकिन इससे उसे घबराहट हुई। उसने मुझसे कहा कि वह नहीं जाएगा, क्योंकि उसने मकान मालिक को किराया नहीं दिया था और जब उससे किराये के पैसे माँगे गए तो उसने उस पर प्रहार कर दिया था; तब से वह छिपा हुआ था। उसने यह सही सोचा था कि पुलिस उसे किराया न देने और प्रहार करने के लिए उसका शुक्रिया अदा नहीं करेगी। उसे यह भी अच्छी तरह याद नहीं था कि उसने कितनी बार प्रहार किया था—एक बार या दो बार, तीन बार या चार बार।

इससे स्थिति जटिल हो गई थी। मैंने तय किया कि मैं अपने वर्तमान काम पर तब तक लगा रहूँगा जब तक कि उसे बतूमी वापस भेजने के लिए काफी धन न कमा लूँ। लेकिन खेद की बात थी कि यह प्रक्रिया बहुत लम्बी मालूम पड़ने लगी थी क्योंकि हुआ यह था कि शाक्रो भूख का स्वाद चख लेने के कारण अब तीन-चार आदमियों की खुराक भी चट कर जाता था।

उन दिनों अकाल-पीड़ित स्थानों से आनेवाले लोगों की भीड़ के कारण जहाज घाट पर मजदूरी कम हो गई थी। अस्सी कोपेक जो मैं कमाता था, उसमें से हम दोनों साठ कोपेक भोजन पर ही खर्च कर देते थे। इसके अलावा, राजकुमार से भेंट होने से पहले मैंने क्रीमिया जाने का निश्चय किया था क्योंकि मैं ओदेस्सा में अधिक दिन नहीं ठहरना चाहता था। इसलिए मैंने राजकुमार शाक्रो को सुझाव दिया कि यदि मैं उसके साथ तिफ्लिस जाने के लिए किसी साथी की खोज न कर सका तो मैं स्वयं उसके साथ जाऊँगा, लेकिन अगर कोई आदमी मिल गया, तो हम लोग अपने पृथक्-पृथक् रास्तों पर चले जाएँगे।

राजकुमार ने अपने चमकीले जूते, अपने टोप और पतलून की ओर देखा, अपने जैकेट पर हाथ फिराया, थोड़ी देर तक विचार किया, कई बार आह भरी और अन्त में अपनी स्वीकृति दे दी। इस प्रकार वह और मैं एक साथ ओदेस्सा से तिफ्लिस की ओर पैदल चल पड़े।

खेरसन पहुँचते-पहुँचते मैंने जान लिया कि मेरा साथी राहगीर एक सरल, उच्छृंखल

युवा है—बिलकुल अनुभवहीन। जब उसका पेट भरा होता, वह खुश दिखलाई पड़ता और जब भूखा होता तो बहुत उदास। मुझे वह एक ताकतवर, अच्छे स्वभाव का जानवर-सा लगा।

सड़क पर चलते हुए उसने मुझे काकेशस, जौर्जिया के जमींदारों के रहन-सहन, उनके मनोरंजन और किसानों के प्रति उनके दृष्टिकोण के विषय में बताया। उसकी कहानियाँ बहुत ही निराली और मनोरंजक थीं, लेकिन उसने मेरे सम्मुख कहानी सुनानेवाले का बहुत ही अप्रिय चित्र प्रस्तुत किया। उदाहरण के लिए उसने मुझे यह कहानी सुनाई :

एक धनी राजकुमार के पड़ोसी उसके मकान पर प्रीतिभोज के लिए एकत्रित हुए। उन्होंने शराब पी, चुरेक और शाशलिक खाया, लवाश की रोटी खाई और चावल का पुलाव खाया, और फिर राजकुमार ने अपने अतिथियों को घुड़साल चलने के लिए आमन्त्रित किया। घोड़ों पर जीन कसी हुई थी। राजकुमार ने सबसे अच्छा घोड़ा ले लिया और उसे वह घास पर दौड़ाने लगा। वह बड़ा हृष्ट-पुष्ट घोड़ा था। अतिथियों ने उसकी भव्य सज्जा और गति की प्रशंसा की। राजकुमार ने उसे फिर एक बार दौड़ाया, लेकिन तभी अचानक एक किसान अपने सफेद घोड़े को बिजली की गति से दौड़ाता हुआ आया और राजकुमार के घोड़े के पास से गुजरते हुए गर्व के साथ हँसा। राजकुमार को अपने अतिथियों के सम्मुख लज्जित होना पड़ा। क्रोध से उसकी भौंहें तन गईं। उसने इशारे से किसान को बुलाया और जब वह घोड़े पर सवार उसके पास पहुँचा, तो राजकुमार ने अपनी तलवार के एक प्रहार से ही उसका सिर काट डाला और पिस्तौल से घोड़े के कान में गोली दागकर उसे मार दिया; फिर वह मजिस्ट्रेट के पास गया और जो कुछ किया था, उसकी सूचना उन्हें दी। उसे कठोरश्रम कारावास का दण्ड दिया गया।

शाक्रो ने यह सब मुझसे राजकुमार के प्रति सहानुभूति जतलाने के लहजे में कहा। मैंने उसके सामने प्रमाणित करने का प्रयत्न किया कि इस स्थिति में उसकी सहानुभूति बिलकुल गलत व्यक्ति के लिए थी लेकिन इस पर वह मुझे समझाने लगा।

"राजकुमार कम हैं और किसान बहुत। किसी राजकुमार को केवल एक किसान के कारण दंडित नहीं किया जाना चाहिए। किसान क्या है ?" शाक्रो ने मुझे मिट्टी का एक ढेला दिखाया। "लेकिन राजकुमार ? राजकुमार एक सितारा है।"

मैंने जब बहस की तो इस पर उसे गुस्सा आ गया। जब उसे गुस्सा आता था तो वह भेड़िए की तरह अपने दाँत नंगे कर देता था और उसका पूरा चेहरा खूँख़्वार हो जाता था।

"चुप रहो, मक्सिम ! तुम कभी काकेशस में नहीं रहे हो !" वह मुझ पर चिल्लाते हुए बोला।

मेरे विवेकपूर्ण तर्क उसकी चीख के सम्मुख शक्तिहीन थे और जो मुझे दिन के प्रकाश की तरह स्पष्ट प्रतीत होता था, उस पर उसे केवल हँसी आती थी! जब कभी मैं प्रमाण द्वारा अपने विचारों की श्रेष्ठता से उसे पराजित कर देता, तो वह बिना

पुनर्विचार किए कहने लगता, "तुम केवल काकेशस जाओ और वहाँ रहने का प्रयत्न करो। तुम देखोगे कि जो मैं कह रहा हूँ, सही है। प्रत्येक व्यक्ति उसी तरह कार्य करता है, इसलिए वह सही होना चाहिए। मैं तुम पर क्यों विश्वास करूँ जब केवल तुम्हीं एक ऐसे हो जो कहता है कि वे बातें ऐसी नहीं हैं जबकि हजारों आदमी कहते हैं कि वे वैसी हैं।"

तब मैं यह अनुभव करते हुए कि शब्द नहीं, केवल तथ्य ही एक व्यक्ति को—जो समझता है कि जीवन जिस प्रकार का है, वही सदैय सही और न्यायपूर्ण है—कायल कर सकता है, तर्क देना बन्द कर देता। मैं चुप हो जाता और वह अपनी बातों में मस्त अपने होंठों से चटखारे भरता हुआ काकेशस के तीव्र सौन्दर्य, स्फूर्ति और मौलिकता से भरे जीवन के विषय में बोलता रहता। वैसे तो ये कहानियाँ मुझे रुचिकर लगतीं और मेरा मनोरंजन करतीं पर साथ ही अपनी क्रूरता तथा धनी व्यक्तियों के प्रति अपने आदर और पशुबल के कारण मुझे सदमा पहुँचातीं और क्रोधित करतीं। एक बार मैंने उससे पूछा कि क्या वह ईसा मसीह के उपदेश जानता है ?

"क्यों नहीं !" उसने अपने कंधों को उचकाते हुए उत्तर दिया।

जब मैंने आगे जाँच की तो पता चला कि जो कुछ वह जानता था, वह इस प्रकार था : एक व्यक्ति होता था जिसे ईसा मसीह कहते थे, जिसने यहूदियों के विधान के विरुद्ध विद्रोह किया और उसके कारण यहूदियों ने उसे सलीब पर चढ़ा दिया। लेकिन वह ईश्वर था, इसलिए सलीब पर मरा नहीं बल्कि स्वर्ग में चला गया और फिर उसने आदमियों को जीवन का नया विधान दिया।

"किस प्रकार का विधान ?"

उसने मेरी ओर उपहास-भरे आश्चर्य से देखा और पूछा, "तुम ईसाई हो ? तब फिर, मैं भी एक ईसाई हूँ। पृथ्वी पर लगभग प्रत्येक व्यक्ति ईसाई है। अच्छा, फिर तुम यह क्यों पूछते हो ? तुम जानते हो कि कैसे प्रत्येक व्यक्ति जीवन बिताता है ?—वही ईसा का कानून है।"

मैं उत्तेजित हो गया और उसे ईसा के जीवन के विषय में बतलाने लगा। शुरू में तो उसने ध्यानपूर्वक सुना लेकिन धीरे-धीरे उसका उत्साह कम होता गया और वह जँभाई लेने लगा।

यह देखकर कि उसकी रुचि मेरी बातों में नहीं है, मैं फिर से उसकी बुद्धि को कुरेदने लगा और मैंने उससे आपसी सहयोग के लाभों, ज्ञान के लाभों, और अन्य प्रकार के लाभों के विषय में बातचीत शुरू की।...लेकिन मेरे तर्क उसके जीवन की समझ की पत्थर की दीवार से टकराकर चूर-चूर हो गए।

"जिसकी लाठी उसकी भैंस ! ताकतबर आदमी स्वयं अपने में कानून है ! इसके लिए तुम्हें पढ़ना नहीं पड़ता, यह मार्ग तुम्हें आँखें मूँदकर मिल जाता है।" राजकुमार शाक्रो ने आलस्य के साथ तर्क दिया।

वह अपने विचारों के प्रति सदैव सत्यनिष्ठ बना रहा। यही गुण मुझे उसका सम्मान

करने के लिए बाध्य करता था, लेकिन वह जंगली और क्रूर था। जब-तब मेरे अन्दर शाक्रो के प्रति घृणा की भावना उमड़ पड़ती। फिर भी मैंने यह खोजने की आशा न छोड़ी कि कोई ऐसी बात मिल जाए जिस पर वह और मैं एकमत हो सकें—कोई ऐसा उभयनिष्ठ स्थल जहाँ हम दोनों में संयोग हो सके और हम एक दूसरे को समझना शुरू कर दें।

हम लोग पेरेकोय इस्थ्मूस को पार कर चुके थे और याईला पहुँचने वाले थे। मैं क्रीमिया के दक्षिणी तट के दिवास्वप्नों में डूबा हुआ था और राजकुमार शाक्रो उदासी में अपने दाँतों से अजीब प्रकार के गीत गुनगुना रहा था। हमारी जमा-पूँजी ख़त्म हो चुकी थी और अब तक कुछ और कमाने का अवसर नहीं मिला था। हम थियोदोशिया जल्दी से जल्दी पहुँचना चाहते थे, जहाँ उस समय बन्दरगाह का निर्माण-कार्य प्रारम्भ हो रहा था।

राजकुमार ने मुझे बताया कि वह भी काम करना चाहता है और जब हम धन कमा लेंगे तो बतूमी जहाज पर जाएँगे। वतूमी में उसके बहुत-से मित्र थे, जहाँ वह तुरन्त ही मुझे चौकीदार या प्रभारी की नौकरी दिलवा देगा। उसने मेरे कंधों को थपथपाया और अपनी जीभ से चटखारे भरते हुए मुझे प्रोत्साहित करने के लहज़े में घोषित किया :

"मैं तुम्हारे लिए ऐसी ज़िन्दगी की व्यवस्था करूँगा—त्स, त्स ! तुम शराब पीना—जितनी चाहो ! भेड़ का गोश्त खाना—जितना तुम्हारा मन करे। जौर्जिया की स्त्री... जौर्जिया की एक मोटी स्त्री से विवाह कर लेना—त्स, त्स, त्स ! वह तुम्हारे लिए लवाश भूनेगी, बच्चे पैदा करेगी, बहुत-से बच्चे—त्स, त्स !"

इस 'त्स, त्स !' से तो पहले मैं चौंका, फिर मुझे क्रोध आया और अन्त में उसने मुझे दुःखपूर्ण झुँझलाहट की स्थिति में डाल दिया। रूस में इस बिशिष्ट आवाज़ का प्रयोग सूअरों को बुलाने के लिए किया जाता है; जबकि काकेशस में वह उत्साह, खेद, खुशी या विषाद की भावना को अभिव्यक्त करती है।

शाक्रो का फेशनेबल सूट अब तक बिलकुल पुराना पड़ चुका था और उसके जूतों में जगह-जगह छेद हो गए थे। उसके बेंत और टोप को हम खेरसन में बेच चुके थे। टोप की जगह उसने रेल के कर्मचारी की पुरानी टोपी खरीद ली थी।

पहली बार जब उसने उसे अपने सिर पर एक ओर झुकाते हुए रखा, तो उसने मुझसे पूछा था, "ओह, मैं कैसा लगता हूँ ? सुन्दर ?"

अब हम क्रीमिया आ गए थे। सीम्फेरोयोल हमारे पीछे छुट गया था और हम याल्ता की ओर बढ़ रहे थे।

मैं समुद्र से घिरे पृथ्वी के इस कोने के प्राकृतिक सौन्दर्य से स्तम्भित खामोश चल रहा था। राजकुमार बुरी तरह आहें भर रहा था—अपनी उदास दृष्टि चारों ओर के देहाती वातावरण पर डालते हुए। अपने खाली पेट को असंदिग्ध बदरी खाकर भर रहा था।

उसके लिए उनके स्वास्थ्यवर्धक गुणों के कुछ अच्छे परिणाम नहीं निकल रहे थे, और वह मुझसे अक्सर रोष-भरे स्वर में पूछता, "और यदि मेरी आँतें बाहर आ गईं, तब तुम कैसे आगे जाओगे ? ऐह, तुम मुझे बताओ—कैसे ?"

हमें रास्ते में कुछ भी कमाने का कोई अवसर नहीं मिल रहा था, और हमारे पास रोटी पर एक भी कोपेक खर्च करने को न होने के कारण हम फल खाकर और भविष्य की आशाओं को लेकर अपना गुजारा कर रहे थे। शाक्रो ने मुझे मेरी काहिली और 'अत्यधिक सुस्ती', जैसाकि उसका कहना था, के लिए फटकारना शुरू कर दिया था। वह सामान्य रूप से एक बोझ बनता जा रहा था, लेकिन सबसे अधिक वह मुझे अपनी विस्मयकारी भूख के विषय में कहानियों द्वारा कष्ट पहुँचा रहा था। ऐसा प्रतीत होता था कि वह दिन के बारह बजे अपना नाश्ता 'एक छोटी भेड़ का गोश्त खाकर और तीन बोतल शराब पीकर' करने के बाद दो बजे के अपने भोजन में बिना किसी विशेष प्रयास के तीन रकाबियाँ—स्वादिष्ट पका हुआ चोखोरव्बीली या चिखीर्त्मा, एक कटोरा पुलाव, एक पूरी सीर्ख शश्लिक की, 'अपरिमित मात्रा में तोल्मा' और अन्य बहुत-से प्रकार के काकेशिया के पकवान खाता था और हर एक के साथ शराब पीता था—'जितनी वह चाहता।' सारे दिन वह मुझे अपनी भोजन की प्रवृत्ति और ज्ञान के विषय में बतलाता—अपनी जीभों को चटखारते, आँखों को चमकाते, खुले हुए दाँतों को किटकिटाते और भूख-भरी लार को, जो उसके वाक्पटु होंठों पर अत्यधिक मात्रा में बिखर जाती, जोर की आवाज़ के साथ चूसते और निगलते हुए।

एक बार याल्ता के पास मुझे फलों के बाग में कटी हुई शाखों को हटाने का काम मिल गया, और एक दिन की मज़दूरी पेशगी लेकर मैंने पूरा आधा रूबल रोटी और गोश्त खरीदने पर खर्च कर दिया। जब मैं अपना खरीदा हुआ सामान लेकर लौटा तो बाग़बान ने मुझे बुलाया और मैं खाने की खरीदी हुई चीज़ों को शाक्रो के पास छोड़कर, जिसने सिर के दर्द का बहाना बनाकर काम करने से इनकार कर दिया था, चला गया। एक घंटे के बाद लौटने पर मैंने देखा कि शाक्रो ने अपने भोजन की क्षमता की कहानियाँ बढ़ा-चढ़ाकर नहीं सुनाई थीं : जो कुछ मैं खरीदकर लाया था, उसमें से एक टुकड़ा भी नहीं बचा था। हालाँकि उसका यह कार्य मित्रता के प्रतिकूल था, लेकिन फिर भी मैंने कुछ नहीं कहा। पर बाद में जैसा हुआ, वह मेरी बर्बादी का कारण बन गया।

शाक्रो ने मेरी खामोशी का अपने तरीके से लाभ उठाया। यह एक अजीब स्थिति की शुरुआत थी। मैं काम करता और उसे जो कुछ काम दिया जाता, किसी न किसी बहाने से उस काम को करने से वह इनकार कर देता। बस, वह खाता, सोता और मुझे आगे प्रयास करने के लिए कहता। मुझे कुछ तो यह हास्यास्पद लगता और कुछ उसके लिए दुख होता जब मैं बाग में मिले अपने काम से थका-माँदा लौटने पर उसे—एक हृष्ट-पुष्ट, मज़बूत युवक को—मेरे लौटने की प्रतीक्षा एक भूखे व्यक्ति की तरह करते हुए देखता। इससे भी अधिक खेद और झुँझलाहट की बात यह थी कि

वह मेरा काम में व्यस्त रहने के कारण उपहास करता। वह मेरे ऊपर हँस सकता था क्योंकि उसने ईसा मसीह के नाम पर भीख माँगना सीख लिया था। जब उसने पहली बार भीख माँगना शुरू किया था तो उसे मेरे सामने ऐसा करने में लज्जा का अनुभव हुआ था, लेकिन बाद में जब हम किसी तातारी गाँव के समीप पहुँचते तो वह भीख माँगने की तैयारी मेरी आँखों के सामने ही करने लगता। इसके लिए वह बेंत के सहारे लँगड़ाते हुए अपनी एक टाँग इस प्रकार घसीटता, जैसे उसमें दर्द हो रहा हो, क्योंकि वह जानता था कि मितव्ययी तातार अपने बटुवे एक तन्दुरुस्त व्यक्ति के लिए नहीं खोलेंगे। मैंने ऐसे काम की बेशरमाई का एहसास कराने के लिए उससे बहस की। लेकिन उसने तत्काल मेरी बात काट दी, ''मैं काम करना नहीं जानता !''

वह ज़्यादा धन प्राप्त नहीं कर पाता था। साथ ही मेरा अपना स्वास्थ्य भी कुछ बिगड़ना शुरू हो गया था। हमारी यात्रा प्रतिदिन कठिन से कठिनतर होती जा रही थी, और शाक्रो के साथ मेरे सम्बन्धों में तनाव बढ़ गया था। अब वह इस बात पर ज़ोर देने लगा था कि यह उसका अधिकार है कि मैं उसे खिलाऊँ।

''तुम मेरे पथ-प्रदर्शक हो। मुझे रास्ता दिखाओ। यह कैसे सम्भव हो सकता है कि मैं इतनी दूर पैदल चल सकूँ ? मेरी आदत नहीं है। हो सकता है, इससे मैं मर जाऊँ। तुम मुझे पीड़ा क्यों पहुँचाते हो? मुझे दुःखी क्यों करते हो ? यदि मैं मर गया तो उन सबका क्या होगा ? मेरी माँ–वह चीखेगी। मेरे पिता–वह विलाप करेंगे। मेरे मित्र–वे रोएँगे ! कितने आँसू बहेंगे ?''

मुझे ऐसे भाषण सुनने पड़ते लेकिन उनसे मुझे गुस्सा नहीं आता। उन दिनों मैंने एक अजीब विचार अपने मन में पालना शुरू कर दिया था, जिसने मुझे इन सबका सामना करने का धैर्य दे दिया था। कभी जब वह सोया होता, तो मैं उसके शान्त, भावरहित चेहरे को खोज-भरी दृष्टि से देखता हुआ अपने-आप बड़बड़ाने लगता। हो सकता है कि मेरे इन शब्दों में कोई ऐसा रहस्य हो जिसे मैं अभी तक पूरी तरह न समझ सका हूँ और मैं कह उठता : 'मेरे राहगीर साथी...मेरे...मेरे राहगीर साथी...'

और फिर कहीं मस्तिष्क के अँधेरे कोने में यह विचार उभरने लगा कि शाक्रो वास्तव में अपने अधिकार के लिए ही इतने विश्वास और साहस के साथ मुझसे मदद और जिम्मेवारी की माँग करता है। उसकी इन माँगों में चरित्र-बल था, शक्ति थी। उसने मुझे अपना दास बना लिया था और मैं उसके सामने झुक जाता था। उसके भाव के प्रत्येक स्फुरण का निरीक्षण करते हुए उसका अध्ययन करता–यह जानने के प्रयास में कि किसी दूसरे व्यक्ति पर अपना अधिकार स्थापित करने की इस प्रक्रिया में वह कहाँ और किस स्तर तक जा सकता है। अपनी ओर से वह प्रसन्न था। वह गुनगुनाता, सोता और जब उसका मन करता, मुझ पर हँसता था। कभी-कभी हम दो-तीन दिन के लिए एक-दूसरे से अलग हो जाते, तो मैं उसके लिए रोटी और धन का प्रबन्ध कर देता और उसे बता देता कि वह किस स्थान पर मेरी प्रतीक्षा करे। वह मुझे संदेह और रोष-भरे स्वर के साथ रवाना करता। इसलिए जब हम फिर मिलते तो वह प्रसन्नता और

विजय की भावना से मेरा स्वागत करता, और हँसते हुए कहता, ''मैं सोचता था कि तुम भाग जाओगे, मुझे बिलकुल अकेला छोड़ दोगे—हा, हा, हा !''

मैं उसे कुछ खाने को देता और फिर उन सुन्दर स्थानों के विषय में बताता जिन्हें मैंने देखा था। एक बार बखीसराय के बारे में बात करते हुए मैंने उससे पुश्किन के विषय में कहा और उनकी कुछ कविताएँ सुनाईं। इन सबका उसके ऊपर कुछ भी प्रभाव नहीं पड़ा।

''ओह, कविताएँ ! वे गीत हैं, कविताएँ नहीं ! मेरा एक बार एक आदमी से परिचय हुआ—जौर्जिया के एक आदमी से। वह गीत गाना जानता था। वे बहुत ही यथार्थवादी गीत थे। वह गाना प्रारम्भ करता—ऐ, ऐ, ऐ !...ज़ोर से...बहुत तीव्र स्वर में वह गाता। ऐसा लगता, जैसे कोई उसके गले में छुरा घुमाता हो!...उसने सराय के मालिक के चाकू भोंक दिया। अब साइबेरिया चला गया है।''

जब भी मैं उसके पास वापस आता, हर बार मैं उसकी दृष्टि में और ज़्यादा नीचे गिर जाता, और वह इसे मुझसे छिपाता नहीं था।

हमारे हालात बिगड़ रहे थे। मुझे एक सप्ताह में डेढ़ रूबल कमाने का अवसर भी कठिनाई से ही मिल पाता था। वह हम दोनों के लिए बहुत ही अपर्याप्त था। शाक्रो की भीख के अलावा खाने में खर्चे के लिए हमारे पास कुछ नहीं बच पाता था। उसका पेट एक कुआँ था जो हर चीज अन्धा-धुन्ध निगल जाता था—अँगूर, खरबूजे, नमकीन मछली, रोटी, सूखे फल। और जैसे-जैसे समय बीतता जाता था, उसका पेट और बड़ा होता जाता था और अधिक से अधिक भोजन पाने की इच्छा जाहिर करने लगा था।

शाक्रो मुझे विवेक के साथ यह समझाते हुए कि पतझर शुरू हो गया था और हमें अभी बहुत दूर जाना था, क्रीमिया छोड़ने की जल्दी करने लगा था। मैं उससे सहमत हो गया था। इसके अलावा मैं क्रीमिया के उस भाग में जो कुछ देखना चाहता था, वह देख चुका था, इसलिए हम इस आशा में कि कुछ 'धन', जो अब हमारे पास बिलकुल नहीं था, 'इकट्ठा' कर लेंगे, थियोदोसिया की ओर चल पड़े।

अलूण्ता से बीस वर्स्त[1] आगे चलने के बाद हम एक रात के लिए रुके। मैंने शाक्रो को समुद्र के किनारे चलने के लिए तैयार कर लिया था, यद्यपि यह अधिक लम्बा रास्ता था, लेकिन फिर भी मैं समुद्री हवा से तरोताजा होना चाहता था। हमने आग जलाई और उसके पास लेट गए। वह बहुत ही सुहाबनी संध्या थी। गहरा हरा समुद्र हमारे नीचे चट्टानों से टकरा रहा था, ऊपर नीला आकाश गम्भीर रूप से शान्त था। चारों ओर पेड़ और झाड़ियाँ खामोशी से सरसरा रहे थे। चन्द्रमा निकल रहा था सजे हुए—हरे चिनार के वृक्षों से परछाइयाँ गिर रही थीं। एक चिड़िया तीव्र और मधुर स्वर में गा रही थी। उसके सुमधुर स्वर हवा में घुलकर लहरों की मन्द और चुमकारती हुई आवाज़ में सम्मिलित हो रहे थे, और जब ये स्वर लुप्त हो गए तो तुरन्त ही कुछ कीड़ों की अधीर चीं-चीं सुनाई पड़ने लगी। आग प्रसन्न होकर जल रही थी और उसकी लपटें लाल और

1. एक वर्स्त 1.068 किलोमीटर के बराबर होता है।

पीले फूलों का चमकता हुआ गुलदस्ता प्रतीत होती थीं। ये भी अपनी परछाइयाँ बिखेर रही थीं और ये परछाइयाँ जैसे चारों ओर खुशी से कूदती हुई चन्द्रमा की आलस्यभरी परछाइयों को अपनी स्फूर्ति दिखला रही थीं। क्षितिज तक फैला हुआ समुद्र का विस्तार निर्जन था, ऊपर आकाश में बादल नहीं थे और मुझे लग रहा था, जैसे मैं पृथ्वी के किनारे बैठा रिक्त अन्तरिक्ष के मोहक रहस्यों के विषय में चिन्तन कर रहा होऊँ! मेरी आत्मा किसी व्यक्त न किए जा सकनेवाले विस्तार के तट पर होने की एक भीरु अनुभूति से सम्पूरित थी और मेरे हृदय की धड़कन विस्मयभरे भय से निस्तब्ध हो गई थी।

एकाएक शाक्रो ज़ोर से हँसने लगा।

"हा, हा, हा ! तुमने मूर्खों की तरह कैसा चेहरा बना रखा है—बिलकुल भेड़ की तरह ! हा, हा, हा !..."

मैं इस तरह चौंक पड़ा, जैसे बिजली की कड़कड़ाहट एकाएक ठीक मेरे सिर पर ही प्रतिध्वनित हुई हो ! लेकिन उसकी यह बात उससे भी बुरी थी। हालाँकि वह हास्यास्पद थी, लेकिन उसने मेरी भावनाओं को गहरी चोट पहुँचाई थी। और शाक्रो, हँसी के कारण आपे से बाहर था। मेरे इस अपमान के कारण आँसू निकलने वाले थे। मेरा गला रुँधा हुआ था, मैं बोलने में असमर्थ था और केवल आँखें फाड़े उसकी ओर देख भर सकता था। इस बात से उसे और भी अधिक हँसी आ रही थी। वह अपना पेट पकड़े जमीन पर लोट रहा था और मैं अब भी इस अपमान पर काबू नहीं पा रहा था। मुझे बहुत गहरी चोट पहुँची थी। मुझ जैसे संवेदनशील लोग समझ सकते हैं कि मुझ पर क्या बीत रही थी...क्योंकि वे स्वयं इस मनःस्थिति का अनुभव कर चुके हैं—उसकी वास्तविक मार्मिकता का बोध कर चुके हैं।

"बन्द करो यह सब !" मैं जोर से गुस्से में चिल्लाया।

वह मेरी चीख सुनकर काँप उठा लेकिन फिर भी वह अपने को रोक नहीं पा रहा था—हँसी का दौरा अब भी उस पर सवार था। उसने अपने गाल फुलाए, और फिर उसकी आँखें फैल गईं और हँसी का नया फव्वारा फूट पड़ा। तब मैं उठा और उससे अलग चला गया। मैं बहुत देर तक टहलता रहा—अपनी चोट के सुलगते हुए ज़हर से भरा हुआ। मेरे मस्तिष्क में न तो कोई विचार ही उठ रहा था और न मुझमें किसी प्रकार की चेतना ही थी। मैंने सम्पूर्ण प्रकृति को आत्मसात् करने के लिए अपना हृदय खोल दिया था और मन-ही-मन अपनी पूरी आत्मा के साथ प्रकृति से कह रहा था कि मैं उसे एक ऐसे व्यक्ति के उत्साह-भरे स्नेह के साथ, जो कि एक कवि है, प्यार करता हूँ, और प्रकृति—शाक्रो के रूप में—मेरे आत्म-समर्पण के इस क्षण में मेरे ऊपर ठहाका मारकर हँस पड़ी थी ! मैं बहुत देर तक प्रकृति, शाक्रो और सामान्य जीवन के विरुद्ध अभियोग का दस्तावेज तैयार करता रहता, यदि तेज चलते हुए कदमों की आवाज मेरे कानों में न पड़ती।

"नाराज़ न हो।" शाक्रो ने झेंपते हुए मेरे कन्धों को हलके से स्पर्श करके कहा।

"तुम प्रार्थना कर रहे थे, मुझे मालूम नहीं था," वह एक अपराधी की भाँति कातर स्वर में बोला।

मैं अपनी भावप्रवण स्थिति के बावजूद भय और लज्जा के कारण हास्यास्पद ढंग से विकृत उसके दयनीय चेहरे की ओर देखे बिना न रह सका।

"मैं फिर कभी तुम्हारी भावना को चोट नहीं पहुँचाऊँगा—सचमुच, कभी नहीं !" उसने ज़ोर से अपना सिर हिलाया, "मैं जानता हूँ...तुम रहमदिल हो। तुम स्वयं काम करते रहते हो, लेकिन मुझे काम के लिए विवश नहीं करते। आश्चर्य है—ऐसा क्यों ? क्योंकि अवश्य ही तुम मूर्ख हो—भेड़ की तरह।"

वह मुझे सान्त्वना दे रहा था। मुझसे क्षमा माँग रहा था। वास्तव में ऐसी सान्त्वना और क्षमा-याचना के पश्चात् मेरे पास और कोई विकल्प नहीं रह गया था सिवाय इसके कि मैं उसकी पहले की हरकतों और बाद की हरकतों के लिए उसे क्षमा कर दूँ।

आधे घंटे बाद वह गहरी नींद में सो गया था और मैं उसके पास बैठा उसकी ओर देख रहा था। जिस तरह नींद में एक ताकतवर आदमी भी निर्बल और निःसहाय लगता है—शाक्रो भी दयनीय लग रहा था। उसके मोटे होंठ और चापाकार भौंहें उसके चेहरे को संकोची, अचरज-भरा बचकाना रूप दे रहे थे। वह सामान्य रूप से शान्तिपूर्वक साँस ले रहा था, लेकिन कभी-कभी वह छटपटाना और नींद में बोलना शुरू कर देता और जौर्जिया की भाषा में तेज़ रफ़्तार से सुलह की बात करने लगता। हमारे चारों ओर बेचैनी-भरी खामोशी छाई हुई थी, जो सदैव आशा की भावना जाग्रत् करती है और यदि वह अधिक देर तक बनी रहे, तो अपनी पूर्ण निस्तब्धता के कारण किसी भी व्यक्ति को पागल बना सकती है। लहरों की मन्द फुसफुसाहट हम तक नहीं पहुँच रही थी क्योंकि हम एक ऐसे गड्ढे में थे जिसमें लिपटी हुई झाड़ियाँ उगी हुई थीं और वह गड्ढा किसी बुत बने हुए जानवर के खुले और फटे जबड़ों के समान लगता था।

मैंने शाक्रो को देखा और सोचने लगा : 'वह मेरा राहगीर साथी है...मैं उसे यहाँ छोड़ सकता हूँ, लेकिन मैं उससे कभी भी अलग नहीं हो सकता, क्योंकि उसके अनेक नाम हैं...वह जीवनपर्यन्त मेरा राहगीर साथी रहेगा...वह मेरे साथ कब्र के किनारे तक चलेगा।...'

थियोदोसिया हमारी आशाओं के विपरीत निकला। जब हम पहुँचे तो वहाँ चार सौ के लगभग और आदमी थे, जिन्हें हमारी ही तरह काम पाने की तलाश थी और उन्हें जहाजघाट के निर्माण-कार्य के दर्शकों की भूमिका ही से सन्तुष्ट होना पड़ रहा था। काम पर लगे हुए मज़दूरों में तुर्क, यूनानी, जौर्जिया निवासी, स्मोलेन्स्क से आए रूसी और पोलावा के उक्रइनी थे। शहर और उसके परिसर में हर जगह भूरी, निराशाभरी अकालपीड़ितों की आकृतियाँ और क्रीमिया तथा अज़ोब के सागर से आए आवारागर्दों के गिरोह भेड़ियों की तरह तेज़ डग भरते दिखलाई पड़ते थे।

हम केर्च की ओर चल पड़े।

मेरे राहगीर साथी ने अपने वचन का पालन किया था और मेरा उपहास करना

बन्द कर दिया था, लेकिन वह बहुत भूखा था, और जब कभी वह किसी को खाते देखता तो एक भेड़िए की तरह अपने दाँत किटकिटाते हुए लार टपकाने लगता था। विभिन्न प्रकार के भोजनों की मात्रा के विवरण के बाद वह इस तरह लार टपकाने लगता था कि मैं भयभीत हो उठता। अब कुछ दिनों से उसने औरतों को याद करना प्रारम्भ कर दिया था। पहले आकस्मिक रूप में—दुःखभरी आहों के साथ, और फिर अधिक—'पूर्व के आदमी' की तरह मज़ा लेनेवाली मुस्कुराहट के साथ। अन्त में वह इस सीमा तक पहुँच गया था कि वह किसी भी औरत को—चाहे वह किसी आयु की हो और देखने में कैसी भी लगती हो—बिना उसके किसी अंग के विषय में कामोत्तेजक टिप्पणी किए मुझे आगे बढ़ने नहीं देता था। वह औरतों के बारे में ऐसी जानकारी के साथ बात करता और उनकी ओर ऐसी चकित करनेवाली एकाग्रता के साथ देखता कि मुझे उससे घिन होने लगती।...एक बार मैंने उसके सामने प्रमाणित करने का प्रयत्न किया कि औरतें किसी प्रकार भी उससे घटिया नहीं हैं, लेकिन यह देखकर मुझे आश्चर्य होता कि उसे मेरी बातों से ठेस ही नहीं पहुँचती, बल्कि अपनी समझ से जब वह यह अनुभव करता कि मैं उसका अपमान कर रहा हूँ, तो वह नाराज़ हो उठता। मैंने अपने प्रयत्नों को तब तक के लिए छोड़ देता जब तक उसका अच्छी तरह पेट न भर जाए।

हम केर्च की ओर समुद्र तट के साथ न चलकर स्तेपी में होकर छोटे मार्ग से जा रहे थे, क्योंकि हमारे पास एक तीन पौण्ड की जई की रोटी के अलावा, जिसे हमने अपनी आखिरी रकम पाँच कोपेक में एक तातारी से खरीदी थी, और कुछ नहीं था। गाँवों में रोटी के लिए भीख माँगने के शाक्रो के सब प्रयत्न विफल हो रहे थे। हर जगह आदमी संक्षिप्त उत्तर देते : 'हम सभी का पेट नहीं भर सकते।' यह सच भी था : उस मुसीबत-भरे वर्ष में आदमियों की भारी तादाद रोटी की तलाश में थी।

मेरा राहगीर साथी अकालपीड़ित शरणार्थियों के मुकाबले भीख माँगने में टिक नहीं पाता था। कठिन यात्रा और कम भोजन के बावजूद वह उस सीमा तक निर्बल और दयनीय नहीं लगता था जितने कि वे अकालपीड़ित शरणार्थी। उन्हें दूर का रास्ता तय करके आते हुए देखकर वह कहता, "वे फिर आ रहे हैं—फू, फू, फू ! वे क्यों आते हैं ? वे क्यों घूमते फिरते हैं ? क्या पूरे रूस में इतनी कम जगह है ? मेरी समझ में नहीं आता ! बहुत ही मूर्ख आदमी हैं ये रूसी लोग।"

जब मैं उसे समझाता कि किन कारणों से मूर्ख रूसी रोटी की तलाश में क्रीमिया में भटक रहे हैं, तो वह अविश्वास के साथ सिर हिलाता हुआ उत्तर देता, "मैं नहीं समझता, यह कैसे सम्भव है ?...जौर्जिया में हमें ऐसी मूर्खता कहीं नहीं दिखलाई पड़ती।"

हम देर शाम केर्च पहुँचे और हमें जहाजघाट पर ही पाड़ के नीचे रात बितानी पड़ी। यह अच्छा हुआ कि हम छिपे रहे। हमें पता चल गया था कि हमारे आने के थोड़ी देर पहले ही सभी बेरोजगार आदमियों को केर्च से बाहर कर दिया गया था। आवारागर्द होने के कारण हमें भी भय था कि पुलिस से हमारा टकराव हो सकता था;

इसके अलावा शाक्रो एक-दूसरे व्यक्ति के पासपोर्ट पर यात्रा कर रहा था; इसके चलते हमारे सामने गम्भीर संकट पैदा हो सकता था।

ज्वार के समय लहरों ने हमारे ऊपर फेन की अच्छी तरह फुहार की थी। पौ फटने पर हम पाड़ के नीचे से भीगे और ठंडे पड़े हुए बाहर आए। हम सारे दिन घाटों पर चक्कर लगाते रहे। इस बीच मजदूरी में हमें केवल एक छोटा सिक्का मिल सका, जो एक पादरी की स्त्री ने खरबूजों का थैला बाजार से उसके घर तक ले जाने के लिए दिया था।

अब हमारे लिए यह आवश्यक था कि हम खाड़ी पार करके तमान पहुँचें। यद्यपि मैंने बहुत मिन्नतें कीं लेकिन कोई भी नाववाला हमें नाविक बनाकर पार कराने के लिए तैयार नहीं हुआ। सभी लोग आवारागर्दों के खिलाफ थे, जो हमारे पहुँचने से थोड़ी देर पहले ही वहाँ से निकाले जा चुके थे, फिर यह स्वाभाविक था कि वे हमें भी उसी बर्ग का समझें।

जब शाम हो गई तो अपने दुर्भाग्य और घटिया दुनिया पर खीजते हुए मैंने जान को जोख़िम में डालनेवाले एक काम को करने का निश्चय किया, और जैसे ही रात बीतने लगी, मैंने उसे कार्यान्वित करना शुरू कर दिया।

उस रात शाक्रो और मैं चुपचाप सीमा शुल्क विभाग की चौकी पर पहुँचे। उसके समीप तीन नावें बाँध की पत्थर की दीवार में गड़े लोहे के कुंडों की ज़जीरों से बँधी थीं। अँधेरा छाया हुआ था और हवा चल रही थी। नावों के एक दूसरे से टकराने से ज़ंजीरें झनझना उठती थीं। मेरे लिए एक कुंडे को ढीला करके पत्थर से बाहर निकालना आसान था।

मेरे सिर से कोई दस फीट ऊपर आबकारी विभाग का संतरी सीटी बजाते हुए एक ओर से दूसरी ओर आ-जा रहा था। जब वह हमारे समीप कहीं रुक जाता तो मैं अपना काम बन्द कर देता, लेकिन यह बेकार की सावधानी थी; उससे यह आशा नहीं की जा सकती थी कि वह पानी के अन्दर गर्दन तक डूबे बैठे किसी आदमी की उपस्थिति पर सन्देह करे। इसके अलावा बिना मेरी किसी मदद के ज़ंजीरें लगातार झनझनाहट की आवाज पैदा कर रही थीं। शाक्रो नाव के तले पर पहले ही से पसर गया था और मुझसे कुछ फुसफुसाकर कह रहा था जिसे मैं लहरों के शोर के कारण सुन नहीं पा रहा था। कुंडा दीवार से बाहर निकल आया। तभी एक लहर आई और नाव को तट से दूर बहा ले गई। मैं ज़ंजीर पकड़े हुए बगल में तैरने लगा और हाथ-पैर मारकर नाव पर चढ़ गया। हमने नाव के तले से दो तख़्ते निकाले और उन्हें चप्पू के स्थान पर कुंडों में फँसाकर हम नाव खेने लगे।

लहरें चंचल हो रही थीं और शाक्रो पतवार के डंडे के पास बैठा अब मेरी नज़र से बिलकुल ओझल हो गया था। वह कभी ऊँचा उछल जाता और तेज़ चीख के साथ नीचे बिलकुल मेरे ऊपर आ जाता। मैंने उसे सलाह दी कि वह चीखना बन्द करे—यदि

वह चाहता है कि संतरी तक उसकी आवाज न पहुँचे। फिर वह बिलकुल शान्त हो गया। मैंने देखा कि उसका चेहरा सफेद पड़ गया था। वह पतवार के डंडे को बराबर पकड़े हुए था। हमें अपने स्थानों को बदलने का कोई अवसर न था और नाव में इधर-उधर चलने में हमें भय लग रहा था। मैंने उसे ऊँची आवाज में बताया कि वह किस रास्ते की ओर मोड़े, और उसने मेरी बात को समझते हुए तुरन्त एक पैदायशी नाविक की कुशलता के साथ वैसा ही किया। चप्पू की तरह प्रयोग में लाए जानेवाले तख़्ते मेरी कोई खास सहायता नहीं कर रहे थे। हवा हमें पीछे से ठेल रही थी, और मैंने इस बात पर कोई विशेष ध्यान नहीं दिया कि हम कहाँ बहे जा रहे थे। बस, इतना ही प्रयत्न किया कि नाव की गलही दूसरी ओर के तट की ओर मुड़ी रहे। इसका अनुमान लगाना सरल था क्योंकि केर्च की रोशनी हमें अभी भी दिखाई पड़ रही थी। लहरें नाव के बगल से उछलती हुई हमें ताक रही थीं और गुस्से से कुछ बुदबुदा रही थीं। जितना आगे हम खाड़ी के अन्दर बहते जाते थे, लहरों की उछाल ऊँची होती जाती थी। दूर पर पानी की दहाड़ सुनाई पड़ रही थी—प्रचंड और भयावह, और नाव बहती जा रही थी—तेज़ और अधिक तेज़। रास्ते पर बने रहना अब बहुत मुश्किल होता जा रहा था। कभी हम गहरे गड्ढों के तले में फिसल जाते, तो कभी हमें पानी की ऊँची चोटियों पर उछाल दिया जाता। रात अधिक से अधिक अँधेरी होती जा रही थी; बादल नीचे झुक आए थे। जब रोशनी हमारी नाव के दुम्बाल पर अँधेरे में लुप्त हो गई तब वास्तव में सबकुछ डरावना हो गया। ऐसा मालूम होता था कि नाराज़ पानी के इस विस्तार का कोई अन्त नहीं था। अँधेरे के कारण हमारी ओर उछलती लहरों के अलावा कुछ भी नहीं दिखाई दे रहा था। लहरें जब मेरे हाथ का एक तख्ता बहाकर ले गईं तो दूसरे तख़्ते को मैंने स्वयं नाव के फर्श पर फेंक दिया और नाव के दोनों तरफ के बाज़ुओं को अपने दोनों हाथों से कसकर पकड़ लिया। हर बार जब नाव ऊपर की ओर उछलती, शाक्रो ज़ोर से चीख उठता। मैं इस अन्धकार में क्रुद्ध प्रकृति और कानों को बहरा कर देनेवाले उसके शोरगुल से घिरा कमज़ोर और असहाय अनुभव कर रहा था। दुखद निराशा का शिकार बना मैं तरंगों की सफेद चोटियों के अलावा, जो नमकीन फुहारों की तरह उठी हुई थीं, कुछ नहीं देख पा रहा था, और मेरे ऊपर छितराए हुए घने और उधड़े बादल स्वयं लहरों की तरह लग रहे थे। मैं केवल एक ही बात सोच पा रहा था : हर एक चीज, जो मेरे चारों ओर घटित हो रही थी, अपार शक्तिशाली, क्रुद्ध और भयावह थी, लेकिन इसके बावजूद वह अपने आपको प्रहार करने से रोके हुए थी। वह अपनी पूरी शक्ति दिखाना नहीं चाहती थी। फिर भी मृत्यु अवश्यम्भावी थी। लेकिन हम चाहते थे कि उसका तटस्थ, सबकुछ हमवार कर देनेवाला प्रभाव कुछ मनोरम हो और अधिक स्वीकार्य हो सके लेकिन वह ऐसा रूखा और सामान्य था कि उसको स्वीकार करना कठिन लगता था। यदि मुझे आग की लपटों में जलने या दलदल में डूबने के बीच विकल्प होता तो मैं पहले का चुनाव करने का पूरा प्रयत्न करना—वह कुछ अधिक सम्मान्य अन्त होता।

"हमें पाल चढ़ा देना चाहिए !" शाक्रो चिल्लाया।

"पाल कहाँ से मिलेगा ?" मैंने पूछा।

"मेरे कोट से..."

"उसे इधर फेंक दो, लेकिन पतवार का डंडा न छोड़ना।..."

शाक्रो ने जहाज़ के अग्रभाग में मौन संघर्ष शुरू किया।

"इसे पकड़ो !"

उसने मेरे पास अपना कोट फेंका। नाव के तले पर दर्द से पीड़ित रेंगते हुए मैंने फर्श से एक और तख्ता निकाला, उसे कोट की एक बाँह के अन्दर डाला, फिर उसे बैठने की जगह के सहारे टिकाते हुए खड़ा किया और अपनी टाँगों को टेका। ज्योंही दूसरी बाँह और एक तरफ के किनारे को पकड़ा, तभी एक बिलकुल अप्रत्याशित घटना घटी...नाव एकाएक ऊँची उछली, फिर तेज़ी से नीचे गिरी। मैंने अपने को पानी के अन्दर पाया—एक हाथ में कोट लिए और दूसरे हाथ से नाव के बाहर चारों ओर लिपटी रस्सी को कसकर पकड़े हुए। लहरें शोर के साथ मेरे सिर पर उछल रही थीं और कड़वा नमकीन पानी मेरे पेट में जा रहा था। उससे मेरे कान, मुँह, नाक भर गए थे। रस्सी को कसकर पकड़े मैं पानी में ऊपर-नीचे डूब-उतरा रहा था—अपने सिर को नाव के एक तरफ के हिस्से से टकराते हुए। कोट को उलटी हुई नाव के तले पर फेंकते हुए मैंने फौरन उस पर चढ़ने के लिए हाथ-पैर मारे। लगभग एक दर्जन प्रयासों के बाद मुझे सफलता मिली। मैं टाँगें फैलाकर नाव पर बैठ गया और तुरन्त मेरी नजर शाक्रो पर गई, जो दोनों हाथों से मेरे द्वारा छोड़ी गई उसी रस्सी को पकड़े पानी में कलाबाजी खा रहा था। ऐसा मालूम पड़ता था कि रस्सी नाव के बगल में लगे छल्लों से होकर चारों ओर बँधी हुई थी।

"ज़िन्दा हो ?" मैंने ज़ोर से बोलते हुए पूछा।

वह पानी के ऊपर ऊँचा उठते हुए कूदा और धड़ाम से नाव के तले के बगल में गिर पड़ा। मैं उसकी सहायता करने के लिए उसकी ओर मुड़ा और एक क्षण के लिए हम एक-दूसरे के आमने-सामने हुए। मैं नाव के दोनों तरफ पैर लटकाए ऐसे बैठा था जैसे वह एक घोड़ी हो! मेरे पैर गूनों में ऐसे पड़े हुए थे, जैसे वे रकाव हों—लेकिन मेरी स्थिति असुरक्षित थी, कोई भी लहर मुझे ज़ीन के ऊपर से गिरा सकती थी। शाक्रो अपने हाथों से मेरे घुटने कसकर पकड़े हुए था और अपना चेहरा उसने मेरी छाती में गड़ा लिया था। वह सिर से पैर तक काँप रहा था। मैं उसके दाँतों के किटकिटाने की आवाज़ सुन सकता था। अब यह ज़रूरी था कि कुछ किया जाए। नाव का तला इतना फिसलन-भरा था, जैसे उस पर किसी ने तेल उँड़ेल दिया हो। मैंने शाक्रो से कहा कि वह एक ओर की रस्सी को पकड़कर पानी के अन्दर हो जाए, और दूसरी ओर मैं भी ऐसा ही करूँगा। मेरी बात सुनने की जगह वह अपने सिर को मेरी छाती पर ज़ोर-ज़ोर से पीटने लगा। थोड़ी-थोड़ी देर बाद लहरों का उन्मत्त नृत्य उन्हें हमारे ऊपर उछाल रहा था और हमारे लिए नाव पर अपनी पकड़ बनाए रखना मुश्किल हो रहा था। रस्सी मेरी

एक टाँग को बुरी तरह काट रही थी। जहाँ तक मेरी दृष्टि जाती थी, पानी के बड़े टीले उभरते और गुम हो रहे थे।

मैंने जो कुछ थोड़ी देर पहले कहा था, आज्ञा के स्वर में फिर से दुहराया। शाक्रो ने और भी ज़ोर से अपने सिर को मेरी छाती पर पीटना शुरू कर दिया। अवसर नहीं था कि तनिक भी समय खोया जाए। मैंने एक के बाद एक उसके दोनों हाथों को अपने घुटनों से अलग किया और उसे पानी में ढकेलना शुरू किया—यह कोशिश करते हुए कि वह रस्सी पकड़ ले। और फिर कुछ ऐसा घटित हुआ कि उसने रात की घटना से भी अधिक मुझे डरा दिया।

"तुम मुझे डुबोना चाहते हो ?" शाक्रो मेरे चेहरे की ओर देखता हुआ बुदबुदाया।

वह वास्तव में भयानक बात थी। प्रश्न स्वयं भयानक था पर उससे अधिक भयानक था उस प्रश्न का स्वर जिसमें विनम्र आत्मनिवेदन, दया की भीख और सम्भावित खतरे से सभी आशाएँ खो चुका एक आदमी को बचने की अन्तिम आह सुनाई पड़ती थी। लेकिन सबसे अधिक भयानक मृत्युवत पीले पड़े गीले चेहरे की वे आँखें थीं।

मैं उस पर चिल्लाया, "कसकर पकड़े रहो !" और रस्सी को पकड़कर पानी के अन्दर मैं उतर गया। मेरे पैर किसी चीज से टकराए और मैं उससे उठे दर्द की वजह से कुछ न समझ सका। लेकिन जब मेरी समझ में आया तो कोई गरम चीज मेरे अन्दर तरंगित हो उठी। बात समझ में आते ही मैं मदहोश हो गया और मैंने अपने को इतना तन्दुरुस्त अनुभव किया जितना पहले कभी नहीं।

"ज़मीन !" मैं चिल्लाया।

सम्भवतः महान नाविकों ने नए देशों की खोज पर मुझसे अधिक भावविह्वल होकर इस शब्द का चिल्लाकर उच्चारण किया होगा लेकिन मुझे सन्देह है कि वे मुझसे अधिक तीव्र स्वर में चिल्लाए होंगे। शाक्रो जोर से गरजा और उसने अपने को पानी में डाल दिया। लेकिन तुरन्त ही हम गम्भीर हो गए, पानी अब भी हमारी छाती तक था और कहीं भी सूखी ज़मीन के कोई स्पष्ट चिन्ह नहीं दिखलाई पड़ रहे थे। सौभाग्य से मैंने नाव को नहीं छोड़ा था, इसलिए शाक्रो और मैंने नाव के एक-एक तरफ अपने स्थान ले लिए और बचाव करनेवाली रस्सियों को पकड़े हुए हम सतर्कता के साथ अनजान दिशा की ओर नाव को अपने पीछे घसीटते हुए आगे बढ़ने लगे।

शाक्रो कुछ बुदबुदा रहा था और हँस रहा था। मैं उसकी ओर अधीरता से देख रहा था। भयानक अँधेरा छाया हुआ था। हमारे पीछे और दाहिनी ओर लहरों की आवाज तो तीव्र थी, लेकिन हमारे आगे और बायीं ओर उसका स्वर मन्द था। हम बायीं ओर आगे बढ़े। तला सख्त, रेतीला और एकाएक ही बन जानेवाले गड्ढों से भरा था। कभी-कभी हमें टाँगों और एक हाथ से छप-छप करते हुए और दूसरे हाथ से नाव पकड़े हुए आगे बढ़ना पड़ता था। कुछ स्थानों पर पानी हमारे घुटनों तक था। गहरे स्थलों में शाक्रो चिल्ला उठता था और मैं भय से काँप जाता था। फिर एकाएक ही हम सुरक्षित हो गए। हमारे आगे प्रकाश दिखलाई पड़ रहा था।

शाक्रो जितनी जोर से चिल्ला सकता था, चिल्लाने लगा, लेकिन मुझे अच्छी तरह एहसास था कि नाव सरकारी जायदाद थी और मैंने उसे यह बात बताने में तनिक भी समय नहीं खोया। वह चुप हो गया, परन्तु एक या दो मिनट बाद ही सुबकने लगा। मैं उसे सान्त्वना देने में असमर्थ था–सान्त्वना दी भी नहीं जा सकती थी।

पानी उथला, और अधिक उथला होता जा रहा था–पहले घुटनों तक रह गया, फिर टखनों तक आ गया। इसके बावजूद हम सरकारी नाव को खींचते रहे। फिर ऐसा क्षण आया जब हममें उसे और आगे ले जाने की शक्ति न रही और हमने उसे वहीं छोड़ दिया। हमारे रास्ते में आगे एक प्रकार के काले, मुरझाए हुए पेड़ का तना तिरछा पड़ा हुआ था। हम उसके ऊपर से कूदे और दोनों नंगे पैर एक प्रकार की चुभनेवाली घास से जा लगे। वह बहुत कष्टदायी था। धरती के इस व्यवहार को सत्कारशील कदापि नहीं कहा जा सकता था, लेकिन हमने उसकी ओर ध्यान नहीं दिया और प्रकाश की ओर दौड़ने लगे। वह लगभग एक मील दूर था और खुशी से चमक रहा था। जैसे-जैसे हम उसकी ओर बढ़ते जाते थे, लगता था, वह हँस रहा था।

अचानक तीन दैत्याकार झबरे कुत्ते अँधेरे में कहीं से कूदते हुए हमारे ऊपर टूट पड़े। शाक्रो जो पूरे समय रुक-रुककर सिसक रहा था, जोर से चीखा और ज़मीन पर चारों खाने चित गिर पड़ा। मैंने अपनी ओर आते हुए कुत्तों पर गीला कोट फेंका और नीचे झुक गया, और फिर इधर-उधर देखते हुए हाथ से पत्थर या छड़ी ढूँढ़ने लगा। वहाँ कुछ नहीं था, केवल घास मेरे हाथ में चुभने लगी। कुत्तों ने मिलकर हमला किया। मैंने दो उँगलियों को अपने मुँह में डालकर जितनी ज़ोर से मैं सीटी बजा सकता था, बजाई। वे पीछे कूदे और तुरन्त ही हमें दौड़ते हुए आदमियों के पैरों और चिल्लाने की आवाजें सुनाई दीं।

कुछ ही मिनट बाद हम आग के चारों ओर बैठे चार चरवाहों के पास थे, जिन्होंने भेड़ की खाल पहन रखी थी। उन खालों की ऊन बाहर की ओर थी।

दो चरवाहे धूम्रपान करते हुए जमीन पर बैठे थे। तीसरा चरवाहा जो घनी काली दाढ़ीवाला फौजी सिपाहियों की तरह का फर का लम्बा टोप पहने, लम्बे कद का आदमी था। वह हमारे पीछे एक डंडे पर, जिसके नीचे के हिस्से में बहुत मोटी गाँठ थी, झुका हुआ खड़ा था। चौथा भूरे बालों का नौजवान रोते हुए शाक्रो को कपड़े उतरवाने में मदद कर रहा था। घेरे से लगभग पाँच गज़ बाहर की जमीन किसी सफेद और लहराती हुई चीज़ की मोटी तह से, जो बसन्त के मौसम के शुरू में गिरनेवाली बर्फ से मिलती-जुलती थी, ढकी हुई थी। कुछ समय तक लगातार ध्यानपूर्वक देखने के बाद ही एक-दूसरे से सटी, लेटी हुई भेड़ों की अलग-अलग आकृतियों को पहचानना सम्भव था। वे हजारों की तादाद में थीं, जो स्तेपी की सघन, गरम, मोटी ऊपरी तह पर रात्रि के अँधेरे में नींद में सिकुड़ी हुई पड़ी थीं। वे कभी-कभी व्यग्रता के साथ मिमियाने लगती थीं।

मैंने कोट सुखाते हुए चारवाहों को सारी घटनाएँ बता दीं, साथ ही उनसे यह भी कहा कि मुझे नाव कैसे मिली थी।

"अब कहाँ है वह नाव ?" सफेद बालोंवाले वृद्ध आदमी ने कठोरता से पूछा, जिसने मेरी बातों के दौरान मेरे ऊपर से अपनी आँखें नहीं हटाई थीं।

मैंने उसे बता दिया।

"जाओ, मिखाइल, उस पर एक नजर डाल आओ।"

मिखाइल–काली दाढ़ीवाला आदमी–अपने डंडे को कन्धे पर रखकर तट की ओर रवाना हुआ।

शाक्रो ने ठंड से काँपते हुए मुझसे वह कोट माँगा जो अब भी गीला था, लेकिन वृद्ध आदमी ने बीच ही में टोका, "ठहरो ! अपने खून को गरम करने के लिए थोड़ा इधर-उधर दौड़ो। आग के चारों ओर दौड़ो। उठो, खड़े हो जाओ !"

शाक्रो तुरन्त ही उसकी बात नहीं समझ पाया लेकिन फिर एकाएक कूदा और नंगे बदन एक जंगली नाच नाचने लगा–गेन्द की तरह आग के ऊपर से उछलता, एक ही स्थान पर चक्कर काटता, अपनी टाँगों से जमीन पर ठुमका लगाता, अपनी पूरी आवाज़ में चिल्लाता और हाथ घुमाता हुआ। वह उबाऊ दृश्य था। दो चरवाहे हँसते-हँसते जमीन पर लोट-पोट हो रहे थे, जबकि वह वृद्ध आदमी अपने गम्भीर और भावशून्य चेहरे के साथ नृत्य की लय पर ताली बजाने का प्रयत्न कर रहा था लेकिन लय उसकी पकड़ में नहीं आ रही थी। वह अपनी आँखें शाक्रो के थिरकने और घूमने पर गड़ाए, सिर को हिलाते और अपनी मूँछों को मरोड़ते हुए गहरी मन्द आवाज़ में चिल्ला रहा था : 'हे–हा ! सो–हो ! हे–हा ! बुज–बुज !'

आग के प्रकाश से प्रदीप्त शाको साँप की तरह लहरा रहा था–कभी एक पैर पर फुदकता हुआ, तो कभी लय के साथ दोनों पैरों से ठुमकता हुआ; और उसके शरीर पर फैली पसीने की बूँदें, आग के प्रकाश में चमकती हुई, रक्त की बूँदों के सदृश लग रही थीं।

अब तीनों चारवाहे तालियाँ बजा रहे थे और मैं ठंड से काँपता हुआ, अपने कपड़ों को आग के पास बैठा सुखा रहा था और सोच रहा था कि आज का जोखिम से भरा अनुभव फेनी मोर कूपर और जूल्स बन के प्रशंसकों के लिए बहुत ही आनन्ददायक होना चाहिए था–ध्वंस हुआ जहाज, सत्कारशील आदिवासी, और अलाव के चारों ओर जंगली नृत्य !

अब शाक्रो अपने कोट में सिमटा जमीन पर बैठा हुआ था और अपनी काली आँखों से, जिनमें मुझे पसन्द न आनेवाली चमक थी, देखता हुआ कुछ खा रहा था। आग के पास छड़ियों पर टँगे उसके कपड़े सूख रहे थे। मुझे भी रोटी और सूअर की नमकीन चरबी खाने को दी गई।

मिखाइल लौट आया और बिना कुछ बोले वृद्ध आदमी के पास बैठ गया।

"क्या हुआ ?" वृद्ध आदमी ने पूछा।

“नाव वहाँ है।” मिखाइल ने संक्षिप्त उत्तर दिया।

“वह बह तो नहीं जाएगी ?”

“नहीं !”

और फिर वे मेरी ओर ठकटकी बाँधे देखते हुए चुप हो गए।

“अच्छा,” बिना किसी विशेष व्यक्ति को सम्बोधित किए मिखाइल ने पूछा, “क्या हम इन्हें गाँव के मुखिया के पास ले जाएँ या सीधे आबकारी विभाग के कर्मचारियों के पास ?”

किसी ने उत्तर नहीं दिया। शाक्रो बिना कुछ ध्यान दिए खाए जा रहा था।

“हम इन्हें मुखिया के पास ले जा सकते हैं या चाहें तो आबकारी विभाग के कर्मचारियों के पास--दोनों एक ही बात है।”

“तनिक ठहरें, दादा जी...” मैंने कुछ कहना चाहा।

लेकिन उसने मेरी ओर कोई ध्यान नहीं दिया।

“स्थिति एक-सी है। मिखाइल, नाव वहाँ है न ?”

“हाँ, वह वहाँ है...

“पानी उसे बहा तो नहीं ले जाएगा ?”

“नहीं, ऐसा नहीं होगा !”

“तब उसे वहीं रहने दो और कल मल्लाह केर्च जाएँगे और वे अपने साथ उसे ले जा सकते हैं। वे एक खाली नाव को अपने साथ क्यों नहीं ले जा सकते ? ऐह, तो बात यह है...और अब तुम...तुम फटीचर लड़को...क्या तुम...मैं किस प्रकार कहूँ अब ?...क्या तुम डर गए थे—तुम दोनों ? नहीं ? ती—ही !...लेकिन तुम और आधा किलोमीटर आगे जाते तो खुले समुद्र में पहुँच गए होते। तब तुम क्या करते, यदि तुम समुद्र में फेंक दिए गए होते ? आह ! तुम तल में चले गए होते—पत्थरों की तरह तुम दोनों ! डूब गए होते तुम ! और अब उसके बारे में अधिक नहीं।”

वृद्ध आदमी चुप हो गया और अपनी मूँछों में छिपी व्यंग्यपूर्ण मुस्कुराहट के साथ मेरी ओर देखने लगा।

“अच्छा, तुम्हें अपने विषय में कुछ नहीं कहना है लड़के ?”

मैं उसकी बातों से उकता गया था, और मैं समझ नहीं पा रहा था कि आखिर वह क्या कहना चाहता था, और मुझे लग रहा था कि वह हमारा उपहास कर रहा था।

“मैं आपको सुन रहा हूँ,” मैंने कुछ चिढ़ते हुए कहा।

“अच्छा, और उससे तुम क्या समझे ?” वृद्ध व्यक्ति जानना चाहता था।

उसकी बातों का सिर-पैर कुछ भी मेरी समझ में नहीं आया।

“तब फिर...तब फिर...तुम अपनी खीसें क्यों निपोर रहे हो ? क्या तुम यह नहीं जानते हो कि अपने से बड़ों पर गुर्राना और झल्लाना अच्छी बात नहीं है? क्या तुम यह नहीं जानते हो ?”

मैंने कुछ नहीं कहा।

“क्या तुम और अधिक नहीं खाना चाहते अब ?” वृद्ध व्यक्ति ने अपनी बात ज़ारी रखी।

“नहीं।”

“अच्छा, तब मत खाओ। कोई तुम्हें इसके लिए बाध्य नहीं कर रहा है। लेकिन क्या तुम रास्ते के लिए कुछ रोटी ले जाना पसन्द करोगे ?”

मैं खुशी से चहक पड़ा लेकिन मैंने अपनी खुशी ज़ाहिर नहीं होने दी। फिर शान्तिपूर्वक मैंने कहा, “रास्ते के लिए मैं ले जाना चाहूँगा...”

“ऐह ! उन्हें रास्ते के लिए कुछ रोटी और कुछ चर्बी दे दो। हो सकता है, वहाँ कुछ और भी हो। यदि है, तो वह भी उन्हें दे दो... ।”

“तब क्या हम इन्हें जाने दे रहे हैं ?” मिखाइल ने पूछा।

अन्य दो व्यक्तियों ने अपनी आँखें वृद्ध व्यक्ति की ओर उठाईं।

“अच्छा, ये यहाँ हमारे पास ठहरकर क्या करेंगे ?”

“लेकिन हमने सोचा था कि हम इन्हें मुखिया के पास ले जाएँगे या फिर आबकारी कर्मचारियों के पास।” मिखाइल ने निराश स्वर में कहा।

शाक्रो आग के पास अपनी जगह पर हिला और कुतूहलता से अपना सिर कोट के बाहर निकाला। वह निर्भीक था।

“मुखिया से इनका क्या काम निकलेगा ? जैसा मैं अनुमान लगाता हूँ, वहाँ इनके लिए कुछ नहीं है, ये जा सकते हैं और बाद में उससे मिल सकते हैं, यदि ये चाहें।”

“तब नाव का क्या होगा ?” मिखाइल ने आग्रह के साथ पूछा।

“नाव ?” वृद्ध व्यक्ति ने उसके प्रश्न पर प्रश्न करते हुए पूछा, “नाव की क्या बात है ? क्या वह वहाँ है ?”

“हाँ, है।” मिखाइल ने उतर दिया।

“अच्छा, तब उसे वहीं रहने दो। सुबह इबाश्का उसे बाँध तक ले जा सकता है। वहाँ से कोई आदमी उसे केर्च तक ले जाएगा। हम नाव के साथ और कुछ नहीं कर सकते।”

मैंने वृद्ध व्यक्ति को ध्यानपूर्वक देखा। मुझे उसके शान्त, धूप-ताम्र और निश्चल चेहरे पर, जहाँ आग की परछाइयाँ उछल-कूद कर रही थीं, किसी भी प्रकार के भाव दिखाई नहीं पड़े।

“जब तक उससे अप्रत्याशित रूप में किसी भी प्रकार की विपत्ति नहीं आती—जैसे बाद में...” मिखाइल ने पराजित होते हुए कहा।

“यदि तुम अपनी जबान को नहीं चलाओ तो मैं नहीं समझता कि कोई विपत्ति उसके कारण आएगी। और यदि हम इन्हें मुखिया के पास ले जाते हैं, तो मेरे विचार में उससे हमें और इन्हें परेशानी में पड़ना होगा। हम चाहते हैं कि स्वयं अपना काम करें और ये चाहते हैं कि ये अपना रास्ता नापें। ऐह ! क्या तुम्हें और दूर जाना है ?”

वृद्ध व्यक्ति ने पूछा, यद्यपि मैंने पहले ही बता दिया था कि हमें कहाँ जाना है।

"पिप्लिस..."

"लम्बा रास्ता है। तुम समझ लो, मुखिया इन्हें जाने में देर कर देगा, और यदि उसने इन्हें देर तक रोक लिया तो ये कब पहुँचेंगे ? अच्छा होगा कि ये जहाँ जाना चाहते हैं, वहाँ का सफर जारी रखें। आह !"

"तब ठीक है ? इन्हें जाने दो।" वृद्ध आदमी के साथियों ने सहमत होते हुए कहा।

"अच्छा, ईश्वर तुम्हारी रक्षा करे, लड़को !" वृद्ध आदमी ने हमें जाने का इशारा करते हुए कहा। "और नाव को हम उसके स्थान पर पहुँचा देंगे, ठीक है?"

"धन्यवाद, बाबा।" मैंने अपनी टोपी उतारी।

"तुम मुझे किसलिए धन्यवाद दे रहे हो ?"

"धन्यवाद, बाबा, तुम्हें बहुत-बहुत धन्यवाद !" मैंने भावविह्वल होते हुए दुहराया।

"तुम मुझे किसलिए धन्यवाद दे रहे हो ? अजीब बात है। मैं कहता हूँ–ईश्वर तुम्हारी रक्षा करे, और यह कहता है–तुम्हारा धन्यवाद ! तुम्हें यह डर तो नहीं था कि मैं तुम्हें शैतान के हवाले कर दूँगा ? क्या तुम्हें था–ऐह ?"

"दोषी मैं था !" मैंने स्वीकार किया।

"ओह !" और वृद्ध आदमी ने अपनी भौंहें ऊपर उठाईं। "अब मैं क्यों एक भले आदमी को ग़लत रास्ते पर भेजूँ ? अच्छा है, उसे उसी रास्ते पर भेजो जिस पर मैं स्वयं चलना चाहता हूँ। कौन जानता है...हम फिर मिल सकते हैं, और तब...हम पुराने परिचितों की तरह होंगे। हम सभी को कभी-न-कभी थोड़ी सहायता की आवश्यकता होती है...विदा, अब।"

उसने अपनी रोयेंदार भेड़ की खाल की टोपी को उतारा और झुककर हमें नमस्कार किया। उसके साथी भी थोड़ा झुके। हमने उनसे अनापा का रास्ता पूछा और रवाना हो गए।

शाक्रो किसी बात पर हँस रहा था।

"तुम किस बात पर हँस रहे थे ?" मैंने उससे पूछा।

"मैं वृद्ध चरवाहे और उसके जीवन-दर्शन से खुश था। मैं ताजी हवा से भी खुश था जो पौ फटने से पहले सीधे हमारे चेहरों की ओर बह रही थी और आकाश में बादल नहीं थे, क्योंकि शीघ्र ही स्वच्छ आकाश में सूर्य निकलनेवाला था, और नए दिन का चमकीला, सुन्दर देवता पैदा होनेवाला था।"

शाक्रो ने चालाकी से आँखें मिचकाईं और फिर ज़ोर से हँसने लगा। मैं भी उसकी स्वस्थ, हर्ष से भरी खिलखिलाहट को सुनकर मुस्कुराया। चरवाहों की आग के पास दो-तीन घंटे बिताने और स्वादिष्ट रोटी और सूअर की चरबी खाने के बाद हमारी

थकानेवाली यात्रा से हड्डियों में जो दर्द हो रहा था, वह अब कम हो गया था; लेकिन इसके बावजूद इस दर्द ने हमारी प्रफुल्लता को बाधित नहीं किया।

"मुझे पता है, तुम किस बात पर हँस रहे हो! क्या ज़िन्दा बच निकलने के कारण तुम प्रसन्न हो–ज़िन्दा, और वह भी भरे पेट के साथ ?"

शाक्रो ने सिर हिलाया, अपनी कुहनी से मुझे जोर से टहोका दिया, चेहरा झटका, फिर खिलखिलाने लगा और आखिरकार अपनी घटिया रूसी भाषा में बोला, "तुम नहीं समझते, वह क्यों हास्यजनक है। नहीं न ! मैं तुम्हें बताता हूँ। तुम जानते हो, यदि वे हमें मुखिया या आबकारी कर्मचारियों के पास ले जाते तो मैं क्या करता ? मैं तुम पर दोष मढ़ देता : 'तुम मुझे डुबोना चाहते थे !' और मैं रोने लगता। और फिर जब उन्हें मेरे लिए दुःख होता तो वे मुझे जेल में नहीं डालते–समझे ?"

शुरू में तो मैं इसे एक मज़ाक के रूप में ले रहा था–लेकिन नहीं, उसने मुझे विश्वास दिलाया कि वह अपने इरादे में बिलकुल गम्भीर था। उसने मुझे इतने स्पष्ट और विश्वास के साथ क़ायल कर दिया कि उसकी मूर्खतापूर्ण सनक पर गुस्सा होने की जगह मेरा हृदय उसके प्रति गहरी दया की भावना से भर उठा। ऐसा व्यक्ति, जो पूरी चमक के साथ मुस्कुरा रहा हो और ईमानदारी के साथ आपको सूचित करे कि उसका इरादा आपको मार डालने का है, फिर आपके अन्दर कैसी भावना जाग्रत् हो सकती है ? उसके साथ क्या किया जा सकता है, यदि वह अपने इस कार्य को एक प्यारा मज़ाक समझता हो ?

मैंने जोश के साथ शाक्रो के अनैतिक निश्चय को गलत साबित करना शुरू किया। उसने बहुत ही सरलता के साथ उत्तर दिया कि मैं उसके सच्चे हितों को नहीं समझता हूँ और भूल जाता हूँ कि वह झूठे पासपोर्ट के साथ रह रहा है और इसके लिए कोई उसकी पीठ थपथपाने नहीं जा रहा है।

अनायास ही मेरे मस्तिष्क में एक क्रूर विचार आया।

"एक क्षण रुको," मैंने कहा, "क्या तुम्हारा मतलब है कि तुम विश्वास करते हो कि मैं वास्तव में तुम्हें डुबोना चाहता था ?"

"नहीं !...जब तुमने मुझे पानी में ढकेला तब मैंने ऐसा समझा था, लेकिन जब तुम स्वयं पानी में कूद पड़े तो मैंने ऐसा सोचना बन्द कर दिया।"

"ईश्वर को धन्यवाद !" मैं चिल्लाया। "हाँ, मैं समझता हूँ, मुझे तुम्हें धन्यवाद देना चाहिए।"

"नहीं, मुझे धन्यवाद न दो ! मैं तुम्हें धन्यवाद देता हूँ। वहाँ कुछ देर पहले आग के पास तुम्हें ठंड लग रही थी, मुझे भी ठंड लग रही थी। वह कोट तुम्हारा था, लेकिन तुमने उसे नहीं लिया। तुमने उसे सुखाया और मुझे दे दिया। और अपने लिए...तुमने कुछ नहीं लिया। इसलिए मैं तुम्हें धन्यवाद देता हूँ। तुम बहुत अच्छे आदमी हो–मैं समझता हूँ। जब तुम तिफ्लिस पहुँचोगे, तुम्हें हर चीज़ की कीमत अदा कर दी जाएगी।

मैं तुम्हें अपने पिता के पास ले जाऊँगा। मैं अपने पिता से कहूँगा—'यह असली मर्द है। इसे खाने को दो, इसे शराब पीने को दो, और मुझे अस्तबल में गधों की देखभाल पर लगा दो !' यह बात मैं कहूँगा। तुम हमारे साथ रहोगे, तुम एक बाग़बान हो जाओगे, शराब पीओगे और जो चाहो, खाओगे !...अख, अख, अख !...तुम एक अद्भुत जीवन बिताओगे ! बहुत ही सरल ! 'एक ही रकाबी में खाओ,' मैं कहूँगा, 'जिस प्याले में मैं पीऊँ, उसी में पियो' !..."

उसने उस जीवन की खुशियों का, जिसका उसने मेरे लिए तिफ्लिस में प्रबन्ध करने का निश्चय किया था, एक लम्बा और व्यापक विवरण दिया। उसकी बातें सुनकर मैंने ऐसे आदमियों के दुःखों के बारे में विचार किथा जो अपनी नई नैतिकता और नई अभिलाषाओं के कारण अपने समसामयिकों से आगे निकल जाते हैं और उन्हें ऐसे अजनबी आदमियों के साथ राहगीर बनना पड़ता है जो उन्हें समझने के योग्य नहीं हैं...ऐसे एकाकी मनुष्यों के लिए जीवन बहुत दूभर होता है ! वे पृथ्वी और आकाश के बीच अच्छे अनाज के बीज की तरह त्रिशंकू बने लटके रहते हैं, जो शायद ही कभी उपजाऊ भूमि पर गिर सकें।

प्रकाश हो रहा था। क्षितिज के पास समुद्र गुलाबी-सुनहरी आभा से चमक रहा था।

"मैं सोना चाहता हूँ," शाक्रो ने कहा।

हम रुक गए। वह समुद्र के किनारे सूखे रेत में हवा द्वारा बनाए गए गड्ढे में लेट गया, और सिर से पैर तक अपने को बड़े कोट से ढककर शीघ्र ही सो गया। मैं उसके पास बैठ गया और समुद्र को देखने लगा।

समुद्र का अपना निजी जीवन था—परिपूर्ण और स्वतन्त्र, शक्तिशाली गति से जीवन्त। लहरें एक के ऊपर एक झुंडों में शोर करती हुई किनारे पर लुढ़कती थीं और फुँफकारते हुए रेत पर, जो चुपचाप पानी को सोख लेती थी, दौड़ रही थीं। आगे की लहरें अपने सफ़ेद फेनों को उछालते हुए किनारे पर शोर के साथ सीधा हमला करते हुए अपने को फेंकती थीं और पराजित होकर पीछे फिसल जाती थीं तथा उनको सहारा देने के लिए आनेवाली दूसरी लहरों में मिल जाती थीं। आलिंगन-पाश में बँधी हुई, फेन उगलती हुई वे लहरें फिर से अपनी सीमाएँ फैलाने के प्रयास में किनारे पर लुढ़कती हुई उसको टक्कर मारती थीं। क्षितिज से किनारे तक, समुद्र के विस्तृत फैलाव के ऊपर ये शक्तिशाली और लचीली लहरें इकट्ठी होकर एक सम्मिलित उद्देश्य से बँधी हुई ऊपर उठतीं और आगे की ओर लुढ़कती जाती थीं।...सूरज उनके ऊपर उठे हुए शृंगों को अधिक से अधिक चमक के साथ जगमगा रहा था और दूर के तरंग-शृंग क्षितिज पर रक्त की तरह लाल दिखलाई पड़ते थे। इकट्ठे हुए पानी की इस दैत्याकार गति में अनुप्राणित होकर एक भी बूँद बिना चिन्ह के न तो नष्ट होती थी और न खोती थी। शान्त किनारे से बहादुरी के साथ टकराती हुई आगे की लहरों का चुनौती देनेवाला साहस देखना बड़ा आकर्षक था और यह देखना बड़ा भव्य मालूम होता था कि कैसे सम्पूर्ण समुद्र, शक्तिशाली समुद्र, जो सूर्य द्वारा इन्द्रधनुष के समस्त रंगों से रंजित था

और अपनी सुन्दरता तथा शक्ति से पूरी तरह परिचित था, शान्तिपूर्वक और ठोस ढंग से उनकी मदद कर रहा था।

अन्तरीप के पीछे से एक बड़ा जहाज लहरों को चीरता हुआ तैर रहा था—समुद्र की फूलती हुई छाती पर झूलता हुआ, क्रोधित होकर उसकी बगलों में उछल रही बड़ी लहरों के शृंगों पर सवार होता हुआ। सुन्दर और शक्तिशाली समुद्र में चमकती हुई अपनी धातु के साथ वह किसी भी अन्य अवसर पर मनुष्य के गर्वीले कार्य-कलापों का स्मरण करा सकता था।...लेकिन मेरी बगल में एक मनुष्य लेटा हुआ था, जो स्वयं एक तत्त्व था।

हम तेरेक जनपद से गुजर रहे थे। शाक्रो के कपड़े अविश्वसनीय रूप से चिथड़े हो गए थे। वह बुरी तरह चिड़चिड़ा हो गया था यद्यपि उसे अब भूखा नहीं रहना पड़ता था क्योंकि धन कमाने के अनेक अवसर मिल रहे थे। उसने अपने को हर प्रकार के काम के अयोग्य साबित कर दिया था। एक बार उसने निराई करनेवाली मशीन से अलग किए गए भूसे को जन्दरे से उठाने का प्रयत्न किया, लेकिन उसकी हथेलियों में छाले पड़ गए। रगड़ से जब छाले फूट गए तो उनमें से खून बहने लगा जिसके कारण उसे दोपहर तक काम बन्द कर देना पड़ा। दूसरी बार उसने छाँटने का काम शुरू किया तो उसने कुदाली से अपनी गर्दन की खाल छील डाली।

हम बहुत मन्द गति से आगे बढ़ रहे थे। दो दिन काम करते और एक दिन सड़क पर चलते। शाक्रो बिना किसी नियन्त्रण के खूब खाता, इसलिए मैं उसके लिए नए कपड़े खरीदने योग्य धन नहीं बचा पाता था। उसके बचे-खुचे कपड़ों में अनगिनत छेद हो गए थे जिन्हें अल्हड़ता से सीकर उसने रंग-बिरंगे पैबन्द लगा दिए थे।

एक दिन किसी गाँव में उसने मेरे सामान में से पाँच रूबल, जिन्हें मैंने बड़ी कठिनाई से उससे छिपाकर बचाए थे, ढूँढ़कर ले लिए और शाम को उस मकान में, जिसके पाकशाला के बगीचे में मैं काम कर रहा था, नशे में धुत एक मोटी कज्ज़ाक औरत के साथ आ गया। औरत ने मेरा अभिवादन करते हुए कहा, "भला हो तुम्हारा, दुष्ट विधर्मी !"

और इस सम्बोधन से चौंककर जब मैंने उससे पूछा कि मैं विधर्मी किस प्रकार हूँ, तो उसने आत्मविश्वास के साथ कहा, "क्योंकि, तुम शैतान, एक निस्सहाय लड़के को औरत से प्यार करने के लिए रोकते हो ! तुम उस बात के लिए कैसे मना कर सकते हो जिसकी आज्ञा कानून देता है ? अभिशप्त विधर्मी हो तुम !..."

शाक्रो उसकी बगल में खड़ा था और सहमति में अपना सिर हिला रहा था। वह बुरी तरह पिए हुए था और बात-बात में झूलने लगता था, जैसे उसके जोड़ खुल गए हों! उसका नीचे का होंठ हिल रहा था। उसकी भावशून्य फीकी आँखें ढीठपन से मुझे घूरती हुई मालूम पड़ती थीं।

"फिर तुम इस तरह आँखें फाड़े हमारी ओर क्या देख रहे हो ? इसका धन वापस कर दो।" वह बड़ी उद्दंडता के साथ चिल्लाई।

"कौन-सा धन ?" मैंने अचम्भे के साथ पूछा।

"लाओ, लाओ ! नहीं तो मैं तुम्हें कचहरी ले जाऊँगी। तुमने उससे ओदेसा में जो डेढ़ सौ रूबल लिए थे, दे दो।"

मैं बड़ी दुविधा में था कि अब क्या करूँ ? वह दुष्ट औरत अपनी मदहोशी की हालत में कचहरी जा सकती थी और फिर गाँव के अधिकारी, जो आवारागर्दों के साथ सख्ती से पेश आते थे, हमें गिरफ्तार कर सकते थे। कौन जाने, इस गिरफ्तारी के बाद मेरे और शाक्रो के साथ क्या गुजरता! इसलिए मैंने उस औरत पर काबू पाने के लिए व्यवहारकुशलता से काम लिया। इसके लिए मुझे अधिक प्रयास नहीं करना पड़ा। किसी-न-किसी प्रकार शराब की तीन बोतलों से मैं उसे सन्तुष्ट करने में सफल हो गया। वह तरबूजों के बीच बेहोश होकर गिर पड़ी और सो गई। मैंने शाक्रो को बिस्तर पर लिटा दिया। दूसरे दिन बहुत सवेरे शाक्रो और मैं उस औरत को तरबूजों के बीच छोड़कर गाँव से चले गए।

शाक्रो की नशे की खुमारी से हालत बिगड़ी हुई थी और चेहरा सूजा हुआ था। वह लगातार थूक रहा था और गहरी साँसें ले रहा था। मैंने उससे बातें करने की कोशिश की लेकिन उसने जवाब नहीं दिया—केवल मूर्ख भेड़ की तरह अपना खुरदरा सिर हिलाता रहा।

हम एक सँकरी पगडण्डी पर जा रहे थे, जिसके ऊपर छोटे-छोटे लाल साँप इधर से उधर रेंग रहे थे और हमारे पैरों के नीचे फिसल रहे थे। चारों ओर छाई हुई शान्ति उनींदे दिवास्वप्न जाग्रत् कर रही थी। बादलों के काले झुण्ड हमारे पीछे आकाश में मन्द गति से तैर रहे थे। एक-दूसरे से मिलकर उन्होंने हमारे पीछे सम्पूर्ण आकाश को ढक लिया जबकि हमारे सामने का आकाश स्वच्छ था। धीरे-धीरे बादलों के कुछ टुकड़े बड़े झुण्ड से अलग हो गए थे और हमें पकड़ने के लिए खुशी से आगे बढ़ रहे थे। पहले कहीं दूर से बिजली की गड़गड़ाहट सुनाई पड़ी थी और अब उसकी गुर्राहट-भरी गरज हमारे नज़दीक आती जा रही थी। कुछ ही क्षणों के बाद वर्षा की बूँदें गिरने लगी थीं। कनस्तर की पन्नी की तरह घास सरसरा रही थी।

हमारे आश्रय के लिए कोई स्थान नहीं था। अब अँधेरा फैल गया था और घास की सरसराहट की आवाज़ तेज़, और अधिक भयानक हो गई थी। बिजली की गड़गड़ाहट हुई और बादल नीले प्रकाश से चमकते हुए काँपने लगे। बारिश ज़ोर से होने लगी और सुनसान स्तेपी में एक के बाद एक लगातार बिजली की गड़गड़ाहट सुनाई पड़ने लगी। हवा और पानी से झुकी घास धरती से चिपकी हुई पड़ी थी। प्रत्येक वस्तु सहमी हुई काँप रही थी। चुँधियानेवाली चमक से बिजली बादलों को चीर रही थी। उसके चमकीले, नीले प्रकाश में दूर पर्वतों की शृंखला, रजत और शीतल, उभर आई, फिर जब बिज़ली की चमक जाती रही, तो वह भी ग़ायब हो गई, जैसे उसे अन्धकार के अतल

ने निग़ल लिया हो! चारों ओर गरजती, काँपती, गूँजती हुई आवाजें सुनाई पड़ रही थीं। ऐसा लगता था, जैसे आकाश नाराज हो ! और पृथ्वी, मालूम पड़ता था, उसके क्रोध के भय से काँप रही थी।

शाक्रो डरे हुए कुत्ते की तरह मिनमिना रहा था। जहाँ तक मेरा सम्बन्ध था, मैं स्तेपी पर तूफान के इस शक्तिशाली और उदास दृश्यपटल के चिन्तन द्वारा प्रतिदिन के सामान्य जीवन से ऊपर उठकर एक प्रकार के आनन्द से मन्त्रमुग्ध हो गया था। दैवीय अस्त-व्यस्तता ने मुझे प्रभावित कर दिया था और मेरी आत्मा को तूफानी सामंजस्य से प्लावित करते हुए मेरे अन्दर उदात्त भावनाएँ जाग्रत् कर दी थीं।

तूफ़ान की शक्ति ने मेरे अन्दर जिस तरह अत्यधिक भय और आश्चर्य उभार दिया था, बिना उसकी अभिव्यक्ति किए मुझमें तूफ़ान के साथ मुकाबला के लिए एक तीव्र इच्छा बलबती हो गई थी। नीली आग, जिसने सम्पूर्ण आकाश को प्रज्वलित कर दिया था, लगता था, मेरे स्वयं के सीने में भी प्रदीप्त हो उठी थी। फिर भला मैं अपनी व्यापक उत्तेजना और मन्त्रमुग्धता की अभिव्यक्ति कैसे करता ? मैंने गाना प्रारम्भ किया—ज़ोर से, अपनी पूरी शक्ति के साथ। बादल गड़गड़ा रहे थे, बिजली चमक रही थी, घास सरसरा रही थी और मैं गा रहा था तथा अपने को अन्य आवाज़ों के साथ सम स्तर अनुभव कर रहा था। मुझे अपने पर काबू नहीं रहा था, इसलिए इसके लिए मुझे दोष नहीं दिया जा सकता, क्योंकि मैं अपने को छोड़कर किसी अन्य को कोई हानि नहीं पहुँचा रहा था। समुद्र में तूफान, स्तेपी के ऊपर बिजली की गड़गड़ाहट ! मैं प्रकृति की इस भव्य अभिव्यक्ति से परिचित नहीं हूँ।

और इसलिए मैं ज़ोर से चिल्लाया, इस दृढ़ विश्वास के साथ कि मैं अपने इस व्यवहार से किसी को बाधा नहीं पहुँचा रहा था और अपने कार्य के लिए किसी के द्वारा आलोचित होने का ख़तरा मोल नहीं ले रहा था। फिर भी एकाएक ही मेरी टाँगें तेज़ी से लड़खड़ाईं और अनिच्छा से मैं कीचड़ में बैठ गया।

शाक्रो मेरे चेहरे को अपनी क्रोध-भरी आँखों से घूर रहा था।

"तुम अपने होश-हवास खो बैठे हो ? तुम खो बैठे हो न, नहीं ? अब चुप करो। चें-चें न करो। मैं तुम्हारा गला चीर दूँगा, समझे ?"

मैं अचम्भे में पड़ गया और उससे पूछने लगा कि मैंने किस प्रकार उसे बाधा पहुँचाई है।

"तुम मुझे डरा रहे हो, समझे ? बिजली की कड़क...वह ईश्वर की आवाज़ है, और तुम ज़ोर से चिल्लाकर उसे बन्द करना चाहते हो...तुम अपने-आपको समझते क्या हो ?"

मैंने उससे कहा कि यदि मुझे गाना गाने की इच्छा होती है तो मुझे गाना गाने का पूरा अधिकार है, जैसे उसे है।

"लेकिन मैं नहीं चाहता," उसने मुझसे स्पष्ट रूप से कहा।

"तब तुम न गाओ।" मैंने उसकी बात काटते हुए कहा।

"और तुम भी नहीं।" शाक्रो ने सख़्ती से मुझे मना किया।

"नहीं, मेरा मन गाने को कर रहा है।"

"सुनो—तुम अपने-आपको क्या समझते हो ?" शाक्रो ने नाराज़ होते हुए कहना शुरू किया, "तुम कौन हो ? क्या तुम्हारे पास मकान है ? क्या तुम्हारी माँ है ? पिता हैं ? क्या तुम्हारे कोई सम्बन्धी हैं ? ज़मीन ? तुम इस दुनिया में क्या हो ? तुम आदमी हो, ऐसा तुम समझते हो ? वह मैं हूँ—आदमी ! मेरे पास हर एक चीज़ है।" उसने अपनी छाती ठोंकी। "मैं शहज़ादा हूँ और तुम ? तुम कुछ नहीं हो ! बिलकुल कुछ नहीं ! मुझे कुतेसी में सब जानते हैं, तिफ्लिस में भी, समझे ? तुम मेरी मुखालफत न करो। तुम मेरी सेवा करो, तुम सन्तुष्ट रहोगे, मैं तुम्हें दस गुना ज़्यादा दूँगा, तुम मेरे लिए यह करोगे ? तुम और कुछ नहीं कर सकते। तुम स्वयं कहते हो कि ईश्वर का आदेश है कि आदमियों की सेवा बिना किसी पुरस्कार के लिए करो। मैं तुम्हें पुरस्कार दूँगा। तुम मुझे किसलिए सताते हो ? मुझे उपदेश देते हो, डराते हो ? तुम चाहते हो, मैं तुम्हारी तरह हो जाऊँ ? यह अच्छी बात नहीं है। अह, अह, अह !...फू !...फू !"

उसने अपने होंठों से चटखारा भरा, थूका, फुफकारा, आह भरी, और मैं उसके चेहरे को देखता रहा—अचम्भे से मुँह बाए हुए। स्पष्ट था कि इकट्ठे हुए आघात, चोटें और अपमान जो उसे मेरे द्वारा यात्रा के प्रारम्भ से सहने पड़े थे, वह उँडेल रहा था। अपने तर्कों का वज़न बढ़ाने के लिए वह अपनी उँगली मेरी छाती में गड़ाता रहा और मेरे कंधे पकड़कर हिलाता रहा और उत्तेजना के खास क्षणों में उसने अपने शरीर का पूरा भार मेरे ऊपर छोड़ दिया। वर्षा का पानी हमें भिगो रहा था, हमारे सिरों पर बिजली कड़क रही थी और शाक्रो, ताकि उसकी बात मुझे सुनाई दे, अपनी पूरी आवाज में चिल्ला रहा था।

मैंने अपनी हास्यास्पद स्थिति का अनुभव किया और इतनी ज़ोर से हँसने लगा कि पेट में बल पड़ गए

शाक्रो ने अर्थपूर्ण ढंग से थूका, और मुझसे अलग हट गया।

जैसे-जैसे हम तिफ्लिस के समीप आ रहे थे, वैसे-वैसे शाक्रो अधिक विचारमग्न और उदास होता जा रहा था। उसके कमजोर चेहरे पर, जो अब भी भावशून्य था, कुछ नई बात दिखलाई पड़ती थी। जब हम ब्लादीकव्काज से अधिक दूर नहीं थे, हम एक सिरकासियन गाँव में पहुँचे और वहाँ हमने अनाज काटने के लिए मज़दूरी कर ली।

सिरकासियनों के साथ, जो मुश्किल से ही रूसी भाषा बोलते थे और अपना सारा समय हमारा उपहास करने और अपनी भाषा में हमें कोसने में बिताते थे, दो दिनों तक काम करने के बाद उनके द्वेषपूर्ण रुख से हतोत्साहित होकर हमने उस गाँव को छोड़ने का निश्चय कर लिया। गाँव से दस-ग्यारह किलोमीटर आगे बढ़ने के बाद शाक्रो ने एकाएक अपनी कमीज़ के नीचे से शिफोन का एक थान निकाला और विजय की मुद्रा

में मेरी आँखों के सामने लहराते हुए घोषणा की, ''अब काम करने की कोई ज़रूरत नहीं ! हम इसे बेच देंगे और हमें जिस चीज़ की ज़रूरत होगी, खरीद लेंगे ! उससे हम तिफ्लिस तक पहुँच जाएँगे—समझे ?''

मैंने आगबबूला होते हुए उससे वह थान छीनकर एक ओर फेंक दिया और अपने पीछे की ओर नज़र दौड़ाई। सिरकासियनों के साथ कपटपूर्ण व्यवहार करना ख़तरनाक होता है। अधिक समय नहीं गुजरा था जब कुछ कज़्ज़ाकों ने उनके विषय में हमें एक कहानी सुनाई थी। दरअसल वह एक आवारागर्द गाँव था, जहाँ वह काम कर रहा था। उस गाँव को छोड़ते समय वह अपने साथ एक लोहे की चम्मच ले गया। सिरकासियनों ने पीछा करके उसे पकड़ लिया और चम्मच ढूँढ़ ली। उन्होंने अपने खंजर से उसका पेट चीरकर चम्मच को घाव के अन्दर गहराई तक डाल दिया और शान्तिपूर्वक घोड़ों पर सवार होकर उसे स्तेपी में छोड़ गए। वहाँ कज़्ज़ाकों ने उसे मरते हुए पाया। उसने उन्हें अपनी कहानी सुनाई और वह उनके गाँव जाते हुए रास्ते ही में मर गया। कज़्ज़ाकों ने हमें सिरकासियनों के बारे में बड़ी सख्ती से कई बार आगाह किया था और उनके बारे में दूसरी कहानियाँ भी सुनाई थीं, जिनसे यही सबक मिलता था—और मेरे पास कोई कारण नहीं था कि मैं उन पर अविश्वास करता।

मैंने शाक्रो को इसकी याद दिलाई। वह सुनता हुआ मेरे सामने खड़ा रहा और अचानक ही, बिना एक शब्द बोले, अपने दाँत पीसकर और आँखें सिकोड़कर मेरे ऊपर बिल्ली की तरह झपट पड़ा। पाँच मिनट तक हम दोनों में बिना रुके हाथापाई होती रही, अन्त में शाक्रो ने गुस्से में चिल्लाकर कहा, ''काफी हो गया।''

कुछ देर तक हम थके हुए एक दूसरे के आमने-सामने चुपचाप बैठे रहे। शाक्रो ने ललचाई और उदास आँखों से उस ओर देखा जिधर मैंने चुराया हुआ शिफोन का थान फेंक दिया था और फिर कहने लगा, ''हम क्यों लड़ते हैं ? पा, पा, पा !...बिलकुल मूर्खता। क्या मैंने तुमसे चुराया था ? तुम्हें यह देखकर बुरा लगा कि मेरे पास कपड़ा है। तुम्हें देखकर मुझे दुःख होता था, इसलिए मैंने चोरी की। तुम्हें सदैव काम करना पड़ता है, मैं काम करने में असमर्थ हूँ...मैं क्या करूँ ? मैं तुम्हारी मदद करना चाहता था...''

मैंने उसे चोरी का अर्थ समझाने का प्रयत्न किया।

''वकवास बन्द करो ! तुम्हारा दिमाग़ बिलकुल काठ का है।...''

उसने मेरे प्रति तिरस्कार दिखाते हुए समझाया, ''यदि तुम मर रहे हो—क्या तुम तब चोरी नहीं करोगे ? अच्छा ! और क्या तुम इसे जिन्दगी कहते हो ? चुप रहो !''

कहीं फिर से वह नाराज़ न हो जाए, इस भय से मैंने कुछ नहीं कहा। यह चोरी की दूसरी घटना थी। इससे पहले जब हम काला सागर में थे तो उसने ग्रीस के एक मछुआरे का जेबी पैमाना ले लिया था। उस समय भी हमारे बीच हाथापाई की नौबत आ गई थी।

''अच्छा...हमें आगे चलना चाहिए।'' उसने कहा।

जब हम शान्त हो गए, हममें सुलह हो गई, तो हमने आराम कर लिया।

फिर हम आगे बढ़ने लगे। प्रत्येक व्यतीत होते दिन के साथ उसकी मनःस्थिति बिगड़ती जा रही थी और वह अपनी सिकुड़ी हुई भौंहों के नीचे से मुझे अजीब तरह से देखता था।

एक बार जब हमने दरयाल की तंग घाटी पार कर ली और हम गुदम्यूर से नीचे उतर रहे थे, उसने कहना शुरू किया, "एक या दो दिन में हम तिफ्लिस पहुँच जाएँगे—त्स, त्स !" उसने अपनी जीभ से चटखारा लिया और बहुत ज़ोरों से मुस्कुराया। "मैं घर पहुँचूँगा : 'तुम कहाँ रहे ?' पूछने पर मैं कहूँगा—'मैं घूम रहा था !' मैं गरम पानी से नहाऊँगा...अहा ! मैं डटकर भोजन करूँगा...अहा, बहुत अच्छी तरह। मैं अपनी माँ से कहूँगा—'मैं बहुत खाना चाहता हूँ।' मैं अपने पिता से कहूँगा—'मुझे क्षमा कर दीजिए। मैंने बहुत दुःख देखा है, मैंने ज़िन्दगी देखी है...सब प्रकार की।' आवारागर्द बहुत अच्छे आदमी होते हैं। यदि मुझे कोई मिल जाएगा, तो मैं उसे एक रूबल दूँगा। उसे सराय में ले जाऊँगा और कहूँगा, शराब पीओ। मैं आवारागर्द रहा हूँ। मैं अपने पिता से तुम्हारे बारे में कहूँगा—वह आदमी...वह मेरे लिए बड़े भाई के समान था...वह मुझे उपदेश देता था, वह मुझे मारता था, कुत्ता कहीं का !...उसने मुझे खाना दिया, अब मैं कहूँगा, 'इसके लिए आप उसे भोजन दें। उसे एक वर्ष तक भोजन दें—एक वर्ष तक...' इतने लम्बे समय तक, तुम सुन रहे हो, मक्सिम ?"

मुझे अच्छा लगता था, जब वह इस प्रकार बोलता था। ऐसे क्षणों में वह सरल और बच्चे की तरह दिखलाई पड़ता था। उसकी बातें इसलिए भी मुझे पसन्द थीं क्योंकि मैं तिफ्लिस में किसी को नहीं जानता था और सर्दी का मौसम शुरू होनेवाला था। गुदायूर में हमने पहले ही बर्फ पड़ती हुई देखी थी। कुछ हद तक मैंने शाक्रो पर ही अपनी उम्मीद लगाई थी।

हम तीव्र गति से आगे बढ़ रहे थे। हम आइबेरिया की पुरानी राजधानी म्त्सखेता पहुँचे। अगले दिन हमें तिफ्लिस पहुँच जाना था।

दूर से, लगभग पाँच-छह किलोमीटर की दूरी से, मैंने दो पहाड़ों के बीच में बसी काकेशिया की राजधानी की ओर अपनी दृष्टि डाली। यहीं हमारी यात्रा का अन्त था। मैं किसी बात के लिए प्रसन्न था, और शाक्रो उदासीन। भावशून्य नेत्रों से उसने आगे देखा और थूक दिया। जब-तब दर्द के कारण वह अपने पेट को पकड़ लेता था। उसने रास्ते में गाजरें तोड़कर खाने का ख़तरा मोल लिया था।

"तुम समझते हो कि मैं जौर्जिया के कुलीन घराने का आदमी—अपने शहर में इस तरह गंदा और चीथड़े पहने, दिन के समय प्रवेश करूँगा ? ओह, नहीं, नहीं ! हम शाम तक प्रतीक्षा करेंगे। यहीं ठहरो।"

हम एक खाली इमारत की दीवार के सहारे बैठ गए, और ठंड में सिकुड़ते हुए अपनी अन्तिम सिगरेट बनाकर धूम्रपान करने लगे। जौर्जिया के फौजी सिपाहियों द्वारा प्रयोग में लाई जानेवाली चौड़ी सड़क से आनेवाली तीव्र और सर्द हवा हमारे ऊपर बह

रही थी। शाक्रो बैठा हुआ एक उदासी-भरा गीत गुनगुना रहा था। मैं एक गरम कमरे और उन सब आराम देनेवाली वस्तुओं के विषय में सोच रहा था, जो आवारा जीवन में नहीं, सुव्यवस्थित जीवन में पाए जाते हैं।

"हम चलते हैं।" शाक्रो एक दृढ़ निश्चयी व्यक्ति की तरह चेहरा बनाकर उठ खड़ा हुआ।

अँधेरा हो रहा था। शहर में रोशनी जगमगा उठी थी। वह बहुत सुन्दर दृश्य था : धीरे-धीरे, एक के बाद एक, अँधेरे ने जिस घाटी को ढक लिया था और शहर को छिपा लिया था, अब वहाँ बत्तियाँ जगमगाने लगी थीं।

"सुनो, तुम मुझे यह टोपी दे दो जिससे मैं अपना चेहरा छिपा लूँ, नहीं तो शायद कोई दोस्त मुझे पहचान ले।"

मैंने उसे टोपी दे दी। हम ओल्गिन्स्काया सड़क पर चल रहे थे। शाक्रो एक निश्चिन्त ध्वनि में सीटी बजा रहा था।

"मक्सिम ! तुम ट्राम रुकने का वह स्थान देख रहे हो—वेरीयस्की पुल ? तुम वहाँ बैठकर प्रतीक्षा करो। कृपया, प्रतीक्षा करो। मैं एक मकान में जाकर अपने एक दोस्त से अपने माता-पिता के बारे में पूछता हूँ..."

"तुम ज़्यादा देर तो नहीं लगाओगे ?"

"शीघ्र लौट आऊँगा। एक मिनट में।"

वह तेज़ी से एक अँधेरी और सँकरी गली में घुस गया, और ग़ायब हो गया—हमेशा-हमेशा के लिए।

फिर कभी मैं उस आदमी से मिल न सका—लगभग चार मास तक मेरे जीवन में रहनेवाला राहगीर साथी, लेकिन मैं अक्सर उसे प्यारा और मनोरंजक व्यक्तित्व के रूप में याद करता हूँ।

उसने मुझे कुछ ऐसी बातें सिखाईं जो बुद्धिमानों द्वारा लिखी गई मोटी पुस्तकों में भी नहीं पाई जातीं...क्योंकि जीवन से प्राप्त ज्ञान लेखकों द्वारा प्रदत्त ज्ञान से हमेशा अधिक गहरा और व्यापक होता है।

# भण्डाफोड़

सफेदी-पुते कच्चे घरौंदेवाले गाँव की सड़क को पार करती जोर-जोर से चिल्लाते लोगों की एक भीड़ गुजर रही थी। मजमा, एक बड़ी लहर की भाँति, धीमी गति से बढ़ रहा था और उसके आगे-आगे एक मरियल-सा घोड़ा सिर झुकाए चल रहा था। जब भी वह मरियल छोड़ा अपना अगला पाँव उठाता तो उसका सिर कुछ इस तरह डुबकी खाता, जैसे वह अभी मुँह के बल आगे की ओर गिर पड़ेगा और उसकी थूथनी सड़क की धूल चाटती नजर आएगी। जब वह अपने पिछले पाँव को हरकत में लाता तो उसका पृष्ठ भाग इस तरह डगमगाता, जैसे वह अभी ढेर हो जाएगा !

एक युवा स्त्री, जिसने मुश्किल से बीस वर्ष ही पार की होगी, नाटे कद की और मादरजात नंगी—उसकी कलाइयाँ गाड़ी के डैशबोर्ड से—गाड़ीवान के सामनेवाले तख्ते से बँधी हुई थी। वह गाड़ी के बगल से घिसटती चल रही थी। उसके घुटने इस तरह काँप रहे थे, जैसे अभी जवाब दे जाएँगे। काले और अस्त-व्यस्त बालों से घिरा उसका सिर ऊपर की ओर उचका था और उसकी फटी हुई आँखें शून्य में ताक रही थीं। उसका बदन काली और नीली धारियों तथा निशानों से भरा था। कुमारियों जैसी सुदृढ़ उसकी बाईं छाती में गहरा घाव था और उसमें से खून रिस रहा था। खून की एक लाल लकीर उसके पेट के ऊपर से होती हुई नीचे बाईं टाँग के घुटने तक खिंची थी और उसकी नाजुक टाँगों की पिण्डलियों पर धूल के थक्के चढ़े थे। ऐसा लगता था, जैसे स्त्री के शरीर से खाल की एक लम्बी परत उतार ली गई हो ! उसके पेट को, इसमें जरा भी शक नहीं, मूँगरी या बूटदार ऐड़ियों से इस तरह रौंदा गया था कि वह बुरी तरह से सूजा और बदरंग बना हुआ था।

स्त्री के लिए भूरी धूल में एक डग के बाद दूसरा डग घसीटना भी मुश्किल हो रहा था। उसका समूचा बदन ऐंठ रहा था। यह देखकर अचरज हो रहा था कि उसकी टाँगें, जो उसके बदन की भाँति चोट के निशानों-खरोंचों से भरी थीं, किस प्रकार उसका बोझ सँभाले थीं, किस प्रकार वह अपने-आपको गिरने और कुहनियों के बल घिसटने से रोके थीं !

लम्बे कद का एक देहाती गाड़ी में खड़ा था। वह सफेद रंग की रूसी कमीज और काले रंग की अस्त्राखानी टोपी पहने था जिसके नीचे से निकलकर चटक रंग के लाल बालों का एक गुच्छा उसके माथे पर झूल रहा था। एक हाथ में वह लगाम थामे था

और दूसरे में एक हन्टर, जिसे वह बाकायदा पहले घोड़े पर और फिर छोटे कद की उस स्त्री पर झटकार रहा था जो पहले ही इतनी मार खा चुकी थी कि पहचानी तक नहीं जाती थी। आदमी की आँखें लाल अंगारा बनी थीं, प्रतिशोध की विजयी भावना उनमें चमक रही थी और उसके बाल उनमें हरी परछाइयाँ डाल रहे थे। उसकी कमीज़ की आस्तीनें ऊपर तक चढ़ी थीं और उसकी लाल रोयेंदार मांसल बाँहें साफ दिखाई दे रही थीं। उसका मुँह खुला था जिसमें सफेद पैने दाँतों की दो पाँतें चमक रही थीं और रह-रहकर, बैठी हुई आवाज में, वह चिल्ला उठता था :

'ले, यह ले कुतिया ! हाँ—हाँ—हाँ ! और ले, यह और ले !'

स्त्री और गाड़ी के पीछे लोगों की भीड़ चल रही थी—चीखती, चिल्लाती, हँसती, आवाजें कसती, सीटी बजाती, कोचती-उकसाती, खिल्लियाँ उड़ाती। बच्चे इधर-से-उधर लपक-झपक रहे थे। कभी-कभी उनमें से कोई एक दौड़कर आगे निकल जाता और स्त्री के मुँह पर गन्दे शब्दों की बौछार करता। तब भीड़ ठहाका मारकर हँस पड़ती और उसकी हँसी की आवाज में हण्टर के हवा में सनसनाने की पतली आवाज डूब जाती। भीड़ में स्त्रियों के चेहरे असाधारण उछाह से लहरा रहे थे और उनकी आँखें प्रसन्नता से चमक रही थीं। भीड़ में पुरुष गाड़ी में खड़े देहाती को लक्ष्य कर निर्लज्जता का बघार लगा रहे थे और वह, भट्‌ट-सा पूरा मुँह बाए, उनकी ओर मुड़-मुड़कर हँस रहा था। सहसा हण्टर सनसनाकर स्त्री के शरीर से टकराया। लम्बा और पतला वह हंटर उसके कन्धों का चक्कर काटता और बाँहों के नीचे उसकी चमड़ी में धँस जाता। इस पर देहाती उसे अचानक एक झटका देता और स्त्री, एक तेज चीख मारकर, कमर के बल धूल में गिर जाती। भीड़ के लोग उछलकर आगे बढ़ते, झुक करके उसकी इर्द-गिर्द एक दीवार-सी खड़ी कर देते और वह आँखों से ओझल हो जाती।

घोड़ा ठिठककर खड़ा हो जाता, लेकिन क्षणभर बाद वह फिर डगमगाता-सा लुढ़क चलता और लांछित स्त्री उसके पीछे-पीछे घिसटने लगती। घोड़ा रह-रहकर अपने कोढ़ियल सिर को इस तरह हिलाता जैसे कह रहा हो—'कितनी बुरी बीतती है उस घोड़े के साथ, जिसे लोग अपने मनचाहे घिनौने काम में जोत लेते हैं।'

और आकाश—दक्खिनी आकाश—एकदम स्वच्छ और साफ था। बादलों का जरा-सा भी चिह्न कहीं नजर नहीं आ रहा था और सूरज जी खोलकर धरती पर अपनी गर्म किरणों की बौछार कर रहा था।

प्रतिशोधपूर्ण न्याय का यह चित्र, जो मैंने यहाँ दिया है, मेरी कल्पना की देन नहीं है। दुर्भाग्यवश यह कोई मनगढ़ंत चित्र भी नहीं है। इसे 'भण्डाफोड़' कहा जाता है और इसके द्वारा पति विश्वासघात करनेवाली अपनी पत्नियों को दंडित करते हैं। यह जीवन से लिया गया चित्र है। यह उन प्रथाओं में से एक है जो हमारे यहाँ प्रचलित हैं और इसे 15 जुलाई, 1891 के दिन, निकोलायेवस्की जिला में खेरसोन गुबर्निया के कान्दीबोवका गाँव में, खुद अपनी आँखों से मैंने देखा था।

वोल्गा प्रदेश में, जहाँ का मैं रहनेवाला हूँ, यह मैंने सुना था कि अपने पतियों के

साथ विश्वासघात करनेवाली पत्नियों के मुँह पर कोलतार पोता जाता था और उसके ऊपर पंख चिपका दिए जाते थे। यह भी मैं जानता था कि कुछ अधिक सूझ-बूझ वाले पति और ससुर आगे बढ़कर विश्वासघात करनेवाली अपनी पत्नियों पर गर्मियों के दिनों में शीरा पोतकर उन्हें पेड़ों से बाँध देते थे और फिर कीड़े-मकोड़े काट-काटकर उनके बदन में घाव कर डालते थे। कभी-कभी ऐसी स्त्रियों के हाथ-पाँव बाँधकर उन्हें चींटियों-दीमकों की बाँबी में डाल दिया जाता था।

यह सब मैंने सुना ही था। अब उसे खुद अपनी आँखों से देखकर सिद्ध हो गया कि जाहिल और हृदयहीन लोगों के बीच—उन लोगों के बीच, जिन्हें 'कुत्ता कुत्ते को खाए' वाली जीवन-प्रणाली ने लालच और ईर्ष्या से धधकते जंगली जानवरों में परिवर्तित कर दिया था—इस तरह की घटनाओं का चरितार्थ होना सचमुच में सम्भव है !

# दादा आर्खिप और ल्योंका

वे दोनों नदी के किनारे सीधी और ऊँची खड़ी हुई चट्टान की छाया में नाव की प्रतीक्षा करते हुए लेट गए और देर तक चुपचाप कूबन की तेज़ मटमैली लहरों को, जो उनके पैर धो रही थी, देखते रहे। ल्योंका को झपकी आ गई लेकिन दादा आर्खिप सीने में दर्द होने के कारण सोने में असमर्थ था। पृथ्वी की धुँधली भूरी पृष्ठभूमि में उन दोनों के फटीचर शरीर के मुड़े हुए आकार दो दयनीय ढेर के रूप में दिखलाई पड़ते थे—एक थोड़ा बड़ा और दूसरा छोटा। उनके थके, धूप से जले और गर्त से ढके-थके चेहरे बिलकुल उसी रंग के थे जैसे कि उनके पहने हुए भूरे चिथड़े थे।

दादा आर्खिप का हड्डियों का लम्बा ढाँचा रेत के एक पतले हिस्से में पसरा हुआ था, जो एक पीले फीते की तरह किनारे की पूरी लम्बाई में सीधी खड़ी चट्टानों और नदी के बीच फैला हुआ था। झपकी लेता हुआ ल्योंका मुड़ा हुआ वृद्ध आदमी की बग़ल में लेटा पड़ा था। ल्योंका छोटा और कमज़ोर था। अपने चिथड़ों में वह अपने दादा जैसे एक पुराने सूखे पेड़ की टूटी हुई एक गाँठदार शाखा की तरह मालूम पड़ता था—एक ऐसा पुराना पेड़, जिसे नदी की लहरों ने रेत पर डाल दिया था।

बूढ़े आदमी ने अपने को एक कुहनी पर उठाते हुए दूसरी ओर के किनारे को देखा जो धूप से भीगा और छितरे हुए छिटपुट झाड़दार पेड़ों से सजा हुआ था। इन झाड़ियों के बीच से नाव का काला डेक साफ दिखलाई पड़ता था।

वह एक उबाऊ और निर्जन दृश्य था। धुँधली सड़क का एक टुकड़ा नदी से स्तेपी के अन्दर गहराई तक चला गया था। वह बिलकुल सीधा, नीरस और उदासी-भरा लगता था।

उसकी आँखें—एक बृद्ध आदमी की उबाऊ और उत्तेजित आँखें, पलकें लाल और सूजी हुई—चिन्ता के साथ टिमटिमा रही थीं और झुर्रियों के जाल से ढके उसके चेहरे पर थकान से भरे दुःख का भाव झलक रहा था। थोड़ी-थोड़ी देर बाद वह नियन्त्रित रूप से खाँस रहा था और पोते पर नज़र डालते हुए अपने हाथ से अपना मुँह ढक लेता था। उसकी खाँसी कर्कश और कष्टकर थी, जिसके कारण उसे ज़मीन से उठना पड़ता था और अपनी आँखों से निकले आँसू को पोंछना पड़ता था।

स्तेपी में केवल इस खाँसी और रेत पर लहरों की शान्त फुसफुसाहट की आवाज़ ही सुनाई पड़ती थी। नदी के दोनों ओर स्तेपी विस्तृत, भूरा, सूरज से झुलसा फैला हुआ

था और उससे कुछ दूरी पर, वृद्ध आदमी की दृष्टि से परे, गेहूँ का सुनहरा समुद्र प्रचुर मात्रा में लहलहा रहा था और आँखों को चौंधियानेवाला चमकीला आकाश उसे ढके हुए था। उसकी पृष्ठभूमि में कुछ दूरी पर पहाड़ी पीपलों की तीन आकृतियाँ छायाचित्र की तरह लग रही थीं। जब आकाश के नीचे गेहूँ के पौधे झिलमिलाते हुए ऊपर उठते और गिरते थे तो ऐसा मालूम पड़ता था कि पृष्ठभूमि की पीपल की वे आकृतियाँ कभी बड़ी हो जाती थीं और कभी छोटी, और फिर एकाएक ही सबकुछ स्तेपी की ऊष्मा-भरे धुन्ध की चमकीली रजत ओढ़नी के पीछे छिप जाता था।

यह मायावी ओढ़नी लहराती, चमकती हुई कभी-कभी बहुत दूर से उड़ती हुई नदी के तट तक आ जाती...और तब वह एक दूसरी नदी के सदृश प्रतीत होती, जैसे वह एकाएक ही आकाश से प्रवाहित हो गई हो! जैसे वह आकाश के ही समान स्वच्छ और शान्त हो और जो केवल गर्मी से झुलसे हुए स्तेपी को अनुप्राणित करने के लिए ही प्रकट होती हो! लेकिन वह लुप्त हो गई।

ऐसे क्षणों में दादा आर्खिप जो रूस से आने और स्तेपी में–जहाँ भूख ने उसे खदेड़ दिया था–पहले कभी न होने के कारण ऐसी परिघटनाओं का अभ्यस्त नहीं था, अपनी आँखें मलने लगता और उदासी के साथ स्वयं ही सोचता कि अब जिस तरह ऊष्मा और स्तेपी दोनों मिलकर उससे उसकी आँखों की रोशनी छीने ले रहे हैं, इसी तरह उन्होंने उसकी टाँगों की बची-खुची शक्ति को पहले ही छीन लिया था। ऐसा पहले कभी नहीं हुआ था क्योंकि स्वदेश में वह तीस किलोमीटर एक दिन में तय कर लेता था और अब केवल उसकी आधी दूरी ही तय कर पाता था।

पिछले महीनों की अपेक्षा आज वह ज्यादा बुरा अनुभव कर रहा था। उसे लग रहा था कि वह जल्दी ही मर जाएगा। यद्यपि इसके प्रति उसका दृष्टिकोण बिलकुल उपेक्षा का था, जैसेकि किसी ऐसी आवश्यकता के प्रति होता है जिससे छुटकारा पाना मुश्किल होता है और जिसके विषय में सोचना व्यर्थ है, फिर भी वह यहाँ से बहुत दूर अपने प्रान्त ओरलोव में मरना चाहता था, और वह अपने पोते के लिए बहुत चिन्तित था कि ल्योंका का क्या होगा ?

वह प्रतिदिन इस प्रश्न को अपने से कितनी ही बार पूछता और हमेशा उसे लगता कि उसका दिल बैठा जा रहा है, वह ठंडा पड़ गया है और वह अपने को इतना दुःखी अनुभव करता कि उसके अन्दर बिना देर किए अपने घर रूस वापस जाने की इच्छा बलवती हो उठती।

फिर वह याद करता क्रीमिया, निर्जन स्तेपी, अभद्र और क्रूर चरवाहों, उनके आकार के उद्दंड कुत्तों, तारतारों–गुस्ताख और लोभी, और तमान में घटनेवाली अनेक घटनाओं को–विशेषकर एक घटना को जिसमें वह और ल्योंका जेल जाने से बाल-बाल बचे थे।

लेकिन रूस पहुँचने के लिए एक लम्बा रास्ता तय करना था। इसलिए वह अब वहाँ नहीं पहुँच सकता था, वह रास्ते में ही मर जाता। यहाँ, कूबन में, लोग भीख देने में उदार थे; सारे आदमी खाते-पीते घर के थे, इसके बावजूद स्वभाव से वे कठोर और

रूखे लगते थे। चूँकि वे धनी लोग थे, इसलिए उन्हें भिखारी पसन्द नहीं थे।

उसे ल्योंका के जीवन-निर्वाह के लिए कुछ उपाय करना चाहिए। वह एक अनाथ है—चाहे वह यहाँ रहे या अपने स्वदेश रूस के अन्दर, उसके लिए एक ही बात है। अपनी धुँधली दृष्टि अपने पोते पर डाले हुए वृद्ध आदमी अपने खुरदरे हाथों से हलके-हलके लड़के के सिर को थपथपा रहा था।

ल्योंका हिलता और अपनी नीली आँखें उसकी ओर देखने के लिए ऊपर उठाता। उसकी बड़ी आँखें अर्थपूर्ण और बचपने की उत्कंठा से भरी हुई उसके सिकुड़े, रक्तहीन होंठों और नुकीली नाकवाले पतले चेचकरू चेहरे पर और भी अधिक चौड़ी मालूम होतीं।

"क्या वह आ रही है ?" उसने पूछा और हाथ से अपनी आँखों का बचाव करते हुए नदी के उस तरफ देखा जहाँ सूरज की किरणें चमक रही थीं।

"अभी नहीं, वह नहीं आ रही। वह स्थिर खड़ी है। यहाँ है क्या जिसके लिए वह आए ? कोई उसे पुकार नहीं रहा है, इसलिए वह वहाँ खड़ी..."

आर्खिप ने धीमे से कहा और पोते के सिर को थपथपाता रहा। "क्या तुम सो गए थे !"

ल्योंका ने इनकार में सिर हिलाया और अपने को रेत पर फैला दिया। कुछ देर तक दोनों चुप रहे।

"यदि मुझे तैरना आता तो मैं नहाता," ल्योंका ने नदी की ओर टकटकी बाँधे कहा। उसकी धीमी आवाज़ अपनी बात व्यक्त करने में असमर्थ थी। "नदी बहुत तेज़ बह रही है। हमारे यहाँ ऐसी कोई नदी नहीं है। ऐसा किसलिए है ? वह दौड़ रही है जैसे उसे भय है कि उसे देरी न हो जाए।..."

ल्योंका ने मजबूरी में अपना चेहरा पानी की तरफ से हटा लिया।

"हम ऐसा कर सकते हैं," दादा ने थोड़ी देर सोचने के बाद कहा। "हम अपनी पेटियाँ उतार लें और उन्हें जोड़ लें। मैं एक सिरा तुम्हारे टखने के चारों ओर बाँध दूँगा, और फिर तुम तैर सकते हो..."

"अच्छा, फिर ?" ल्योंका ने धीरे-धीरे सन्देह के साथ कहा। "इसके आगे आप क्या सोचते हैं ? क्या आप नहीं सोचते कि आप भी खिंच जाएँगे ? फिर हम दोनों ही डूब जाएँगे।"

"तुम ठीक कहते हो। यही होगा। ऐह, लेकिन वह अवश्य ही तेज़ रफ्तार से बहती है। तनिक सोचो, जब बसन्त ऋतु में उसमें बाढ़ आती होगी तो कैसा दृश्य होगा !...और पानी में डूबी हुई घास—वे छटाई कैसे कर पाते होंगे? उसका कोई अन्त नहीं होगा।"

ल्योंका का मन बात करने को नहीं कर रहा था। उसने अपने दादा की बात का कोई उतर नहीं दिया। उसने मिट्टी का एक ढेला उठाया और उसे अपनी अँगुलियों से चूरा कर दिया। उसका चेहरा गम्भीर और ध्यानमग्न था।

उसके दादा ने उसकी ओर देखा और अपने विचारों में खो गया। उसकी आँखें सिकुड़ी हुई थीं।

"अब तुम देखो," ल्योंका ने अपनी शान्त, मन्द आवाज़ में, अपने हाथ से धूल झाड़ते हुए फिर से कहना शुरू किया, "यह ढेला मैंने उठाया और पीस दिया, और यह धूल बन गई–बहुत छोटे-छोटे कण...इतने छोटे कि तुम उन्हें मुश्किल से देख सकते हो..."

"अच्छा, लेकिन उससे क्या !" आर्खिप ने पूछा और खाँसने लगा–आँसुओं से भरी अपनी आँखों से अपने पोते की सूखी चमकती बड़ी आँखों को देखते हुए। जब उसकी खाँसी बन्द हो गई तो उसने आगे पूछा, "तुम क्या कहना चाहते हो ?"

"कोई खास बात नहीं," ल्योंका ने अपना सिर हिलाया। "मेरा मतलब यह था कि वह सब्र जो यहाँ है," उसने नदी की दिशा में अपना हाथ हिलाया, "यह सब बना है...तुम और मैं कितने ही शहरों से होकर गुजरे हैं–अनेकानेक ! और सब जगह कितने आदमियों का समूह है ?"

अपने विचारों को केन्द्रित करने में असमर्थ होने के कारण ल्योंका अपने विचारों में खोया चुप हो गया और अपने चारों ओर देखने लगा।

वृद्ध आदमी भी कुछ समय के लिए चुप रहा और फिर अपने पोते के समीप खिसकते हुए नम्रता से कहने लगा, "तुम एक चतुर लड़का हो। यह सही है जो तुम कह रहे हो...वह सब धूल है–शहर और आदमी, तुम और मैं...कुछ नहीं, केवल धूल। ऐह, ल्योंका, ल्योंका! यदि तुमने पढ़ना-लिखना सीखा होता तो तुम बहुत आगे जाते। तुम हर एक बात ऐसे करते हो, जैसे उम्र में बहुत बड़े हो!...तुम तूती हो–ईश्वर की छोटी चिड़िया।...लेकिन जैसा है, उसमें तुम्हारा क्या होगा?"

दादा ने अपने पोते का सिर अपनी ओर खींचा और उसे चूमा।

"तनिक ठहरो..." ल्योंका ने अपने मुलायम बालों को अपने दादा की गाँठदार और काँपती हुई अँगुलियों से अलग करते हुए कुछ अधिक उत्तेजित स्वर में कहा, "वह तुमने क्या कहा–धूल, शहर और प्रत्येक वस्तु ?"

"ईश्वर ने चीज़ों को ऐसा ही बनाया है, बच्चे। सबकुछ मिट्टी का है, और मिट्टी स्वयं धूल है। पृथ्वी की प्रत्येक वस्तु का अन्त हो जाएगा...सबकुछ ऐसा ही है। और इसीलिए आदमी को अपनी मेहनत और नम्रता से रोटी कमानी चाहिए। मैं भी जल्दी मर जाऊँगा।" दादा ने एकाएक ही विषय बदल दिया और दुःखी होते हुए आगे कहा, "और तब तुम कहाँ जाओगे जब मैं तुम्हारे पास नहीं हूँगा, ऐह ?"

ल्योंका को अपने दादा से अक्सर यह प्रश्न सुनना पड़ता था। वह मृत्यु की बात से ऊब गया था और उसने बिना कुछ उत्तर दिए अपना चेहरा फेर लिया। उसने घास की एक पत्ती तोड़ी, उसे अपने मुँह में रखा और धीरे-धीरे चबाने लगा।

पर उसका दादा उस विषय को यों ही नहीं छोड़ना चाहता था।

"तुम जबाव क्यों नहीं देते ? जब मैं मर जाऊँगा, तब तुम क्या करोगे, मैं पूछता हूँ ?" लड़के की ओर झुकते हुए उसने फिर से खाँसते हुए पूछा।

"मैं तुम्हें पहले ही बता चुका हूँ..." ल्योंका ने अनमनेपन से कुछ झुंझलाते हुए, कनखियों से अपने दादा की ओर देखते हुए कहा।

ऐसी बातचीत को नापसन्द करने का एक कारण यह भी था कि वह अक्सर झगड़े में ही ख़त्म होती थी। उसका दादा विस्तार के साथ अपनी मृत्यु की सन्निकटता के विषय में कहता। पहले ल्योंका ध्यान से सुनता था और आनेवाले सम्भावित खतरों को देखकर रोने लगता था, लेकिन फिर वह यह सुनते-सुनते ऊबने लगा था। उसका ध्यान हट जाता, और वह अपने विच्गरों में खो जाता। उसका दादा जब यह देखता, तो नाराज हो जाता और शिकायत करता कि ल्योंका उसे प्यार नहीं करता, उसकी परेशानी की परवाह नहीं करता, और फिर ल्योंका को इस बात के लिए उलाहना देते हुए कि वह अपने दादा से जल्दी से जल्दी छुटकारा पाना चाहता है, अपनी बात समाप्त कर देता।

"तुम्हारा क्या मतलब है...कि तुम मुझे बता चुके हो ? तुम एक मूर्ख लड़के हो, इस योग्य नहीं कि जीवन में अपना मार्ग ढूँढ़ सको। तुम्हारी उम्र ही क्या है ? लगभग ग्यारह वर्ष, इससे अधिक नहीं। और उस पर कमज़ोर हो, कठिन काम करने के अयोग्य। तुम कहाँ जाओगे ? क्या तुम सोचते हो कि तुम्हारी मदद करने के लिए तुम्हें दयालु आदमी मिलेंगे ? यदि तुम्हारे पास पैसा है तो वे उसे तुमसे जल्दी ही खर्च करवा डालने के लिए तुम्हारी मदद करेंगे...यह बिलकुल सही बात है। लेकिन इधर-उधर जाकर भीख माँगना जितनी तुम्हारे लिए कठिन बात है—मेरे जैसे एक बूढ़े आदमी के लिए भी। ...हर एक आदमी के सामने अपना सिर झुकाना, प्रत्येक से भीख माँगना, ऐह! और वे तुम्हें कोसते हैं, कभी-कभी मारते भी हैं और भगा देते हैं तो क्या तुम सोचते हो कि कोई आदमी भिखमंगों को वास्तविक मनुष्य समझता है ? बिलकुल नहीं ! दस वर्ष हो चुके हैं, तब से मैं सड़क पर भीख माँग रहा हूँ, मैं जानता हूँ। वे रोटी के एक टुकड़े की कीमत एक हज़ार रुबल समझते हैं। यदि कोई आदमी तुम्हें रोटी का एक टुकड़ा देता है, तो तुम देख सकते हो कि वह किस प्रकार ऐसा करते हुए सोचता है कि स्वर्ग का दरवाज़ा उसके लिए खुल रहा है। क्या तुम ऐसा सोचते हो कि इसके अलावा कोई और कारण है जिसकी वजह से लोग कुछ देते हैं ? अपनी अन्तरात्मा की भूख शान्त करने के लिए मेरे दोस्त; उनके लिए यही कारण है, यह नहीं कि वे तुम्हारे लिए दुःखी होते हैं ! वे तुम्हारे हाथों में एक टुकड़ा ठूँसते हैं जिससे कि खाना उनके मुँह में अटका न रह जाए। भरे पेट वाला आदमी जानवर होता है, और उसमें भूखे आदमी के लिए कोई दया नहीं होती। वे दुश्मन हैं। भरे पेटवाला आदमी और भूखा आदमी—सदैव एक-दूसरे को समझें और एक-दूसरे पर दया करें, ऐसा सम्भव नहीं है। एक गरीब आदमी भरे पेटवाले आदमी के लिए धूल की तरह है।"

वृद्ध आदमी अपनी दुर्दशा के कारण और भी अधिक उत्तेजित हो उठा। इससे उसके होंठ काँपने लगे। उसकी निरीह, बूढ़ी आँखें लाल पलकों और भौंहों में जल्दी-जल्दी मिचमिचाने लगीं और उसके काले चेहरे पर झुर्रियाँ और भी अधिक स्पष्ट होकर उभर आईं।

ल्योंका को अपने दादा की यह मनःस्थिति अच्छी नहीं लगती थी, और वह एक अस्पष्ट भय अनुभव करने लगता था।

"इसलिए मैं तुमसे पूछ रहा हूँ : तुम दुनिया में कैसे निर्बाह करोगे ? तुम एक गरीब, कमज़ोर लड़के हो और दुनिया एक जानवर है। वह तुम्हें एक ग्रास में निगल जाएगी। और मैं नहीं चाहता, ऐसा हो...मैं तुम्हें प्यार करता हूँ, बच्चे, इसलिए ! मेरे लिए तुम्हीं सबकुछ हो और तुम्हारे पास मेरे सिवा और कोई नहीं—मैं कैसे मरूँगा, ऐह ? मैं मर नहीं सकता और तुम्हें अकेला नहीं छोड़ सकता...किसके पास ? ओह प्रभु ! तुम्हारे सेवक ने तुम्हें कैसे नाराज़ कर दिया है ? ज़िन्दा रहना मेरी शक्ति के बाहर है, और मुझे मौत नहीं चाहिए, क्योंकि मुझे बच्चे की देखभाल करनी है ! सात साल से मैंने पाला है...अपने बूढ़े...बाज़ुओं में...ओह प्रभु, मेरी मदद करो!"

वृद्ध आदमी बैठ गया और अपने सिर को अपने छोटे कमज़ोर घुटनों में छिपाकर आँसू बहाने लगा।

नदी तेज़ रफ्तार से आगे दूर तक बढ़ती रही—ज़ोर की आवाज़ के साथ पानी उछालती हुई, जैसे वह बृद्ध आदमी के विलाप की आवाज को डुबोना चाहती हो! आकाश, जिसमें बादल नहीं थे, चमक के साथ मुस्कुराया—झुलसानेवाली गर्मी उँडेलता हुआ, ऊपर उछलते हुए पानी के विद्रोही शोरगुल को शान्तिपूर्वक सुनता हुआ।

"अब...अब...दादा, विलाप न करो," ल्योंका ने अपनी आँसू-भरी आँखें छिपाते हुए दृढ़ता से कहा, और फिर वृद्ध आदमी के सामने झुकते हुए बोला, "हम यह सब बातें पहले भी कर चुके हैं। मैं अच्छी तरह रह लूँगा। मैं किसी-न-किसी सराय में नौकरी कर लूँगा..."

"वे तुम्हें मारते-मारते तुम्हारी जान निकाल देंगे..." उसका दादा आँसू गिराता हुआ कराहा।

"और हो सकता है, वे ऐसा न करें। हो सकता है, वे इस प्रकार न करें।" उसकी आवाज़ में दुस्साहस था—बिलकुल चुनौती देनेवाला। "और इससे क्या ? मैं मेमना नहीं हूँ जिसे जो चाहे, मूड़ ले !"

ल्योंका यह कहकर एकाएक कुछ सोचते हुए गम्भीर हो गया और थोड़ी देर चुप रहने के बाद शान्तिपूर्वक बोला, "और मैं मठ में भी जा सकता हूँ।"

"यदि तुम मठ में चले जाते अभी..." उसके दादा ने, जो फिर से अनुप्राणित हो उठा था, आह भरी और फिर उसकी साँस उखड़ गई और उसे खाँसी का दौरा पड़ गया।

उनके सिर के ऊपर पहियों की खड़खड़ाहट सुनाई पड़ी।

"ना व ! ना...व—हे।" एक बुलन्द आवाज़ हवा को चीरते हुए गूँज उठी।

वे एकाएक ही अपने डंडे और झोले उठाकर उछलते हुए खड़े हो गए।

खड़खड़ाहट की चुभती हुई आवाज के साथ एक गाड़ी बालू में प्रविष्ट हुई। उसमें एक कज़्ज़ाक खड़ा था—अपने सिर को रोयेंदार टोपी से ढके। उसने टोपी को अपने

एक कान की ओर झुकाते हुए खुले मुँह से लम्बी साँस ली, जिसके कारण उसकी चौड़ी फूली हुई छाती और भी अधिक फूल गई थी। वह फिर से चिल्लाने की तैयारी कर रहा था। उसके सफ़ेद दाँत उसकी रेशमी दाढ़ी में, जो उसकी खूनी आँखों के नीचे और भी बड़ी होती दिखाई दे रही थी, चमकने लगे। उसकी खुली हुई कमीज़ और लापरवाही से कंधों के ऊपर पड़े लबादे के नीचे उसका रोयेंदार, धूप से झुलसा धड़ दिखलाई पड़ता था। उसकी पूरी आकृति बड़ी पुष्ट और उसके साथ उसका मांसल और दैत्याकार लाल अबलक घोड़ा और उसकी गाड़ी के ऊँचे पहियों के मोटे टायर—सभी से उसकी खुशहाली, ताकत और स्वस्थता टपकती थी।

"हे !...हे !"

दादा और पोते ने अपनी टोपियाँ उतारीं और झुककर अभिवादन किया।

"नमस्कार !" आगुन्तक एकाएक ही घुरघुराया और उसने दूर किनारे पर, जहाँ काली नाव धीमे-धीमे और बेढंगेपन से झाड़ियों के बीच से निकल रही थी, नज़र डालते हुए अपना पूरा ध्यान भिखारियों पर लगाया, "क्या तुम रूस से आए हो ?"

"रूस से, दयालु श्रीमान्।" आर्खिप ने झुकते हुए उत्तर दिया।

"वहाँ खाने की कमी है, ऐह ?"

वह अपनी गाड़ी से ज़मीन पर कूदा और साज के कुछ हिस्सों को कसने लगा।

"तिलचट्टे भी भूख के कारण मर रहे हैं।"

"हो...हो ! तिलचटे मर रहे हैं ! यदि उनके लिए कोई टुकड़ा तक नहीं बचता, तो इसका मतलब है कि तुम पूरी रकाबी चाट कर साफ कर देते हो। तुम लोग खूब खानेवाले हो। लेकिन तुम काम करने में बिलकुल जाहिल हो। जब तुम ठीक से काम करने लगोगे तो तुम्हारे यहाँ अकाल का अन्त हो जाएगा।"

"वह ज़मीन की खराबी है, भले श्रीमान् जी, वह तले तक वैसी ही है। वह अब उपजाऊ नहीं रही। हमने उसे निचोड़कर शुष्क कर दिया है।"

"जमीन ?" कज़्ज़ाक ने इनकार में अपना सिर हिलाया। "ज़मीन हमेशा उपजाऊ होती है, इसी उद्‌देश्य से वह आदमी को दी गई है। कहो : कमी हाथों में है, ज़मीन में नहीं। हाथों को दोष दो। परिश्रमी हाथ पत्थर में भी अनाज उगा लेते हैं। क्या तुम काला सागर के ज़िलों में गए हो ? वहाँ, वृद्ध आदमी, वे पत्थरों में हल चलाते हैं।"

नाव आ गई थी।

दो मज़बूत लाल चेहरेवाले कज़्ज़ाकों ने, जिन्होंने अपनी मोटी टाँगें नाव के डेक पर टिका रखी थीं, शोर के साथ उसे किनारे तक खींचा, हिलने के कारण रस्सी नीचे गिर पड़ी और वे हाँफते हुए एक दूसरे को देखने लगे।

"बहुत गरमी है ?" आगंतुक ने खीसें निकालीं और अपनी टोपी छूते हुए अपने घोड़े को नाव पर ले गया।

"उहू !" एक नाविक ने अपने हाथों को अपनी तुर्की पेंट की जेबों के अन्दर डालते

हुए उत्तर दिया, और गाड़ी के पास जाकर उसके अन्दर नज़र दौड़ाई और ज़ोर से साँस खींचते हुए नाक को सिकोड़ा।

दूसरा माँझी फर्श पर बैठ गया और कराहता हुआ अपना एक जूता उतारने लगा।

ल्योंका और उसका दादा नाव पर चढ़ गए और एक किनारे खड़े हुए क़ज़्ज़ाकों पर नज़र रखे रहे।

"अच्छा, अब हम चलें।" गाड़ी के मालिक ने हुक्म दिया।

"क्या तुम्हारे पास पीने को कुछ नहीं है ?" गाड़ी का निरीक्षण करनेवाले नाविक ने पूछा। उसके साथी ने अपना जूता उतार लिया था और अपनी सिकुड़ी आँखों से उसकी जाँच कर रहा था।

"कुछ नहीं। क्यों, क्या कूबन में पानी सूख गया है ?"

"पानी !...मेरा मतलब पानी से नहीं है।"

"तुम शराब की बात कर रहे हो ? मैं नहीं लाया हूँ।"

"यह कैसे हो सकता है कि तुम नहीं लाए ?" उसके सम्भाषी ने अचम्भे से कहा। उसकी आँखें नाव के तले पर गड़ी थीं।

"आओ, अब हम चलें !"

कज़्ज़ाक ने अपने हाथों पर थूका और रस्सी पकड़ ली। नाविक़ उसकी सहायता करने लगा।

"हे, बाबा, तुम क्यों नहीं मदद करते ?" अपने जूते से उलझा हुआ माँझी आर्खिप की ओर मुड़ा।

"वह मेरी ताकत के बाहर है, भाई !" वृद्ध आदमी ने रिरियाते हुए उत्तर दिया।

"और उन्हें मदद की आवश्यकता नहीं है। वे अपने-आप सँभाल लेंगे।"

मानो आर्खिप को अपने शब्दों की सच्चाई के बारे में विश्वास दिलाने के लिए वह माँझी एक घुटने के बल बैठ गया और फिर नाव के डेक पर पसर गया।

उसके साथी माँझी ने उसे अलसाते देख कोसा और उतर न मिलने पर अपने पैर को ज़ोर से पटका और डेक पर टेक लगाई।..."तुम देखते हो ल्योंका, कैसे आदमी हैं—लम्बे-चौड़े और खुशहाल। यह जगह किसानों के लिए स्वर्ग है..." आर्खिप ल्योंका की ओर, जो बगल से बहते हुए पानी को देख रहा था, झुकते हुए फुसफुसाया।

प्रवाह के निरन्तर दवाब से नाव धीमे से आगे बढ़ते हुए हिली और काँपी।

"देखो, बनैला सूअर है। वह कहता है, 'हाथ...तुम अच्छी तरह परिश्रम नहीं करते,' जबकि उसने स्वयं ऐसा परिश्रम कभी स्वप्न में भी नहीं किया," दादा ने कानाफूसी की। "ईश्वर एक आदमी को अधिक क्यों देता है और दूसरे को थोड़ा..." और थोड़ी देर चुप रहने के बाद, मानो इस बीच वह ल्योंका के उत्तर की प्रतीक्षा में हो, स्वयं ही उत्तर देने लगा, "आत्मा की परीक्षा के लिए ? आत्मा जो खीजती, शिकायत करती है, जीवन में बिना सुख और शान्ति से मर जाती है।"

पानी के प्रवाह को देखते हुए ल्योंका ने अनुभव किया कि उसका सिर एक सुखद

अनुभूति से चकरा रहा था और लहरों के तेज़ प्रवाह से थकी हुई उसकी आँखें नींद से मुँदी जा रही थीं। उसके दादा की बड़बड़ाहट दूर से आती हुई मालूम पड़ती थी। रस्सी की चरचराहट और सूँ-सूँ करती लहरों की छटपटाहट उसे उनींदा कर रही थीं। वह डेक पर नींद की तन्द्रा में डूबने ही वाला था कि किसी वस्तु ने एकाएक उसे ऐसा धक्का दिया कि वह गिर पड़ा।

अपनी आँखें फैलाते हुए उसने अपने चारों ओर देखा। कज्ज़ाक नाव को किनारे पर एक ठूँठ से बाँधते हुए उस पर हँस रहे थे।

"सोने लगा था, ऐह ? बेचारा, छोटा बौना ! गाड़ी में चढ़ जाओ। मैं तुम्हें गाँव तक ले चलूँगा। बाबा, तुम भी आ जाओ।"

कज्ज़ाक को धन्यवाद देते हुए वृद्ध आदमी कराहता हुआ बड़ी कठिनाई से गाड़ी में चढ़ा। ल्योंका उसकी बगल में जा बैठा। वे काली धूल के बादल में, जिसके कारण वृद्ध आदमी खाँसने और साँस के लिए छठपटाने लगा, रवाना हो गए।

कज्ज़ाक गाने लगा—अजीब प्रक़ार की आवाजों में। वह स्वरों को बीच में तोड़ देता था और सीटी बजाने लगता था। ऐसा मालूम होता था कि वह आवाज़ों को उलझे हुए धागों की तरह सुलझा रहा था और जब कोई गाँठ आ जाती थी तो वह उन्हें तोड़ देता था। गीत अन्तहीन स्तेपी के मैदान की तरह उबाऊ था और बिलकुल समस्वर हो गया था।

पहिए विद्रोह प्रदर्शित करते हुए खड़खड़ा रहे थे। उनके नीचे धूल तेज़ी से चक्कर काट रही थी। वृद्ध आदमी अपना सिर हिलाता हुआ निरन्तर खाँस रहा था, और ल्योंका सोच रहा था कि वे शीघ्र ही गाँव पहुँच जाएँगे और फिर उसे खिड़कियों के नीचे नकियाते हुए 'प्रभु यीशु मसीह' गाना पड़ेगा। एक बार फिर गाँव के लड़के उसे सताएँगे और औरतें रूस के बारे में कभी भी समाप्त न होनेवाले प्रश्न पूछेंगी।...ऐसे अवसर पर उसको बड़ा दुःख होता जब वह अपने दादा को नीचे झुककर कष्ट में बार-बार खाँसते हुए देखता, और सुबकियों के बीच गिड़गिड़ाती हुई आवाज़ में ऐसी घटनाओं की चर्चा करते हुए सुनता जो कभी भी, कहीं घटित नहीं हो सकती थीं।...वह कहता कि कैसे रूस में आदमी सड़कों पर मर रहे हैं और जहाँ वे गिर जाते हैं, वहीं पड़े रहते हैं, क्योंकि सभी आदमी भूख के मारे इतने बेहाल और अशक्त होते हैं कि मरे हुए आदमी को गाड़ने के लिए किसी आदमी का उधर ध्यान नहीं जाता। ल्योंका और उसके दादा ने इस तरह के दृश्य कभी भी कहीं नहीं देखे थे। इसीलिए अधिक से अधिक भीख इकट्ठा करना उनके लिए आवश्यक था। पर इन स्थानों पर उदारता से मिली इस भीख का कोई क्या लाभ उठा सकता था ? अपने स्वदेश के नगरों में वे बचे हुए सामान को चालीस कोपेक या आधे रूबल में हमेशा बेच सकते थे, लेकिन यहाँ उसका कोई खरीददार नहीं मिल सकता था। फिर उनके पास और कोई विकल्प नहीं बचता कि वे बहुतायत मात्रा में भीख में पाए स्वादिष्ट भोजन को स्तेपी में कहीं फेंक दें। ल्योंका सोचता कि दादा एक गाँव से दूसरे गाँव जाने की जल्दी क्यों करता था ? क्या वह एक

सप्ताह तक किसी गाँव में टिककर नहीं रह सकता था ? लेकिन वह एक गाँव में पहुँचता, उसके चारों ओर घूमता, चीजें इकट्ठी करता और जैसे कोई चोर पीछा करनेवालों से डरकर भागने लगता है, वैसे ही भागता हुआ दूसरे गाँव में पहुँच जाता। एक बार ल्योंका ने उससे इस विषय में पूछा, तो उसने नाराज़ और दुःखी होते हुए उत्तर दिया था :

"तुम नाटे मूर्ख, चुप रहो। तुम मेरी चिन्ताओं को नहीं समझ सकते। मैं क्या चाहता हूँ, तुम नहीं जान सकते। अगर मैं यह कहूँ कि मैं तुम्हारे लिए ही धन इकट्ठा कर रहा हूँ, जिससे तुम्हें किसान की ज़िन्दगी से छुटकारा दिला सकूँ, तो क्या यह गलत बात है ? इसलिए चुप रहो। मैंने तुम्हें बता दिया कि मैं ऐसा क्यों करता हूँ।"

"क्या तुम भीख माँगने जा रहे हो ?" कज्ज़ाक ने अपने कन्धों के ऊपर दोनों की झुकी हुई आकृतियों पर नज़र डालते हुए पूछा।

"हाँ, मेहरबान श्रीमान्।" आर्खिप ने आह भरते हुए उत्तर दिया।

"खड़े हो जाओ, बाबा, मैं तुम्हें वह जगह दिखाए देता हूँ जहाँ मैं रहता हूँ। तुम आकर मेरे यहाँ रात बिता सकते हो।"

वृद्ध आदमी ने खड़े होने की कोशिश की, लेकिन वह गिर पड़ा और गाड़ी के किनारे से टकराते हुए उसने एक दबी हुई कराह भरी।

"ऐह, तुम बूढ़े हो। हो न तुम ?" कज्ज़ाक ने सहानुभूति के साथ कहा। "अच्छा, कोई फिक्र की बात नहीं। तुम्हें ढूढ़ने की आवश्यकता नहीं है। जब तुम्हें रात गुज़ारने के लिए किसी जगह की ज़रूरत हो, तो पूछ लेना, चोर्नी कहाँ रहता है–अन्द्रेई चोर्नी। यह मेरा नाम है। और अब उतर पड़ो। विदा !"

दादा और पोता रजत और काले पहाड़ी पीपलों के समूह के सामने खड़े थे। उनके तनों के बीच से छतें और अहाते दिखलाई पड़ते थे, और हर जगह दाएँ और बाएँ, जहाँ भी उनकी दृष्टि जाती, इसी प्रकार के ऊँचे पेड़ों के समूह दिखलाई देते। उनकी हरी पत्तियाँ भूरी धूल से ढकी थीं और उनके मोटे मज़बूत तनों की छाल गरमी से चटक गई थी।

उन दोनों भिखारियों के ठीक सामने टट्टर के दो अहातों के बीच से एक सँकरी गली जाती थी, उसी में कज़्ज़ाक गायब हो गया था, और इस गली में वे दोनों ऐसे आदमियों की तरह, जो अपना अधिक समय पैदल चलने में व्यतीत करते हैं, थके और अव्यवस्थित डग भरते हुए आगे बढ़ने लगे।

"अच्छा, क्या हम एक साथ या अलग-अलग चलेंगे ?" वृद्ध आदमी ने पूछा, और बिना उत्तर की प्रतीक्षा किए जोड़ा, "एक साथ रहना अच्छा होगा–अपने-आप तुम कुछ नहीं इकट्ठा कर पाते। तुम्हें भीख माँगना नहीं आता।"

"हमें इतने अधिक की आवश्यकता क्या है ? हम इन सबका किसी भी तरह इस्तेमाल नहीं कर सकेंगे..." ल्योंका ने भौंहें चढ़ाकर उसकी ओर देखते हुए कहा।

"हमें उसकी किसलिए आवश्यकता है ? तुममें तनिक भी समझ नहीं है लड़के !...क्या

पता, हमें कोई ऐसा आदमी मिल जाए जिससे हम लाभ उठा लें ? वह धन दे दे ! धन मिलना अच्छी बात है। यदि तुम्हारे पास धन है और तुम्हारी तकदीर थोड़ी अच्छी है तो मेरे मरने के बाद तुम्हें तकलीफ नहीं पहुँचेगी।" ममता-भरी आँखों से मुस्कुराते हुए दादा ने पोते के बालों पर हाथ फिराया।

"क्या तुम जानते हो कि जब से हमने सफर शुरू किया है, मैंने कितना धन बचा लिया है—ऐह ?"

"कितना ?" ल्योंका ने उदासीनता से पूछा।

"ग्यारह और आधा रूबल—समझे ?"

लेकिन ल्योंका न तो धन-राशि से और न दादा के उल्लास-भरे गर्व से प्रभावित हुआ।

"ऐह, तुम बच्चे...तुम बच्चे हो !" वृद्ध आदमी ने आह भरी। "तो हम अलग-अलग इकट्ठा करेंगे—हम ऐसे ही करेंगे न ?"

"हाँ, अलग-अलग।"

"तब ठीक है, तब तुम गिरजाघर की ओर जाओ।"

"ठीक है।"

आर्खिप बायीं ओर की गली में मुड़ गया और ल्योंका सीधे चलता गया। वह दस कदम से अधिक आगे नहीं गया होगा कि उसने गिड़गिड़ाती हुई आवाज़ सुनी, 'मेहरबानी पालनेवालो !' आवाज़ से ऐसा लगता था, जैसे किसी ने अपनी हथेली से वीणा के मन्द स्वरों से लेकर उच्च स्वरों तक को एक साथ झंकृत कर दिया हो! ल्योंका काँप गया और अधिक तेज़ गति से चलने लगा। जब कभी वह अपने दादा को भीख माँगते समय ऐसे गिड़गिड़ाते हुए देखता था, तो वह दुखी हो उठता था और जब कोई वृद्ध आदमी को दुत्कार देता था, तो उसे चिन्ता होने लगती थी कि कहीं उसका दादा आँसू न बहाने लगे।

उसके दादा के गिड़गिड़ाने की आवाज़ गाँव के ऊपर बहती उनींदी, सतानेवाली हवा में मँडराती उसके कानों में प्रतिध्वनित हो रही थी। ल्योंका टट्टर के अहाते की ओर गया और चेरी के पेड़ की फैली हुई शाखाओं की छाया में बैठ गया। पास ही में कहीं से शहद की मक्खी की गूँजती हुई भिनभिनाहट आ रही थी।

अपना झोला उतारकर ल्योंका उस पर सिर टिकाकर लेट गया और थोड़ी देर अपने सिर के ऊपर की पत्तियों के बीच से आकाश देखते हुए गहरी नींद में सो गया। घनी लम्बी पत्तियों और टट्टर के अहाते की रंग-बिरंगी छायाएँ उसे राहगीरों की आँखों से छिपाए हुए थीं।

संध्या के समीप होने के कारण हवा अधिक ताज़ा महसूस होने लगी थी, तभी गूँजती हुई एक अजीब प्रकार की आवाज़ों ने उसे जगा दिया। कोई उससे थोड़ी ही दूर पर रो रहा था। वह रुदन बच्चे का था—भरे हुए हृदय से निकला और अनियन्त्रित। सुबकियों की आवाज़ कभी ऊँचे तो कभी मन्द स्वरों में डूब जाती थी और फिर एकाएक

ही नई ताज़गी और तीव्रता के साथ फिर ऊँची हो जाती थी। वह आवाज लगातार सुनाई पड़ती हुई नज़दीक आती जा रही थी। उसने अपना सिर ऊपर उठाया और गली की ओर देखा।

गली में एक सात वर्ष की बच्ची रोती हुई जा रही थी। वह साफ-सुथरे कपड़े पहने हुए थी। वह अपना चेहरा बीच-बीच में अपने सफेद स्कर्ट के किनारे से पोंछ लेती थी। रोने के कारण उसका चेहरा लाल और सूजा हुआ था। वह धीमी गति से चल रही थी—अपने नंगे पैरों को सड़क पर घसीटते हुए, धूल को उछालते हुए और स्पष्टतया बिना यह जाने कि वह कहाँ और क्यों जा रही थी। उसकी आँखें बड़ी और काली थीं। इस समय वे सूजी, विषाद-भरी और गीली थीं। उसके सुनहरे बाल, जो अस्त-व्यस्त थे, उसके माथे, गालों और कन्धों पर बिखरे हुए थे। लटों के नीचे उसके छोटे-छोटे सुन्दर गुलाबी कान धृष्टतापूर्वक झाँक रहे थे।

आँखों में आँसू होने के बावजूद वह ल्योंका को बहुत हास्यास्पद प्रतीत हुई—हास्यास्पद और प्रसन्नचित्त चेहरेवाली एक शैतान लड़की।

"तुम किसलिए रो रही हो ?" जब वह लड़की उसके समीप आ गई तो उसने खड़े होकर पूछा।

वह चौंकी और थोड़ा रुक गई। उसका रोना तो बन्द हो गया लेकिन फिर भी धीमे-धीमे वह सूँ-सूँ करती रही। फिर जब उसने उसे कुछ क्षणों तक देख लिया, तो उसके होंठ फिर से काँपने लगे, उसका चेहरा सिकुड़ गया, उसकी छाती फूलने लगी और रोना प्रारम्भ करते हुए वह अपने मार्ग पर चलने लगी।

ल्योंका को अनुभव हुआ कि उसका दिल बैठ गया है और वह एकाएक ही उसके पीछे चलने लगा।

"रोओ नहीं। तुम अच्छी लड़की हो—तुम्हें अपने ऊपर शर्म आनी चाहिए !" उसके पास पहुँचने से पहले ही उसने कहना शुरू किया, फिर जब वह उसके बराबर पहुँच गया, तो उसने उसके चेहरे को देखा और फिर पूछा, "अच्छा, अब तुम किस कारण इस तरह सिसकियाँ भर रही हो ?"

"ओह, ओह !" वह कराहते हुए बुदबुदाई। "तुम्हारे लिए यह कहना आसान है..." और अपने चेहरे को दोनों हाथों से छिपाकर, निराशा में विलाप करते हुए वह एकाएक ही धूल-भरी सड़क पर बैठ गई।

"अच्छा !" ल्योंका ने उपेक्षा के भाव में अपना हाथ हिलाया, "बच्ची, तुम एक छोटी बच्ची हो—बिलकुल छोटी बच्ची। तुम्हें लज्जित होना चाहिए।"

लेकिन इससे उनमें से किसी को भी कोई सहायता नहीं मिली। ल्योंका उसकी पतली, गुलाबी उँगलियों के बीच से गिरते हुए आँसू देखकर उदास हो गया और उसका मन भी रोने को करने लगा। वह उसके ऊपर झुका, और सतर्कता से अपना हाथ उठाते हुए उसने हलके से उसके बाल स्पर्श किए और फिर अपना हाथ तुरन्त ही खींच लिया, जैसे उसे अपने साहस से भय हो रहा हो ! लेकिन वह रोती रही और कुछ नहीं बोली।

"सुनो !" ल्योंका ने एक क्षण चुप रहने के बाद वास्तव में उसकी मदद करने की इच्छा से कहा, "क्या हुआ है तुम्हें ? क्या किसी ने तुम्हें पीटा है ? क्या मम्मी ने पीटा है ? कोई और बात हो तो मुझे बताओ–ऐह !"

लड़की ने अपनी आँखों से अपने हाथ हटाए बिना अपना सिर उदासी से हिलाया, और अन्त में अपने कंधों को झकझोरते हुए और सुबकियाँ भरते हुए धीरे-धीरे उत्तर दिया, "मेरे सिर का स्कार्फ मुझसे कहीं खो गया है। पिताजी उसे बाज़ार से लाए थे। वह नीले रंग का बेल-बूटेदार था। मैंने उसे पहना–और खो दिया।" वह फिर विलाप करने लगी, और अधिक ज़ोर से और उग्रता के साथ हाँफते हुए–'ओ-ओ-ओ' करके, अजीब प्रकार की कराह भरते हुए।

ल्योंका ने उसकी सहायता करने में अपने को असमर्थ अनुभव किया और संकोच के साथ उससे दूर रहते हुए, ध्यानपूर्वक और दुःखी मन से अन्धकार में डूबते हुए आकाश की ओर देखने लगा। वह अपने को दयनीय अनुभव कर रहा था और छोटी लड़की के लिए बहुत दुःखी था।

"रोओ नहीं... शायद वह मिल जाए..." वह धीमे से फुसफुसाया लेकिन उसे यह देखकर आश्चर्य हुआ कि उसके सान्त्वना के शब्दों को वह सुन ही नहीं रही है। फिर ल्योंका ने यह सोचकर कि शायद इस स्कार्फ के खोने के कारण उसे अपने पिता से पीटे जाने का बहुत भय है, उससे और भी दूर हट गया। तुरन्त ही उसके मस्तिष्क में एक दृश्य कौंध गया–उसका पिता, एक लम्बा-तड़ंगा काला कज़्ज़ाक, लड़की के सामने खड़ा है और उसे मार रहा है, और वह आँसुओं से भरी आँखों के साथ रुँधी हुई आवाज़ में गिड़गिड़ाती, भय तथा दर्द से काँपती हुई ज़मीन पर उसके पैरों पर पड़ी है।

वह उठ खड़ा हुआ और उससे दूर चला गया, लेकिन लगभग पाँच क़दम आगे जाने के बाद वह एकाएक ही लौट आया और ठीक उसके सामने रुकता हुआ, अहाते की ओर अपनी पीठ किए हुए, उससे कुछ प्यार-भरे शब्दों में समझाने का प्रयत्न करने लगा, "आओ, छोटी बच्ची, सड़क से उठ बैठो ! अब रोना बन्द कर दो, अवश्य बन्द कर दो ! घर जाओ और जैसे हुआ है, उनसे साफ-साफ कह दो। तुम कह दो कि वह खो गया है...आखिरकार रूमाल भी ऐसी क्या महत्त्वपूर्ण चीज़ है ?"

उसने शान्त और संवेदनशील आवाज़ में कहना शुरू किया था और जब घबराहट के साथ अपनी बात खत्म की तो उसे यह देखकर प्रसन्नता हुई कि लड़की ज़मीन से उठकर खड़ी हो गई थी।

"हाँ, अब यह ठीक है !" वह मुस्कुराते और उत्साहित होते हुए कहता गया, "अब तुम घर जाओ। क्या तुम पसन्द करोगी कि मैं तुम्हारे साथ चलूँ और उनसे उसके बारे में सबकुछ कह दूँ ? मैं तुम्हारी बात की पुष्टि करूँगा, डरो नहीं।"

ल्योंका ने अपने कन्धों को गर्व के साथ फैलाया और अपने चारों ओर देखा।

"नहीं, अच्छा नहीं होगा मेरे साथ चलना..." वह बुदबुदाई और अपनी सुबकियाँ रोकने का प्रयत्न करते हुए धीरे-धीरे अपनी पोशाक से धूल झाड़ने लगी।

"यदि तुम पसन्द करो तो मैं तुम्हारे साथ चलूँ ?" ल्योंका ने एक कान पर अपनी टोपी डालते हुए फिर से निवेदन किया।

अब वह उसके सामने खड़ा था, उसकी टाँगें फैली हुई थीं, जिसके कारण उसके चीथड़े नीचे की ओर लटके हुए दिखलाई पड़ते थे। उसने अपनी डण्डी से ज़मीन को दृढ़ता के साथ खटखटाया और पूरी तरह उसके चेहरे को देखा–उसकी विषाद-भरी बड़ी आँखें साहसपूर्ण गर्व से चनक रही थीं।

छोटी लड़की ने अपनी आँखों के आँसू पोंछते हुए उसकी ओर कनखियों से देखा, और एक आह भरते हुए कहा, "अच्छा हो, न आओ। मेरी माँ भिखारियों को पसन्द नहीं करती।"

यह कहकर वह वापस जाने लगी–दो बार मुड़कर उसकी ओर देखते हुए।

ल्योंका का गर्व ढीला पड़ गया। धीरे-धीरे धीमी गति से उसने अपनी भंगिमा को बदल दिया, अपनी पीठ झुका दी और फिर से अपनी दयनीय अवस्था में आ गया। उसने अपने थैले को, जो एक हाथ में लटक रहा था, कन्धों पर डालते हुए, गली के नुक्कड़ पर मुड़ रही लड़की से ज़ोर से कहा, "विदा।"

वह बिना रुके हुए उसकी ओर मुड़ी और गली में ग़ायब हो गई।

संध्या झुक रही थी और हवा आँधी आने से पहले अनुभव की जानेवाली दमघोंटू उमस से बोझिल थी। सूरज आकाश में नीचे उतर आया था और पहाड़ी पीपल की फुनगियाँ उसकी प्रतिबिम्बित कोमल लालिमा से चमक रही थीं। इसी समय संध्या की छायाओं ने, जो उनके नीचे की लम्बी और निश्चल शाखों को ढके हुए थीं, उन्हें और भी घना और लम्बा बना दिया था। उनके ऊपर झुके हुए आकाश में भी अँधेरा बढ़ रहा था और वह मखमली दिख रहा था तथा नीचे और उससे भी नीचे पृथ्वी पर उतरता हुआ मालूम पड़ता था। कहीं दूर से आदमियों के बात करने की आवाज़ आ रही थी, और उससे भी दूर से उनके गाने की। ये आवाज़ें शान्त लेकिन घनी और गहरी, उसी दमघोंटू बोझिलपन से व्याप्त मालूम पड़ती थीं।

ल्योंका और भी अकेलापन अनुभव करने लगा और कुछ शंकित भी। उसने अपने दादा के पास जल्दी से जल्दी पहुँचने का निश्चय किया। उसने चारों ओर देखा और फिर वह जल्दी-जल्दी गली में चलने लगा। उसका मन भीख माँगने को नहीं कर रहा था। वह चल रहा था और अपनी छाती में अपने दिल को तेज़ी से धड़कते हुए अनुभव कर रहा था। उसे चलने और सोचने में एक अजीब प्रकार की आलस-भरी अनिच्छा हो रही थी। इसके साथ ही, वह छोटी लड़की को अपने मस्तिष्क से नहीं निकाल सका था और आश्चर्य में डूबा हुआ था। 'अब उसके साथ क्या हो रहा होगा ? यदि वह किसी धनवान घर की है तो वे उसे पीटेंगे : सभी धनवान कंजूस होते हैं; लेकिन यदि वह निर्धन परिवार की है, तो हो सकता है, वे ऐसा न करें। गरीब परिवार अपने बच्चों

को प्यार करते हैं क्योंकि वे उस समय की प्रतीक्षा में रहते हैं जब बच्चे बड़े होकर काम में उनकी मदद करेंगे।' एक के बाद एक विचार उसके मस्तिष्क में भिनभिना रहे थे और उबाऊ तथा आत्मा को कचोटनेवाला दुख, जो छाया की तरह इन विचारों का पीछा कर रहा था, अधिक दमघोंटू हो रहा था और स्थायी रूप से उस पर हावी होता जा रहा था।

शाम की छायाएँ और भी घनी तथा बोझिल हो गईं। ल्योंका को कहीं-कहीं कज़्ज़ाकों और उनकी औरतों के झुण्ड, जो अकाल-पीड़ित रूसी शरणार्थियों के इतने अभ्यस्त हो गए थे कि वे उनकी ओर कोई ध्यान दिए बिना आगे बढ़ते जाते थे, मिलने शुरू हो गए थे। वह भी उनके भोजन से पूरी तरह तृप्त और हृष्ट-पुष्ट शरीरों पर केवल एक उदासीन और नीरस दृष्टि डालता जल्दी-जल्दी उनके पास से गुजरता हुआ गिरजाघर की ओर चला जा रहा था—गिरजे का सलीब ठीक उसके सामने गाँव के ऊपर चमक रहा था।

घर लौटते हुए झुण्डों की आवाज़ शान्त हवा में तैरती हुई उसकी ओर आ रही थी। यहाँ गिरिजाघर था—एक नीची, चौड़ी इमारत जिसके पाँच नीले रंग के गुम्बज ऊपर उठे थे। उनके पास पहाड़ी पीपल भी उगे हुए थे। उनकी ऊँची फुनगियाँ सलीबों से, जो डूबते हुए सूरज की किरणों में नहाए हरी पत्तियों के बीच गुलाबी सुनहरे दीख रहे थे, ऊपर उठी हुई थीं।

वहाँ उसका दादा इकट्ठी की हुई वस्तुओं के बोझ से झुका और अपनी आँखों को हाथ की ओट में किए इधर-उधर देखता हुआ चर्च की ड्योढ़ी की ओर आ रहा था।

उसके दादा के पीछे एक कज़्ज़ाक घसीटते हुए भारी क़दम रखता चल रहा था। उसकी टोपी उसकी आँखों पर झुकी हुई थी और उसके हाथ में डंडा था।

"अरे, तुम्हारा झोला खाली है न ?" दादा ने अपने पोते की ओर, जो उसकी प्रतीक्षा में गिरजे के अहाते के फाटक पर रुक गया था, बढ़ते हुए पूछा। "देखो, मैंने कितना इकट्ठा किया है !" घुरघुराहट के साथ उसने पूरी तरह भरा हुआ किरमिच का थैला अपने कन्धों से ज़मीन पर पटका। "उफ !...बहुत ही उदार यहाँ के आदमी हैं। ओह, यह अच्छी बात है !...अच्छा, तुम्हारा चेहरा क्यों उतरा हुआ है ?"

"मेरे सिर में दर्द हो रहा है।" ल्योंका ने अपने दादा की बग़ल में ज़मीन पर बैठते हुए शान्तिपूर्वक कहा।

"तुम यह तो नहीं कह रहे कि थक गए हो ? हम चलते हैं और अब रात में कहीं विश्राम करेंगे। उस कज्ज़ाक का क्या नाम था—ऐह ?"

"अन्द्रेई चोर्नी।"

"हम उनसे पूछ लेंगे, चोर्नी कहाँ है—अन्द्रेई ? वह कहाँ रहता है, हम यही पूछेंगे। कोई आदमी आ रहा है। हाँ...अच्छे आदमी हैं, खुशहाल ! और वे सफेद गेहूँ की रोटी के सिवाय और कुछ नहीं खाते। नमस्ते, उदार श्रीमान्!"

कज़्ज़ाक ठीक उनके सामने आ खड़ा हुआ और उसने वृद्ध आदमी के अभिवादन का जानबूझकर दवाब डालते हुए उत्तर दिया :

"और तुम्हें भी, नमस्ते !"

इसके बाद उसने अपनी टाँगें फैलाईं और अपनी भावहीन आँखें भिखारियों पर गड़ाईं, और फिर उसने चुपचाप अपने सिर को खुजलाया।

ल्योंका ने उसे उत्सुकता से ध्यानपूर्वक देखा, आर्खिप ने प्रश्नसूचक मुद्रा में अपनी बूँढ़ी आँखें मिचमिचाईं, लेकिन कज़्ज़ाक कुछ नहीं बोला। अन्त में अपनी जीभ आधी बाहर निकालकर उसने अपनी मूँछें ढूँढ़ना शुरू किया। इस कार्य को सफलता से पूरा करने के बाद उसने अपनी मूँछें मुँह में डाल लीं, उन्हें चबाया और अपनी जीभ से फिर से उन्हें बाहर निकाल दिया। फिर उसने अपनी चुप्पी तोड़ी, जो पहले ही से दमघोंटू हो गई थी, और आलस्य के साथ कहा, "अच्छा, मेरे साथ पुलिस थाने चलो।"

"किसलिए ?" वृद्ध आदमी एकाएक ही काँपने लगा।

"हुक्म है। चलो।"

उसने उनकी ओर अपनी पीठ कर ली और तुरन्त ही चल पड़ा, परन्तु अपने कन्धों के पीछे निगाह डालकर जब उसने देखा कि उनमें से कोई भी हिल नहीं रहा है, तो वह फिर से चिल्लाया, इस बार जोर से, "तुम किसलिए इन्तज़ार कर रहे हो ?"

तब ल्योंका और उसके दादा मन मारकर उसके पीछे चलने लगे।

ल्योंका की दृष्टि अपने दादा पर टिकी हुई थी, यह देखते हुए कि किस प्रकार उसका सिर और जीभ काँप रहे थे, किस परेशानी से वह अपने चारों ओर देख रहा था और कैसे वह जल्दी से अपनी कमीज़ के नीचे कुछ टटोल रहा था। उसे विश्वास हो गया कि उसके दादा ने फिर कुछ चुराया था, जैसाकि पिछली बार उसने तमान में किया था। तमान में की गई उस चोरी की याद आते ही वह बुरी तरह डर गया। उस समय दादा ने अहाते से कुछ कपड़े चुराए थे और उनके साथ वह पकड़ा गया था। इसके बाद उनकी हँसी उड़ाई गई थी, उन्हें कोसा गया था, पीटा गया था, और अन्त में आधी रात में गाँव से बाहर खदेड़ दिया गया था। उन्हें समुद्र के किनारे शोरगुल के बीच रेत पर सोना पड़ा था और समुद्र से सारी रात डरावनी गड़गड़ाहट आती रही थी, उछलती हुई लहरें रेत को चरचरा रही थीं और सारी रात उसका दादा विलाप करता रहा था– ईश्वर की प्रार्थना करते हुए, अपने को चोरी के लिए दोषी ठहराते हुए और क्षमा की भीख माँगते हुए।

"ल्योंका..."

ल्योंका ने अपनी पसलियों में एकाएक चुभन अनुभव की। वह चौंका, और अपने दादा की ओर देखने लगा। वृद्ध आदमी का चेहरा उतरा हुआ था। वह सूखा हुआ बिलकुल सफेद हो गया था और काँपता हुआ दिखलाई पड़ता था।

कज्ज़ाक उनसे पाँच कदम आगे चल रहा था और पाइप मुँह में लगाए धूम्रपान कर रहा था। चलते हुए वह पाइप के अन्दर तम्बाकू दबाता जाता था, बिना यह परवाह किए कि वे पीछे आ रहे थे या नहीं।

"इसे लो और फेंक दो घनी घास में और उस जगह का ध्यान रखना जहाँ उसे फेंको, जिससे कि उसे बाद में उठा सको।" उसके दादा ने इस प्रकार कानाफूसी की कि वह सुनाई न पड़े और चलते हुए अपने पोते के बिलकुल समीप आकर उसके हाथ में कसकर मुड़ा हुआ एक कपड़ा पकड़ा दिया।

ल्योंका भय से काँपते हुए एक तरफ मुड़ा और अहाते के किनारे गया, जिसके नीचे घनी घास उगी हुई थी। उसने कज़्ज़ाक की चौड़ी पीठ को बेचैनी से देखा, फिर अपना हाथ आगे किया और कपड़े पर एक उड़ती हुई नज़र डालते हुए उसे घास में फेंक दिया।

जैसे ही वह मुड़ा हुआ कपड़ा गिरा, खुल गया और एक क्षण के लिए नीले बूटों वाला सिर का रूमाल ल्योंका की आँखों के सामने फड़फड़ाया और तभी रोती हुई छोटी लड़की की आकृति ने उसकी दृष्टि को धुँधला कर दिया। वह उसे इतना स्पष्ट देख रहा था, जैसे वही हो! कज़्ज़ाक, उसका दादा और उसके चारों ओर की हर एक वस्तु उसकी आँखों से लुप्त हो गई थी।

उसकी सुबकियों की आवाज़ फिर से ल्योंका के कानों में स्पष्ट रूप से आने लगी और उसे ऐसा लगा, जैसे उसकी पारदर्शी आँखों की बूँदें उसके सामने ज़मीन पर गिर रही हों!

बिलकुल इस जड़वत् अवस्था में वह अपने दादा और कज़्ज़ाक के साथ पुलिस थाने पहुँचा। उसने जोर से कहे गए शब्दों की भिनभिनाहट सुनी, जिनको समझने की उसने कोई कोशिश नहीं की। उसने धुँधली आँखों से देखा कि किस तरह उसके दादा के थैले की हर एक चीज़ एक बड़ी मेज़ पर गिरा दी गई और कैसे वे एक-एक कर थपथप करती हुई मेज़ पर जा पड़ीं...फिर ऊँचे टोप पहने अनेक सिर मेज़ के ऊपर झुक गए। सिर और टोप धुँधले दिखलाई पड़ते थे क्योंकि कुहासे ने उन्हें चारों ओर से घेर रखा था। ल्योंका को एक भयानक खतरे का अहसास हुआ। फिर एकाएक ही उसका दादा दो हृष्ट-पुष्ट नौजवानों के हाथों में लट्टू की तरह घूमने लगा और अपनी फटी आवाज़ में बुदबुदाने लगा, "आप ग़लत समझ रहे हैं, भले ईसाइयो ! मैं दोषी नहीं हूँ, ईश्वर जानता है !" उसके दादा की हृदयविदारक चीख निकली।

ल्योंका आँसू बहाता हुआ फ़र्श पर गिर पड़ा।

फिर वे उसके पास आए, उन्होंने उसे उठाया, बेंच पर बिठाया और उसके चीथड़ों की, जिसमें उसका दुर्बल शरीर ढका था, जाँच करने लगा।

"दनीलोव्ना झूठ बोल रही है—अभिशप्त औरत !" कोई अपनी तेज और नाराज़गी-भरी आवाज़ में चिल्लाया, तो ल्योंका को ऐसा लगा, जैसे किसी ने उसके कान उमेठ दिए हों।

"हो सकता है, इसने उसे कहीं छिपा दिया हो !" उत्तर में दिया गया जवाब उससे भी अधिक तेज़ आवाज़ में था।

ल्योंका ने अनुभव किया, जैसे ये आवाजें चारों ओर से उसके सिर पर प्रहार कर रही हों और एकाएक ही वह इतना डरा कि बेहोश हो गया, जैसे उसने एक काले अतल गड्ढे में सिर के बल ग़ोता लगा लिया हो!

जब उसने अपनी आँखें खोलीं, उसका सिर उसके दादा के घुटनों पर था। उसके दादा का चेहरा, जो और भी अधिक दयनीय और झुर्रियों से भरा लगता था, उसके ऊपर झुका था। उसके दादा की घबराहट से मिचमिचाती आँखों से धाराप्रवाह आँसू ल्योंका के माथे पर गिर रहे थे और अपनी तेज़ गति के कारण वे उसके गालों और गर्दन के नीचे तक बह रहे थे।

"तुम होश में आ गए... क्या तुम होश में आ गए, बच्चे ? हमें यहाँ से जाना चाहिए। आओ, चलें। उन्होंने हमें छोड़ दिया है, बुरा हो उनका !"

ल्योंका यह अनुभव करते हुए उठा कि कोई भारी वस्तु उसके सिर के ऊपर डाल दी गई है और वह किसी भी क्षण उसके कन्धों से अलग गिर सकता था। उसने अपने सिर को दोनों हाथों में ले लिया और कराहते हुए हिलाया।

"तुम्हारा सिर दुःख रहा है न, मेरे गरीब छोटे बच्चे ? उन्होंने तंग करके हमारी जान निकाल ली...जानवर कहीं के ! एक कटार खो गया है, तुम समझे, और एक छोटी लड़की से उसके सिर का रूमाल गुम हो गया है, और ऐसी स्थिति में वे क्या करें सिवाय इसके कि सब मिलकर हमें उसके लिए दोषी ठहराएँ। वे कहते हैं कि हम भिखारी हैं, अब इसका मतलब यह है कि हम चोर हैं।...ओह, भगवान ! आप हमें क्यों सज़ा दे रहे हैं ?..."

वृद्ध आदमी की घरघराती आवाज़ ने ल्योंका का हृदय हिला दिया और उसने अपने अन्दर एक जलती हुई चिनगारी की चुभन अनुभव की, जिसके कारण वह अपने दादा से दूर हट गया।

वह अलग हट गया और उसने उदासी के साथ अपने दादा के चेहरे को देखा। उसकी मूँछों से ल्योंका को ऐसा लगा, जैसे छोटे, घृणित, धोखेबाज़ साँप उसकी ओर ताक रहे हैं। वह काँप गया और इधर-उधर देखने लगा।

वे गाँव की सरहद पर एक झुके हुए काले पहाड़ी पीपल की घनी छाया में बैठे हुए थे। रात हो गई थी, चन्द्रमा निकल आया था, और उसकी दूधिया रोशनी विस्तृत समतल स्तेपी पर बिखर रही थी, जिसके कारण वह दिन की अपेक्षा कुछ सिकुड़ा हुआ लग रहा था—सिकुड़ा हुआ और भी अधिक अभागा तथा निर्जन। दूर क्षितिज से, जहाँ स्तेपी आकाश से मिलता हुआ दिखलाई पड़ रहा था, बादलों के झुण्ड चुपचाप घुमड़ रहे थे और स्तेपी के ऊपर चन्द्रमा को आँखों से ओझल करके अभेद्य छायाएँ पृथ्वी पर डालते हुए धीरे-धीरे तैर रहे थे। पृथ्वी पर घनी छायाएँ पड़ी हुई थीं। वे धीमी गति से विचारमग्न होकर उस पर रेंग रही थीं, फिर एकाएक ही वे ओझल हो गईं, जैसे पृथ्वी की दरारों में छुप गई हों।...गाँव से आवाजें आ रही थीं और कहीं-कहीं से रोशनी चमक उठती थी और चमकीले सुनहरे सितारों की ओर आँख झपकाने लगती थी।

"चलो, बच्चे, हमें आगे चलना चाहिए," दादा ने कहा।

"हम थोड़ी देर और बैठ लें," ल्योंका ने धीरे से कहा।

उसे स्तेपी से प्यार था। दिन के प्रकाश में उसमें से होकर पैदल चलते हुए उसे आगे क्षितिज की ओर, जहाँ मेहराबी छतवाला आकाश नीचे उतरकर उसकी चौड़ी छाती पर विश्राम करता था, देखना पसन्द था। वह दूरस्थ बड़े और निराले नगरों की कल्पना करते हुए यह सोचता कि वहाँ ऐसे उदार मनुष्य रहते होंगे जिन्हें उसने कहीं नहीं देखे थे, जिनसे भीख माँगने की आवश्यकता नहीं पड़ती होगी। वे बिना माँगे स्वयं ही दान करते होंगे। और जब स्तेपी विस्तार में फैलता हुआ उसकी आँखों के सामने एकाएक किसी ऐसे दूसरे गाँव को उद्घाटित कर देता जिसकी इमारतें और आदमी वैसे ही होते जैसे उसने पहले देख रखे थे, तो उसे दुख होता। उसके हृदय को चोट लगती और वह अनुभव करता कि उसके साथ धोखा हुआ है।

इसलिए अब वह ध्यानमग्न होकर धीमे-धीमे घने होते बादलों को देख रहा था। वे उसे ऐसे दिखलाई पड़ रहे थे, जैसे उस शहर की हजारों चिमनियों से धुआँ निकल रहा हो !...उसका दिवास्वप्न दादा की सूखी खाँसी से टूट गया।

ल्योंका ने अपने दादा के चेहरे को, जो हाँफने और गहरी साँस लेने के कारण आँसुओं से भीग गया था, गौर से देखा।

पुराने टोप, भौंहों और दाढ़ी से गिरती हुई अजीब प्रकार की छायाओं से घुला हुआ वह चेहरा, जिसमें मुँह बुरी तरह हरकत कर रहा था और चौड़ी खुली आँखों से एक प्रकार की गुप्त प्रसन्नता झलक रही थी—एक साथ ही भयानक और दयनीय लग रहा था।

उसने ल्योंका के अन्दर एक ऐसी वितृष्णा की भावना जाग्रत की कि वह अपने दादा से थोड़ी दूर हट गया।

"अच्छा, हम थोड़ी देर बैठेंगे, फिर और थोड़ी देर बैठेंगे।" वृद्ध आदमी बड़बड़ाया और फिर वह मूर्खता से हँसता हुआ अपनी कमीज़ के आगे के हिस्से को चारों ओर से स्पर्श करने लगा।

ल्योंका ने अपना चेहरा उसकी ओर से फेर लिया और फिर दूर देखने लगा।

"ल्योंका, इधर देखो !" उसके दादा ने एकाएक उत्साहित होकर और दमघोंटू खाँसी से दुहरा होते हुए सम्बोधन किया, और अपने पोते को एक लम्बी चमकीली चीज पकड़ाई। "इसमें चाँदी का काम है—चाँदी! क्या तुम मुझे सुन रहे हो ? इसकी पचास रूबल कीमत है।..."

उसके हाथ और होंठ दर्द और धन के लोभ से काँप रहे थे और पूरा चेहरा फड़क रहा था।

ल्योंका काँप गया और उसने अपने हाथ खींच लिए।

"इसे छिपा दो। ओह दादा, इसे जल्दी से छिपा दो !" वह अपने चारों ओर एक सरसरी निगाह डालते हुए प्रार्थना के स्वर में बुदबुदाया।

"यह तुम्हें क्या हो गया है, मूर्ख लड़के ? डर गए हो, मेरे प्यारे ?...मैंने खिड़की

से अन्दर देखा और वह वहाँ लटक रहा था, मैंने उसे खींच लिया—अपने कोट के नीचे रख लिया और फिर मैंने उसे झाड़ियों में छिपा दिया। जैसे ही हम गाँव के बाहर आए, मैंने अपना टोप गिराने का बहाना किया, झुका और उसे उठा लिया।...वे निरे मूर्ख हैं।...और मैंने स्कार्फ भी ले लिया—यह रहा!"

काँपते हाथों से उसने अपने चिथड़ों से स्कार्फ निकाला और उसे ल्योंका की आँखों के सामने लहराया।

ल्योंका की आँखों के आगे से एक धुँधला परदा हट गया और एक चित्र उद्घाटित हुआ। उसे लगा, वह और उसका दादा भयभीत होकर गाँव की मुख्य सड़क पर लोगों की नज़र बचाते हुए जितनी तेज़ी से चल सकते हैं, चल रहे हैं। उसने अनुभव किया कि प्रत्येक आदमी को यह अधिकार है कि वह उन्हें मारे, उन पर थूके, उन्हें गाली दे। उनके चारों ओर की वस्तुएँ, अहाते, मकान और पेड़ एक अजीब प्रकार के कुहरे में हिल रहे हैं, जैसे तेज़ हवा उन्हें हिला रही हो...और वहाँ कठोर, रोषभरी आवाजों की भिनभिनाहट हो रही है।

दुःखदायी सड़क आगे बढ़ती ही जाती है और गाँव से होकर खेतों में पहुँचने का उनका रास्ता हिलते हुए मकानों से—जो कभी उनके ऊपर गिरने लगते हैं जैसे उन्हें दबा देना चाहते हों—छिप गया है।

एकाएक एक खिड़की से एक चीख गूँज उठती है : 'चोर ! चोर ! चोर और उठाईगीरे !' ल्योंका आवाज़ की दिशा में चोरी-छिपे एक नज़र डालता है और खिड़की पर वह उस छोटी लड़की को देखता है, जिसे कुछ घंटों पहले उसने रोते हुए देखा था और सान्त्वना देने का प्रयत्न किया था। लड़की की निगाह उसकी निगाह से मिलती है और वह जीभ निकालती है। उसकी काली आँखें गुस्से और निष्ठुरता से चमक उठती हैं और ल्योंका के शरीर में सुइयों की तरह चुभने लगती हैं।

यह चित्र ल्योंका के मस्तिष्क में उभरा और तुरन्त ग़ायब हो गया। इसके कारण उसके चेहरे पर विद्वेषभरी मुस्कुराहट दौड़ गई और उसने अपने दादा के चेहरे की ओर देखा।

वृद्ध आदमी अब भी बड़बड़ा रहा था। खाँसी के कारण बीच में रुक जाता, इशारा करता, अपना सिर हिलाता और अपने चेहरे की झुर्रियों से पसीने की बड़ी-बड़ी बूँदें पोंछने लगता।

एक घना बादल चिथड़ों की तरह ऊपर छा गया था और उसने चन्द्रमा को ढक लिया था जिससे ल्योंका बड़ी कठिनाई से अपने दादा के चेहरे को देख पा रहा था...लेकिन उसकी बगल में उसने रोती हुई लड़की की आकृति रखी और अपने विचारों के तराजू में उन्हें एक-दूसरे के मुकाबले में तौला। लड़की की तुलना में—जिसे उसके दादा ने चोट पहुँचाई थी और जो आँसुओं के बीच भी स्वस्थ, स्वच्छ और सुन्दर लग रही थी—ल्योंका का बीमार, लोभी, चिथड़ों से ढका दादा, जिसके शरीर में दरारें पड़ी थीं और जिसकी आवाज़ में थरथराहट थी, नितान्त अनावश्यक मालूम पड़ा—परियों की

कहानी के दुष्ट और घृणित खलनायक की तरह। वह ऐसा कैसे कर सका ? उसने उसे क्यों चोट पहुँचाई ? उसका उससे रिश्ता ही क्या था ?

लेकिन उसका दादा बड़बड़ाता रहा, "यदि मैं सौ रूबल बचा सकूँ, तो मैं शान्ति से मर सकूँगा।"

"बन्द करो वह बकवास !" ल्योंका के अन्दर कोई चीज प्रज्वलित होती हुई मालूम पड़ी। "अच्छा हो, तुम चुप रहो ! मैं मर जाऊँगा, तुम कहते हो, मैं मर जाऊँगा...लेकिन तुम मरते नहीं। तुम चीज़ें चुराते हो।" ल्योंका चिल्लाया और एकाएक काँपते हुए खड़ा हो गया। "तुम एक बूढ़े चोर हो...ऊ-ऊ !" और अपनी बँधी हुई छोटी मुट्ठी एकाएक चुप हो गए अपने दादा की नाक के सामने हिलाने लगा और फिर ज़मीन पर धम से बैठ गया। वह निरन्तर बोले जा रहा था, "तुमने एक बच्ची से चुराया...आह, अच्छा तरीका है तुम्हारा लोगों से व्यवहार करने का !...बुड्ढ़े हो गए, फिर भी पाप करते हो...तुम्हें इसके लिए स्वर्ग में माफ नहीं किया जाएगा।"

एकाएक समस्त स्तेपी झिलमिला उठा। एक छोर से दूसरे छोर तक फैले चौंधियानेवाले नीले प्रकाश ने उसके असीमित विस्तार में उसे उद्‌घाटित कर दिया। क्षण-भर के लिए जिस अन्धकार ने उसे छिपा रखा था, वह हट गया।...बिजली की कड़कड़ाहट सुनाई पड़ी—दहाड़ती और कँपकँपाती हुई। वह स्तेपी में पृथ्वी और आकाश दोनों को हिलाती हुई बिखर गई। आकाश भागते हुए जर्जर काले बादलों से, जिन्होंने चन्द्रमा को पूरी तरह छिपा लिया था, ढका हुआ था।

अन्धकार छा गया था। कहीं दूर पर बिजली चुपचाप किन्तु भयभीत करती हुई चमक रही थी और एक क्षण के बाद फिर से उसकी कड़कड़ाहट की एक हलकी गुर्राहट गूँजी। फिर खामोशी छा गई—ऐसी खामोशी, लगता था, जैसे कभी नहीं टूटेगी।

ल्योंका अलग हट गया। उसका दादा चुपचाप पेड़ के तने के सहारे टेक लगाए बिना हिले-डुले बैठा रहा, जैसे वह जड़वत हो गया हो!

"दादा !" ल्योंका ने भयभीत होते हुए, बिजली की कड़कड़ाहट की प्रतीक्षा करते हुए, धीमे से कहा, "हमें गाँव लौट चलना चाहिए।"

आकाश काँपा और फिर से पृथ्वी पर अपनी शक्ति से प्रहार करते हुए नीले प्रकाश से प्रज्वलित हो उठा। ऐसा लगता था, जैसे लोहे की हज़ारों चादरें पृथ्वी पर बिखर गई हों और गिरते हुए एक-दूसरे से टकराकर खड़खड़ा रही हों!

"दादा !" ल्योंका चिल्लाया।

उसकी चीख बिजली की गूँज में एक छोटी टूटी हुई घंटी की मन्द आवाज़ की तरह सुनाई पड़ी।

"क्या बात है ? डर लग रहा है ?" उसके दादा ने बिना हिले-डुले फटी आवाज़ में कहा।

वर्षा की बड़ी-बड़ी बूँदें गिरना शुरू हो गईं और उनकी फुसफुसाहट इतनी रहस्यमय थी कि लगता था, जैसे वे चेतावनी दे रही हों! दूर वर्षा की गति तेज़ हो गई थी और

वह चारों ओर फैल गई थी। उसकी निरन्तर आती हुई आवाज़ ऐसी लग रही थी, जैसे एक बहुत बड़ी झांड़ू से सूखी ज़मीन को झाड़ा जा रहा हो! लेकिन जहाँ वे दोनों बैठे हुए थे, वहाँ प्रत्येक बूँद लुप्त हो जाती थी। बिजली की कड़कड़ाहट नज़दीक आती जा रही थी, और आकाश बार-बार जगमगा उठता था।

"मैं गाँव नहीं जाऊँगा। वर्षा मुझे यहीं डुबो दे—मैं जो एक कुत्ता और चोर हूँ, अच्छा हो, बिजली मुझ पर गिर पड़े और मैं मर जाऊँ..." आर्खिप ने हाँफते हुए कहा। "मैं नहीं जाऊँगा। तुम अकेले चले जाओ...गाँव वह रहा।...चले जाओ। मैं नहीं चाहता, तुम यहाँ बैठे रहो।...चले जाओ ! जाओ, जाओ!...जाओ।"

वृद्ध आदमी फटी हुई आवाज़ में चीख रहा था।

"दादा !...मुझे माफ कर दो !" ल्योंका ने उसके समीप आते हुए विनती की।

"मैं नहीं जाऊँगा।...मैं माफ नहीं करूँगा...सात साल मैंने तुम्हें माँ की तरह पाला है !...प्रत्येक वस्तु तुम्हारे लिए...मैं जीवित रहा तुम्हारे लिए। क्या तुम समझते हो कि मुझे किसी चीज की आवश्यकता है ?...मैं मरनेवाला हूँ...मर रहा हूँ...और तुम कहते हो—एक चोर! मैं चोर किसलिए हूँ ? तुम्हारे लिए। वह सब तुम्हारे लिए है...ले लो उसे...ले लो...चले जाओ...तुम्हें बसाने के लिए...तुम्हारे लिए...मैंने बचाया...और हाँ, मैंने चोरी की...ईश्वर हर चीज़ देखता है...वह जानता है कि मैंने चोरी की...जानता है...वह मुझे सज़ा देगा। वह मुझे क्षमा नहीं करेगा...मैं बूढ़ा कुत्ता जो हूँ—चोरी करने के लिए। वह मुझे पहले ही सज़ा दे चुका है...प्रभु ! क्या तुमने मुझे सज़ा दे दी है ? ऐह, क्या तुमने दे दी है ? तुमने मेरी एक बच्चे के हाथ से हत्या की है।...ठीक किया, हे प्रभु !...बिलकुल ठीक ! तुम न्यायपूर्ण हो, हे प्रभु !...मेरी आत्मा पर कृपा करो ! मुझे उठा लो...ओह !"

वृद्ध आदमी की आवाज़ हृदय को बेधनेवाले चीत्कार में बदल गई और उसने ल्योंका को भयभीत कर दिया।

बिजली की कड़कड़हाटें स्तेपी और आकाश को थरथरा रही थीं। ऐसा लगता था, जैसे दोनों पृथ्वी से कोई महत्त्वपूर्ण और आवश्यक बात कहना चाहते हों ! इसलिए दोनों एक दूसरे की आवाज़ को डुबोने के लिए निरन्तर कोलाहल कर रहे थे। बिजली से विदग्ध आकाश काँप रहा था, स्तेपी में हलचल मची हुई थी। कभी वह नीली ज्वाला से प्रज्वलित हो उठता तो कभी वह ठंडे, बोझिल, घने अन्धकार में डूब जाता जिसके कारण वह अजीब प्रकार से छोटा और सिकुड़ा हुआ दिखलाई पड़ने लगता। कभी-कभी बिजली स्तेपी के दूर के हिस्सों को जगमगा देती और फिर ऐसा लगता जैसे दूर के वे हिस्से हड़बड़ी में सभी आवाज़ों और दहाड़ों से बचने के लिए भागे जा रहे हों।

पानी ज़ोरों से बरसने लगा और उसकी बूँदों ने बिजली के प्रकाश में लोहे की तरह चमकते हुए गाँव से आती हुई सुहावनी रोशनी की झिलमिलाहट को लुप्त कर दिया।

ल्योंका भय, ठंड और दादा के चीत्कार से उत्पन्न घबराहट की एक दुःखदायी

भावना से जड़वत् हो गया। वह अपने ठीक सामने आँखें चौड़ी करके देखने लगा और अपने भीगे हुए बालों से लुढ़कती हुई बूँदों को भी अपनी आँखों पर मिचकाने में भय अनुभव करता हुआ अपने दादा की आवाज़ को, जो शक्तिशाली समुद्र की गूँजों में डूब गई थी, सुनने का प्रयत्न करने लगा।

ल्योंका ने अनुभव किया कि उसका दादा बिना हिले-डुले बैठा ग़ायब होनेवाला है, उसे अकेला छोड़कर कहीं जानेवाला है। बिना यह सोचे कि वह क्या कर रहा है, वह अपने दादा के बिलकुल समीप खिसक आया और जब उसने अपने हाथ से छुआ तो किसी भयानक आशंका से वह काँप उठा।

आकाश को चीरते हुए बिजली चमकी और उसकी रोशनी में दोनों की आकृतियाँ दिखाई पड़ीं—अगल-बगल में झुकी पेड़ों की शाखों से गिरते हुए पानी से भीगी हुई।

दादा ने हवा में अपने बाज़ू हिलाए और कुछ बड़बड़ाता रहा— थकान के कारण बड़ी कठिनाई से साँस लेता हुआ।

दादा के चेहरे को देखते हुए ल्योंका भयभीत होकर चिल्लाया। बिजली के नीले प्रकाश में वह चेहरा निर्जीव और भावहीन लग रहा था...घूमती हुई आँखें पागल आदमी की आँखें लग रही थीं।

"दादा, हमें चलना चाहिए !" उसने अपने दादा के घुटनों के बीच अपना सिर छिपाते हुए जोर से कहा।

वृद्ध आदमी उस पर झुका, उसे अपनी पतली बाँहों में भरते हुए सीने से लगाया और दुलराया, फिर एकाएक ही वह जाल में फँसे भेड़िए की तरह तीखी और हृदयबेधी आवाज़ में चीख पड़ा।

उस चीख ने ल्योंका को पागल बना दिया। वह अपने दादा की गोदी से अलग होकर खड़ा हो गया और ठीक सीधे भागने लगा— बिजली की चौंध से भरी हुई आँखों को चौड़ी खोलते हुए, गिरते हुए, पैरों पर कठिनाई से उठते हुए और दूर अन्धकार में गोते लगाते हुए। कभी अँधेरा बिजली की नीली लौ से हट जाता, तो कभी भयभीत बच्चे को अपने अन्दर गहराई में समेट लेता।

बरसते हुए पानी की आवाज़ ठंडी, उबाऊ और विषाद से भरी हुई थी। ऐसा लगता था कि समस्त स्तेपी में बारिश की आवाज़, बिजली की चमक और क्रोधभरी कड़कड़ाहट के अलावा और कोई आवाज नहीं थी, कहीं कुछ नहीं था।

अगले दिन प्रातःकाल कुछ लड़के दौड़ते हुए गाँव पहुँच गए और तुरन्त वहाँ से लौट पड़े। दुर्घटना की सूचना देते हुए उन्होंने बताया कि उन्होंने पहले दिन गाँव में घूमने वाले भिखारी को काले पहाड़ी पीपल के नीचे देखा है और उन्हें इस बात की सम्भावना लगती है कि किसी ने उसकी गर्दन काट दी है क्योंकि एक छुरा उसकी बगल में पड़ा है।

लेकिन जब बड़ी उम्र के कज्ज़ाक वहाँ देखने के लिए पहुँचे तब पता चला कि वह बात सही नहीं थी। वृद्ध आदमी अब भी जिन्दा था। जब वे उसके पास पहुँचे तो उसने

ज़मीन से उठकर खड़े होने का प्रयत्न किया पर ऐसा करने में असमर्थ रहा। उसकी बोलने की शक्ति समाप्त हो गई थी, लेकिन उसकी आँसुओं से भरी आँखें भीड़ के लोगों में से प्रत्येक के चेहरे पर प्रश्नसूचक दृष्टि डालती हुई कुछ खोजने की कोशिश कर रही थीं, पर उन्हें कोई उत्तर नहीं मिल रहा था।

संध्या होते-होते वह मर गया और उन्होंने उसे उसी स्थान पर जहाँ वह मिला था, काले पहाड़ी पीपल के नीचे गाड़ दिया। उन्होंने उसे किसी पवित्र स्थान पर गाड़े जाने के योग्य नहीं समझा। एक तो इस कारण कि वह अजनबी था; दूसरा, वह एक चोर था और तीसरा कारण यह था कि वह अपने पाप को स्वीकार किए बिना ही मर गया था। उसके पास ही कीचड़ में उन्हें छुरा और स्कार्फ मिले।

कुछ दिन बाद उन्हें ल्योंका भी मिल गया।

विस्तृत स्तेपी के एक गड्ढे के ऊपर, जो गाँव से अधिक दूर नहीं था, कौवों का एक गिरोह मँडराने लगा और कज्ज़ाक वहाँ देखने के लिए पहुँचे तो उन्हें कीचड़ में एक छोटा लड़का मुँह के बल गिरा हुआ पड़ा मिला। उसके हाथ फैले हुए थे।

पहले उन्होंने उसे गिरजाघर में गाड़ने का निश्चय किया क्योंकि वह अभी बच्चा था, लेकिन कुछ सोच-विचार के बाद उन्होंने उसे भी काले पहाड़ी पीपल के नीचे उसके दादा के पास ही गाड़ने का फैसला किया। उस जगह उन्होंने एक छोटा टीला बना दिया और ऊपर एक खुरदरे पत्थर का सलीब स्थापित कर दिया।

# एक पाठक

जब मैं उस घर से विदा हुआ, तो रात काफी हो गई थी। वहाँ मित्रों की एक गोष्ठी के सम्मुख अपनी प्रकाशित कहानियों में से एक का मैंने पाठ किया था। उन्होंने तारीफ के पुल बाँधने में कोई कसर नहीं छोड़ी थी। मैं धीरे-धीरे मग्न भाव से सड़क पर चल रहा था। मेरा हृदय आनन्द से छलछला रहा था। जीवन के इस सुख का ऐसा अनुभव मैंने पहले कभी नहीं किया था।

फरवरी का महीना था। रात साफ थी और तारों से जड़ा बादलरहित आकाश नई गिरी बर्फ से सोलहों सिंगार किए धरती पर स्फूर्तिदायक शीतलता का संचार कर रहा था। बाड़ों के ऊपर से पेड़ों की टहनियाँ झूल आई थीं और मेरे पथ पर छायादार बेलबूटों के अजीबोगरीब नमूने डाल रही थीं। चाँद की कोमल नीली रोशनी में हिम-कण आनन्द से चमचमा रहे थे। आसपास कोई भी जीवन नजर नहीं आ रहा था। मेरे जूतों के नीचे बर्फ के कचरने की आवाज़ के अलावा अन्य कोई आवाज उस स्वच्छ और स्मरणीय रात की निस्तब्धता को भंग नहीं कर रही थी।

'इस धरती पर, लोगों की नजरों में कुछ होना कितना अच्छा लगता है !' मैंने सोचा।

"हाँ, तुमने बहुत ही बढ़िया एक नन्ही प्यारी-सी चीज लिखी है, इसमें कोई शक नहीं," मेरे पीछे कोई बड़बड़ा उठा।

मैं अचरज से चौंका और पीछे घूमकर देखा।

काले कपड़े पहने एक छोटे कद का आदमी आगे बढ़कर निकट आ गया और पैनी मुस्कान के साथ मेरे चेहरे पर उसने अपनी आँखें जमा दीं। उसकी हर चीज पैनी मालूम होती थी–उसकी नजर, उसके गालों की हड्डियाँ, उसकी दाढ़ी, जो बकरी की भाँति नोकदार थी, उसका छोटा मुरझाया-सा ढाँचा–सबकुछ इतना नुकीलापन लिए था कि आँखों में चुभता था। उसकी चाल हलकी और निःशब्द थी–ऐसा मालूम होता था, जैसे बर्फ पर तैर रहा हो। गोष्ठी में जो लोग मौजूद थे, उनमें वह मुझे नजर नहीं आया था और इसीलिए उसकी टिप्पणी ने मुझे चकित कर दिया था। वह कौन था और कहाँ से आया था ?

"क्या आपने...मेरा मतलब, मेरी कहानी सुनी थी ?" मैंने पूछा।

"हाँ, मुझे उसे सुनने का सौभाग्य प्राप्त हुआ।"

उसकी आवाज तेज थी। उसके पतले होंठ और छोटी काली मूँछें थीं जो उसकी मुस्कुराहट को नहीं छिपा पाती थीं। मुस्कुराहट उसके होंठों से गायब होने का नाम नहीं लेती थी, और यह मुझे बड़ा अटपटा लग रहा था। ऐसा लगता था, जैसे वह मुस्कान मेरे बारे में उसके आलोचनात्मक मूल्यांकन पर--जो कि एकदम तीखा और अप्रिय था—पर्दा डाल रही हो ! लेकिन उस समय मेरा चित इतना प्रसन्न था कि अपने इस साथी की विशिष्टता से मैं अधिक देर तक उलझा नहीं रह सका—एक छाया की भाँति वह मेरी आँखों के सामने उभरी और मेरी आत्मश्लाघा के उजले प्रकाश में तेजी के साथ विलीन हो गई। मैं उसके साथ-साथ चल रहा था और अचरज कर रहा था कि जाने क्या वह कहेगा—साथ ही अपने हृदय में यह आशा भी सँजोए था कि वह उन सुखद क्षणों में वृद्धि ही करेगा जिनका उस साँझ मैंने उपभोग किया था। ऐसे सुखद क्षणों का किसे लालच नहीं होता ?

''अपने-आपको अनोखा अनुभव करना बड़ा सुखद मालूम होता है। क्यों, ठीक है न ?'' मेरे साथी ने पूछा।

मुझे इस प्रश्न में ऐसी कोई बात नहीं दिखी जो साधारण से अलग हो। सो मुझे सहमति प्रकट करने में देर नहीं लगी।

''हो-हो-हो !'' वह तीखी हँसी हँसा—पंजेनुमा पतली उँगलियों से अपने छोटे हाथों को खुजलाते हुए।

''तुम बड़े हँसमुख व्यक्ति मालूम होते हो,'' मैंने रूखी आवाज में कहा। कारण, उसकी हँसी ने मुझे अपमानित कर दिया था।

''अरे हाँ, बहुत।'' मुस्कुराते और सिर हिलाते हुए उसने पुष्टि की, ''साथ ही मैं बाल की खाल निकालने वाला भी हूँ क्योंकि मैं हमेशा चीजों को जानना चाहता हूँ—हर चीज को जानना चाहता हूँ। मेरी यह जिज्ञासा मेरा साथ नहीं छोड़ती और वही मुझे इतना अधिक मग्न रखती है। फिलहाल, मिसाल के लिए, मैं जानना चाहूँगा कि कितना मूल्य चुकाकर तुमने अपनी यह सफलता प्राप्त की है ?''

मैंने सिर झुकाकर उसके छोटे कद पर एक नजर डाली और बिना किसी उछाह के जवाब दिया, ''करीब एक मास की मेहनत। शायद इससे कुछ अधिक।''

पंजे फैलाकर वह मेरे शब्दों पर झपटा, ''ओह, जरा-सी मेहनत और जरा-सा जीवन का अनुभव, जिसके लिए हमेशा थोड़ा-बहुत मूल्य चुकाना पड़ता है। लेकिन उस कृति का यह कोई भारी मूल्य नहीं है जिसे पढ़कर हजारों-हजार लोग आज तुम्हारे विचारों को अपने मस्तिष्क में उतार रहे हैं। इस पर तुर्रा यह कि तुम अपने मन में इस आशा के भी पुल बाँध रहे हो कि आगे चलकर...हो-हो-हो ! शायद उस समय, जब तुम मर जाओगे...हो-हो-हो ! आशा की जा सकती थी कि ऐसी कृतियों की उपलब्धि के एवज में तुम अधिक दोगे—अधिक, यानी उससे अधिक, जो कि अब तक तुमने दिया है। क्यों, क्या तुम ऐसा नहीं सोचते ?''

वह फिर अपनी तीखी हँसी हँसा और बींध डालनेवाली अपनी काली आँखों से मेरी

ओर देखता रहा। मैंने अपने कद की ऊँचाई से एक नजर उस पर डाली और ठंडी आवाज में पूछा, "माफ करना, लेकिन क्या मैं जान सकता हूँ कि मुझे किससे बातें करने का यह सौभाग्य..."

"मैं कौन हूँ ? क्या तुम अनुमान नहीं लगा सकते ? जो हो, मैं फिलहाल तुम्हें नहीं बताऊँगा। क्या तुम्हें आदमी का नाम उस बात से ज्यादा महत्त्वपूर्ण मालूम होता है जो कि वह कहने जा रहा है ?"

"निश्चय ही नहीं, लेकिन यह कुछ...बहुत ही अजीब है," मैंने जवाब दिया।

उसने मेरी आस्तीन पकड़ एक हलका-सा झटका दिया।

"होने दो अजीब," शान्त हँसी के साथ उसने कहा, "निश्चय ही आदमी कभी-कभार जीवन की आम सीमाओं को लाँघने में आनाकानी नहीं करता। अगर तुम्हें आपत्ति न हो तो आओ, दोनों एक दूसरे से खुलकर बातें करें। समझ लो कि मैं तुम्हारा एक पाठक हूँ—एक विचित्र प्रकार का पाठक, जो यह जानना चाहता है कि कैसे और किस उद्देश्य के लिए कोई पुस्तक लिखी गई है। मिसाल के लिए, तुम्हारी अपनी लिखी हुई पुस्तक। बोलो, इस तरह की बातचीत पसन्द करोगे ?"

"ओह, जरूर!" मैंने कहा, "मुझे खुशी होगी। ऐसे आदमी से बात करने का अवसर रोज-रोज नहीं मिलता।" लेकिन मैंने यह झूठ कहा। कारण कि मुझे यह सब अत्यन्त नागवार मालूम हो रहा था। 'आखिर उसकी मंशा क्या है ?' मैंने सोचा, फिर इसमें क्या तुक है कि एक अजनबी आदमी के साथ अपनी इस आकस्मिक भेंट को लेकर एक वाद-विवाद को जन्म दिया जाए ?'

फिर भी मैं उसके साथ-साथ चलता रहा—धीमे डगों से। शिष्टाचार के नाते ऐसी मुद्रा बनाए, जैसे मैं उसकी बात ध्यान से सुन रहा हूँ, और यह—मुझे याद है—एक कठिन काम था। लेकिन चूँकि मेरा वह प्रसन्न मूड अभी तक बना हुआ था और बातचीत से इनकार करके उस भले आदमी को मैं आहत नहीं करना चाहता था, इसलिए मैं किसी तरह अपने-आपको सँभाले रहा।

चाँद हमारी पीठ के पीछे चमक रहा था और हमारी परछाइयों को सामने आगे की ओर फेंक रहा था। वे मिलकर एकाकार हो गई थीं—एक काला धब्बा, जो हमारे आगे-आगे बर्फ पर फिसल रहा था। उसके देखते समय मुझे लगा, जैसे मेरे हृदय में कोई ऐसी चीज उमड़-घुमड़ रही है जो हमारी परछाइयों की भाँति अस्पष्ट पकड़ में न आनेवाली थी—एक ऐसी चीज, जो उन्हीं की भाँति सप्रयास सदा आगे बढ़ती मालूम होती थी।

मेरा साथी क्षणभर के लिए चुप हो गया और फिर उस आदमी के विश्वास के साथ, जो अपने विचारों का पूर्ण स्वामी होता है, उसने कहा, "मानवीय व्यवहार में निहित उद्देश्यों-इरादों से अधिक विचित्र और महत्त्वपूर्ण चीज इस दुनिया में और कुछ नहीं है, तुम यह मानते हो न ?"

मैंने सिर हिलाकर हामी भरी।

"ठीक। तब आओ, जरा खुलकर बातें करें, और तुम्हें—अपनी इस किशोरावस्था के रहते—खुलकर बात कहने का एक भी अवसर हाथ से नहीं जाने देना चाहिए।"

'अजीब पंछी है,' मैंने सोचा, लेकिन उसके शब्दों ने मुझे उलझा दिया था।

''सो तो ठीक है,'' मैंने मुस्कुराते हुए कहा, ''लेकिन हम बातें किस चीज के बारे में करेंगे ?''

पुराने परिचित की भाँति उसने घनिष्ठता से मेरी आँखों में झाँका।

''साहित्य के उद्देश्यों के बारे में—क्यों, ठीक है न ?''

''अच्छी बात है। डर केवल यही है कि देर काफी हो गई है...''

''ओह, तुम्हारे लिए अभी देर नहीं हुई।''

मैं ठिठक गया। उसके शब्दों ने मुझे स्तब्ध कर दिया था। इतनी गम्भीरता के साथ उसने इन शब्दों का उच्चारण किया था कि वे भविष्य का उद्घोष मालूम होते थे। मैं ठिठक गया अपने होंठों पर एक प्रश्न लिए, लेकिन उसने मेरी बाँह पकड़ी और चुपचाप दृढ़ता से आगे बढ़ चला।

''रुको नहीं, मेरे साथ तुम सही रास्ते पर हो,'' उसने कहा, ''काफी भूमिका बाँध चुके, मुझे अब यह बताओ—साहित्य का उद्देश्य क्या है ? तुम उस लक्ष्य को साधते हो, जो तुम्हें मालूम होना चाहिए।''

मेरा अचरज बढ़ता गया और अपने-आपको सँभाले रखने का मेरा प्रयत्न खटाई में पड़ता जा रहा था। आखिर यह आदमी मुझसे चाहता क्या है ? और यह है कौन ?

''देखो,'' मैंने कहा, ''तुम इससे इनकार नहीं कर सकते जो हम दोनों के बीच घट रहा है...''

''मेरा विश्वास करो, यह अकारण ही नहीं है। सच तो यह है कि बिना कारण इस दुनिया में कोई भी चीज नहीं घटती। लेकिन छोड़ो, अब जरा जल्दी करें—आगे की ओर बढ़ने की नहीं, बल्कि गहराई में उतरने की।''

वास्तव में वह एक दिलचस्प नमूना था, लेकिन मैं उससे खीज उठा। धीरज का बाँध तोड़ मैं फिर आगे की ओर लपका। लेकिन वह भी पीछे न रहा। साथ आते हुए शान्त भाव से बोला, ''मैं समझता हूँ, एकाएक साहित्य के उद्देश्य की व्याख्या करना तुम्हारे लिए कठिन है। सो मैं ही इसकी व्याख्या कर दूँगा।''

उसने एक गहरी साँस ली और मुस्कुराते हुए आँखें ऊँची कर मेरी ओर देखा।

''शायद मेरी बात से तुम सहमत होगे अगर मैं कहूँ कि साहित्य का उद्देश्य है—खुद अपने को जानने में मानव की मदद करना, उसके आत्मविश्वास को दृढ़ बनाना और सत्य का पता लगाने की उसकी कोशिशों का समर्थन करना, लोगों में जो अच्छाई है उसका उद्घाटन करना और बुराइयों को जड़ से उखाड़ फेंकना, लोगों के हृदयों में शर्म, गुस्से और साहस की चिंगारी जगाना, ऊँचे उद्देश्यों के लिए शक्ति बटोरने में उनकी मदद करना और सौन्दर्य की पवित्र भावना से उनके जीवन को शुभ्र बनाना, तो यह है मेरी व्याख्या। स्पष्ट ही यह एक खाका-मात्र और अधूरी है, तुम इसमें जीवन को परिष्कृत करनेवाली अन्य चीजें भी जोड़ सकते हो, लेकिन मुझे यह बताओ—क्या तुम इसे मानते हो ?''

''हाँ,'' मैंने कहा, ''कमोबेश यह सही है। यह सभी मानते हैं कि साहित्य का उद्‌देश्य लोगों को और अच्छा इनसान बनाना है।''

''देखो न, कितने ऊँचे लक्ष्य को तुम साधते हो !'' मेरे साथी ने गम्भीरता के साथ बल देते हुए कहा और फिर अपनी वही तेजाबी हँसी हँसने लगा—'हो-हो-हो !'

''लेकिन मुझे यह सब बताने का तुम्हारा मतलब क्या है ?'' उसकी हँसी के प्रति उपेक्षा जताते हुए मैंने पूछा।

''तुम खुद क्या समझते हो ?''

''एकदम साफ बात सुनना चाहते हो तो,'' मैंने कहना शुरू किया और कोई ऐसी बात मैं सोचने लगा जो उसे झुलसाकर रख दे, लेकिन ऐसी बात मुझे सूझी नहीं। लेकिन एकदम साफ बात कहते किसे हैं ? यह आदमी मूर्ख तो था नहीं। उससे क्या यह छिपा होगा कि एक आदमी कितनी तेजी के साथ बात की सीमा-रेखा पर पहुँच जाता है और कितनी ईर्ष्या के साथ व्यक्ति के गर्व की भावना इस सीमा-रेखा की रक्षा करती है ? मैंने अपने साथी की आँखों में झाँककर देखा और उसकी मुस्कुराहट से घायल हो मुँह फेर लिया। कितना व्यंग्य और घृणा भरी थी उसमें ! मुझे लगा, जैसे भय ने मेरे हृदय में सिर उठाना शुरू कर दिया हो, और इस भय के कारण मैं वहाँ से खिसकना चाहने लगा।

''अच्छा तो विदा,'' मैंने थोड़े में कहा और अपना हैट उठा लिया।

''लेकिन क्यों ?'' वह चकित भाव से बोला।

''व्यावहारिक मजाक मुझे एक सीमा तक ही अच्छे लगते हैं।''

''और इसलिए तुम जा रहे हो ? अच्छी बात है, तुम्हारी मर्जी। लेकिन अगर तुम इस वक्त मुझे छोड़कर चले गए तो तुम और मैं फिर कभी नहीं मिल सकेंगे।''

उसने 'कभी नहीं' शब्दों पर खास तौर से बल दिया, इस हद तक कि वे मातमी घंटे की ध्वनि की भाँति मेरे कानों में गूँज उठे। मैं इन शब्दों से भिन्नाता और डरता हूँ, मुझे वे सर्द और बोझिल मालूम होते हैं—लोगों की आशाओं को चकनाचूर करनेवाले हथौड़े की भाँति। सो मेरे पाँवों में उसने बेड़ियाँ-सी डाल दीं और मैं रुक गया।

''आखिर तुम मुझसे चाहते क्या हो ?'' मैं दुख और खीज से चीख उठा।

''बैठ जाओ,'' उसने फिर धीमी हँसी हँसते और मेरा हाथ पकड़कर मुझे नीचे की ओर खींचते हुए कहा।

तब हम नगर-बाग की एक वीथिका में थे। चारों ओर बर्फ की परत चढ़ी बबूल और लिलक की नंगी टहनियाँ दिखाई पड़ रही थीं। वे चाँद की रोशनी में चमचमाती मेरे सिर के ऊपर भी छाई थीं और ऐसा मालूम होता था, जैसे ये कड़कीली टहनियाँ बर्फ का कवच पहने मेरे सीने को बेध सीधे हृदय तक पहुँच गई हों।

मैंने बिना एक शब्द कहे अपने साथी की ओर देखा। उसके व्यवहार ने मुझे उलझन में डाल दिया था।

'इसके दिमाग का कोई पुर्जा ढीला मालूम होता है,' मैंने सोचा और उसके व्यवहार की इस व्याख्या से अपने मन को सन्तोष देने की कोशिश की।

''शायद तुम सोचते हो कि मेरा दिमाग कुछ चल गया है,'' उसने जैसे मेरे भावों को ताड़ते हुए कहा, ''लेकिन ऐसे खयाल को अपने दिमाग से निकाल दो। यह नुक्सानदेह और तुम्हारे योग्य नहीं है। बजाय इसके कि हम उस आदमी को समझने की कोशिश करें जो हमसे भिन्न हैं, इस बहाने की ओट लेकर हम कितनी जल्दी छुट्टी पा जाना चाहते हैं ! मानव के प्रति मानव की दुखद उदासीनता का यह एक बहुत ही पुष्ट प्रमाण है।''

''ओह, ठीक है,'' मैंने कहा। मेरी खीज बराबर बढ़ती ही जा रही थी, ''लेकिन माफ करना, मैं अब चलूँगा। काफी समय हो गया।''

''जाओ,'' अपने कन्धों को बिचकाते हुए उसने कहा, ''जाओ, लेकिन यह जान लो कि तुम खुद अपने से भाग रहे हो।'' उसने मेरा हाथ छोड़ दिया और मैं वहाँ से चल दिया।

वह बाग में ही टीले पर रुक गया। वहाँ से वोल्गा नजर आती थी जो अब बर्फ की चादर ताने थी और ऐसा मालूम होता था, जैसे बर्फ की उस चादर पर सड़कों के काले फीते टँके हों ! सामने दूर तट के निस्तब्ध और उदासी में डूबे विस्तृत मैदान फैले थे। वह नहीं हिला और वहाँ पड़ी बेंचों में से एक पर बैठ सूने मैदानों की ओर ताकता रहा। लेकिन मैं—अपने हृदय की इस पूर्व चेतना के बावजूद कि मैं उसे छोड़ नहीं सकता—वहाँ से चल दिया। और मैंने बाग के गलियारे में चलते-चलते सोचा, 'अपने डगों को तेज करना ज्यादा अच्छा होगा अथवा धीमी करना जिससे कि उसे—उस आदमी को, जो वहाँ बेंच पर बैठा है—यह मालूम हो जाए कि मुझे उसकी रत्ती-भर भी परवाह नहीं है।'

सीटी की आवाज में, धीमे-धीमे वह एक परिचित गीत की धुन गुनगुना रहा था। वह एक उदास और मजेदार गीत था जिसमें एक अन्धा दूसरे अन्धे को रास्ता दिखाने का काम करता है। मुझे यह बड़ा अजीब मालूम हुआ कि उसने ठीक इसी गीत को क्यों चुना ?

और तब, अचानक, मैंने अनुभव किया कि उसी क्षण से, जब इस छोटे-से आदमी से मेरी भेंट हुई, मैं विचित्र और असाधारण अनुभूतियों की एक अँधेरी भूलभुलैया में भटक रहा हूँ। वह शान्त आनन्द, जिसका अभी कुछ देर पहले तक मेरा मन उपभोग कर रहा था, अब आशंकाओं के कुहरे में लिपट गया। ऐसा मालूम होता था, जैसे कोई दुखद बड़ी घटना घटनेवाली हो !

मुझे उस गीत के बोल याद हो आए जिसे वह सीटी की आवाज में गुनगुना रहा था !

*'हमें क्या राह दिखाओगे*
*भटक जाते हो जब खुद ?'*

मैंने घूमकर उसकी ओर देखा। अपनी कोहनी को घुटने पर और ठोड़ी को हथेली पर टिकाए, सीटी की आवाज में गुनगुनाता, वह मेरी ओर ही नजर जमाए था और

चाँदनी से चमकते उसके चेहरे पर उसकी नन्ही काली मूँछें फड़क रही थीं। मुझे लगा, जैसे यह होनहार है, और मैंने उसके पास लौटने का निश्चय कर लिया। तेज डगों से मैं वहाँ पहुँचा और उसकी बगल में बैठ गया।

"देखो, अगर हमें बात करनी है तो सीधे-सादे ढंग से करनी चाहिए," मैंने आवेश से लेकिन अपने को सँभाले हुए कहा।

"लोगों को हमेशा सीधे-सादे ढंग से बात करनी चाहिए," उसने सिर हिलाते हुए स्वीकार किया।

"यह मैं जानता हूँ कि मुझे प्रभावित करने की एक विचित्र शक्ति तुममें मौजूद है, और यह भी साफ है कि तुम मुझसे कुछ कहना चाहते हो। क्यों, मैं ठीक कहता हूँ न ?"

"आखिर तुमने मेरी बात सुनने का साहस तो प्रकट किया," उसने हँसते हुए कहा। लेकिन इस बार उसकी हँसी कर्कश नहीं थी बल्कि मुझे तो उसमें प्रसन्नता का आभास हुआ।

"हाँ, तो अब अपनी बात शुरू करो," मैंने कहा, "और अगर हो सके तो अपने विचित्र रंग-ढंग को जरा दूर ही रखना।"

"ओह, बड़ी खुशी से !" उसने कहा, "लेकिन यह तुम्हें भी मानना पड़ेगा कि अपने उस ढंग से काम लिए बिना मैं तुम्हारा ध्यान आकर्षित नहीं कर सकता था। आजकल सीधी-सादी और साफ बातों को अति नीरस और रूखी कहकर नजर अन्दाज कर दिया जाता है, लेकिन असल बात यह है कि हम खुद ठंडे और कठोर हो गए हैं, और इसीलिए हम किसी भी चीज में गरमाई या कोमलता लाने में असमर्थ रहते हैं। हम तुच्छ कल्पनाओं और दिवास्वप्नों में रमना तथा अपने-आपको कुछ विचित्र और अनोखा जताना चाहते हैं। कारण कि जिस जीवन की हमने रचना की है, वह नीरस, बेरंग और ऊबा देनेवाला है। जिस जीवन को हम कभी इतनी लगन और आवेश के साथ बदलने चले थे, उसने हमें कुचल डाला है। ऐसी हालत जब सामने हो तब हम क्या करें ? यही हमें देखना है। हो सकता है कि कल्पना, केवल संक्षिप्त काल के लिए ही सही, मानव को इस दुनिया से ऊपर उठने और उसमें अपनी खोई हुई जगह की थाह लेने में मदद करे। वह अब धरती का स्वामी नहीं रहा, बल्कि उसका एक दास-मात्र रह गया है। वह खुद अपने सिरजे तथ्यों की पूजा करता है, उनसे नतीजे निकालता है और इसके बाद अपने-आपसे कहता है, 'देखो, यह है अपरिवर्तनीय कानून।' और इस कानून के आगे सिर झुकाते समय वह नहीं जानता कि ऐसा करके उसने अपने रास्ते में एक दीवार खड़ी कर ली है जो उसे आजादी के साथ जीवन को बदलने से रोकेगी, उसके उस संघर्ष में बाधक होगी जो वह दीवारों को गिराने के अपने अधिकार के लिए करना चाहता है ताकि नए का निर्माण किया जा सके, और सच तो यह है कि वह संघर्ष का नाम तक नहीं लेता, बल्कि केवल परिस्थितियों के साथ अपनी पटरी बिठाने की—उनके अनुसार अपने आपको ढालने की कोशिश करता है। वह संघर्ष क्यों करे ?

वे आदर्श कहाँ हैं जो उसे वीरतापूर्ण कृत्यों की प्रेरणा दे सके ? सो जीवन नीरस और अनाकर्षक बन गया है। और कुछ लोग हैं जो आँखें बन्द कर किसी ऐसी चीज को टोहते हैं जो उनके दिमागों में पंख लगाकर उन्हें आकाश में उड़ने योग्य बना दे और इस प्रकार उनके आत्मविश्वास को फिर से जमा दे। लेकिन होता अक्सर यह है कि ऐसे लोग उस जगह से दूर भटक जाते हैं, जहाँ खुदा निवास करता है और जहाँ समूची मानव-जाति को एकजुट करनेवाले चिरन्तन सत्यों की खान मौजूद है। सचाई के पथ से जो भटके, वे गए। उनका विनाश निश्चित है। मरने दो उन्हें। उनके बीच में न कोई दखल देने की जरूरत है, न उन पर दया दिखाने की। यही करना हो तो अन्य लोग मौजूद हैं, सारी दुनिया उनसे भरी है। लेकिन महत्त्वपूर्ण चीज है खुदा को खोजने-पाने की आकांक्षा, और जब तक खुदा से लौ लगानेवाली आत्माएँ मौजूद हैं, वह उन्हें अपना अंश प्रदान करेगा और उनका साथ देगा, कारण कि वह पूर्णता के लिए किए जा रहे चिरन्तन प्रयास के सिवा और कुछ नहीं है। क्यों, मैं ठीक कहता हूँ न ?''

''हाँ,'' मैंने कहा, ''तुम्हारा कहना ठीक है।''

''तुम बड़ी जल्दी घुटने टेक देते हो,'' तीखी हँसी हँसते हुए मेरे प्रतिवादी ने रिमार्क कसा। इसके बाद वह चुप हो गया और उसकी दृष्टि शून्य विस्तारों में खो गई। वह इतनी देर तक चुप रहा कि मैंने उकताकर एक लम्बी उसाँस छोड़ी।

उसकी आँखें अभी भी शून्य में भटक रही थीं। शून्य में देखते हुए उसने पूछा, ''तुम्हारा खुदा कौन है ?''

अब तक वह मृदु और कोमल अन्दाज में बोल रहा था और उसे सुनना अच्छा मालूम हो रहा था। सोच-विचार के आदी सभी लोगों की भाँति वह भी कुछ उदासी में डूबा था। मैं उसकी ओर आकर्षित हुआ, मैंने उसे समझा और मेरी वह खीज गायब हो गई। लेकिन उसने एक ऐसे घातक सवाल को निकालकर बाहर क्यों रखा जिसका जवाब देने में हमारे समय का कोई भी आदमी, जो अपने प्रति ईमानदारी बरतना चाहता है, कठिनाई का अनुभव करेगा ? मेरा खुदा कौन है ? काश, मैं यह जानता होता !

मैं पस्त ही गया, और सच तो यह है—मेरी जगह अगर कोई दूसरा होता तो क्या वह अपने को सँभाले रखता ? अब उसने अपनी पैनी नजर मुझ पर जमा दी और मुस्कुराता हुआ मेरे उत्तर का इन्तजार करने लगा।

''अगर तुम्हारे पास इस सवाल का जवाब होता तो तुम इतनी देर न लगाते। अपने सवाल को अगर मैं इस तरह से रखूँ तो शायद तुम कुछ जवाब दे सको—तुम लेखक हो, और तुम जो लिखते हो, उसे हजारों लोग पढ़ते हैं। तुम किस चीज का प्रचार करते हो ? और क्या तुमने कभी स्वयं से यह पूछा है कि दूसरों को सीख देने का तुम्हें क्या अधिकार है ?''

जीवन में पहली बार मैंने अपनी आत्मा को टटोला, उसे जाँचा-परखा। इससे कोई यह न सोचे कि लोगों का ध्यान आकर्षित करने के लिए मैं अपने आपको बड़ा या गिरा हुआ दिखाने का प्रयत्न कर रहा हूँ—नहीं, भिखारियों से भीख नहीं माँगी जाती; और

मैंने देखा कि उदार भावनाओं और आकांक्षाओं का मुझमें अभाव हो, ऐसा नहीं है। मुझमें भी वे गुण मौजूद हैं जिन्हें आम तौर पर अच्छे गुण कहे जाते हैं, लेकिन वे बिखरे हुए थे—किसी उत्कृष्ट भावना के साथ, किसी ऐसी सुस्पष्ट और संगतिपूर्ण कल्पना के साथ, जो जीवन को उसके सम्पूर्ण रूप में देखती है—एकजुट नहीं थे। घृणा का मेरे हृदय में बाहुल्य था। वह हर घड़ी धुआँ देती रहती थी और कभी-कभी गुस्से की तेज लपटों में भड़क उठती थी। लेकिन इससे भी अधिक प्राधान्य था सन्देह का, जो कभी-कभी मेरे मस्तिष्क को इस हद तक बेकार कर देता था, मेरी आत्मा को इस हद तक कचोट डालता था कि मेरा जीवन, लम्बी अवधियों के लिए, शून्य बनकर रह जाता था। कोई चीज ऐसी नहीं थी जो जीवन में मेरी दिलचस्पी को जगा सकती। मेरा हृदय मौत की भाँति सर्द और मेरा मस्तिष्क जड़ हो जाता, मेरी कल्पना दुःस्वप्नों के चंगुल में फँस जाती। इस प्रकार लम्बे दिन और लम्बी रातें मैं बिताता—गूँगा, बहरा और अन्धा, इच्छाओं से शून्य, समझने की शक्ति से शून्य बना हुआ। मुझे ऐसा मालूम होता, जैसे मेरा यह शरीर लोथ बन चुका हो और केवल किसी अनबूझ गलतफहमी के कारण दफनाने से बचा हुआ हो! और यह चेतना कि मुझे जीवित रहना है—क्योंकि मौत और भी ज्यादा अन्धकारपूर्ण, और भी ज्यादा निरर्थक थी—जीवन की उस भयानकता को और भी विकट बना देती। जीवन की वह एक ऐसी स्थिति थी जो, बिला शक, मानव को घृणा करने के सुख से भी वंचित कर देती है।

हाँ, तो मैं—जैसा और जो कुछ भी मैं था—किस चीज का प्रचार करता था ? लोगों से कहने के लिए मेरे पास क्या था ? क्या वे ही सब चीजें, जिन्हें युगों-युगों से कहा जाता और सुना जाता रहा है—आदमी को बदले और अच्छा बनाए बिना ? और इन विचारों तथा नीति-वचनों का प्रचार करने का मुझे क्या हक है जब कि मैं खुद घुट्टी के साथ उन्हें पेट में उतारने के बाद भी अक्सर उनकी सीखों के अनुसार अमल नहीं कर पाता ? और जब खुद मैंने उनके खिलाफ आचरण किया, तब क्या यह सिद्ध नहीं होता कि उनकी सचाई में मेरा विश्वास नहीं है, उसकी जड़ें सीधे मेरे अहम की नींव में गहरी नहीं जमी हैं ? इस आदमी को मैं क्या जवाब दूँ जो मेरी बगल में बैठा है ?

लेकिन उसने, मेरे जवाब की प्रतीक्षा से ऊबकर, अब फिर बोलना शुरू कर दिया था, "मैं तुमसे यह सवाल न करता अगर मैं यह न देखता कि महत्त्वाकांक्षा ने आत्मसम्मान की तुम्हारी भावना को अभी तक नष्ट नहीं किया है। तुममें मेरी बात सुनने का साहस है, और इससे मैं इस निष्कर्ष पर पहुँचा हूँ कि तुम्हारा अहम् प्रेमसंगत है। कारण कि उसमें वृद्धि करने की तुममें इतनी गहरी लगन है कि तुम यन्त्रणा तक से बचकर नहीं भागते। इसलिए तुम पर जो कड़े अभियोग मैंने लगाए थे, उन्हें मैं मुलायम कर दूँगा और तुम्हें अब एक ऐसा आदमी मानकर सम्बोधित करूँगा जो निर्दोष तो नहीं है, लेकिन फिर भी जिसे अपराधी नहीं कहा जा सकता।

"एक समय था जब यह धरती लेखक, कला-विशारदों, जीवन और मानव-हृदय के अध्येताओं और ऐसे लोगों से आबाद थी जो दुनिया को अच्छा बनाने की प्रबल

आकांक्षा से अनुप्राणित और मानव-प्रकृति में गहरा विश्वास रखते थे। उन्होंने ऐसी पुस्तकें लिखीं जो कभी विस्मृति के गर्भ में विलीन नहीं होंगी। कारण, वे अमर सचाइयों को अंकित करती हैं और उनके पन्नों से कभी न मलिन होनेवाला सौन्दर्य प्रस्फुटित होता है। उनमें चित्रित पात्र जीवन के सच्चे पात्र हैं, कारण कि प्रेरणा ने उनमें जान फूँकी है। इन पुस्तकों में साहस है, दहकता हुआ गुस्सा और उन्मुक्त तथा सच्चा प्रेम है, और उनमें एक भी शब्द बनाबटी नहीं है। तुमने, मैं जानता हूँ, ऐसी ही पुस्तकों से अपनी आत्मा के लिए पोषण ग्रहण किया है। लेकिन फिर भी तुम्हारी आत्मा उसे पचा नहीं सकी। कारण कि सत्य और प्रेम के बारे में तुम जो लिखते हो, वह झूठा और अनुभूतिशून्य ध्वनित होता है। लगता है, जैसे शब्द जबर्दस्ती मुँह से निकल रहे हों ! चाँद की भाँति तुम दूसरे की रोशनी से चमकते हो, और यह रोशनी भी बुरी तरह मलिन है—वह परछाइयाँ खूब डालती है, लेकिन आलोक कम और गरमाई तो उसमें जरा भी नहीं है। तुम खुद इतने गरीब हो कि दूसरों को ऐसी कोई चीज नहीं दे सकते जो वस्तुतः मूल्यवान हो और जब तुम देते भी हो तो सर्वोच्च सन्तोष की इस अनुभूति के साथ नहीं कि तुमने सुन्दर विचारों और शब्दों की निधि में वृद्धि करके जीवन को सम्पन्न बनाया है, बल्कि अपनी सत्ता के सायौगिक तथ्य को अत्यन्त आवश्यक घटना मानकर उसे ऊँचे सिंहासन पर बैठाने के लिए। तुम केवल इसलिए देते हो कि जीवन और लोगों से अधिकाधिक ले सको। तुम इतने गरीब हो कि उपहार भेंट नहीं कर सकते—तुम सूदखोर हो और अनुभव के टुकड़ों की लेन-देन करते हो—इसलिए कि तुम ख्याति के रूप में सूद बटोर सको। तुम्हारी लेखनी चीजों की सतह को ही खरोंचती है, जीवन की तुच्छ परिस्थितियों को तुम बेकार में ही कुरेदते-कोंचते हो, और चूँकि तुम साधारण लोगों के साधारण भावों का वर्णन करते हो, इसलिए हो सकता है कि अनेक साधारण महत्त्वहीन सचाइयों से उनकी झोली भर जाती हो ! लेकिन क्या तुम, नाम-मात्र को ही सही, ऐसे भरम की भी रचना कर सकते हो जो मानव की आत्मा को ऊँचा उठाने की क्षमता रखता हो ? नहीं ! तो क्या तुम सचमुच इसे इतना महत्त्वपूर्ण समझते हो—इस बात को कि सभी जगह छितरे कूड़े के ढेरों को कुरेदा जाए, जहाँ सत्य के काले टुकड़ों के सिवा और कुछ नहीं मिलता, और सिद्ध किया जाए कि मानव बुरा, मूर्ख और सम्मान की भावना से बेखबर है, यह कि वह पूर्णतया और हमेशा के लिए बाह्य परिस्थितियों का गुलाम है और यह कि वह कमजोर, दयनीय और एकदम अकेला है ? अगर तुम मुझसे पूछो तो वे मानव के हृदय में यह विश्वास जमाने में सफल भी हो चुके हैं कि वास्तव में ऐसा ही है। तुम्हीं देखो कि मानव का मस्तिष्क आज कितना ठस और उसकी आत्मा के तार कितने बेआवाज हो गए हैं। और यह कोई अचरज की बात नहीं है। वह अपने आपको उसी रूप में देखता है जैसा कि वह पुस्तकों में प्रस्तुत किया जाता है...और पुस्तकें—खास तौर से प्रतिभा का भ्रम पैदा करनेवाली वाक्-चपलता से लिखी हुई—पाठकों को हतबुद्धि कर एक हद तक उन्हें अपने वश में कर लेती हैं। पुस्तक में अपने को देखते समय—जैसा कि तुम उसे प्रस्तुत करते हो—उसे अपना भोंडापन तो

नजर आता है, लेकिन यह नजर नहीं आता कि उसके सुधार की भी कोई सम्भावना हो सकती है। क्या तुममें इस सम्भावना को उभारकर रखने की क्षमता है ? लेकिन यह तुम कैसे रख सकते हो जो कि खुद तुम...जाने दो, मैं तुम्हारी भावनाओं को चोट नहीं पहुँचाऊँगा। वह इसलिए कि मेरी बात को काटने या अपने आपको सही ठहराने की कोशिश किए बिना तुम मेरी बात सुन रहे हो। यह अच्छा है एक शिक्षक के लिए। अगर उसमें ईमानदारी है तो वह हमेशा एक अच्छा–ध्यान से सुननेवाला–छात्र होगा। आजकल तुम सब शिक्षक (सीख देनेवाले) लोग जनता को उतना भी नहीं देते जितना उससे लेते हो। कारण कि तुम केवल उनकी कमजोरियों का ही जिक्र करते हो, अच्छाइयों को नहीं देखते। लेकिन निश्चय ही आदमी में गुण भी होते हैं–खुद तुममें क्या नहीं हैं ? सच पूछो तो तुम क्या उन बेरंग लोगों से किसी मानी में भी भिन्न हो जिनका तुम इतना कुरेद-कुरेदकर और इतनी निर्ममता से चित्रण करते हो ? तुम अपने आपको मसीहा के रूप में देखते हो। समझते हो कि बुराइयों को खोलकर रखने के लिए खुद ईश्वर ने तुम्हें इस दुनिया में भेजा है ताकि अच्छाइयों की विजय हो। लेकिन बुराइयों को अच्छाइयों में से छाँटते समय क्या तुमने यह नहीं देखा कि ये दोनों धागे की दो गेंदों की भाँति, एक दूसरे से उलझी हैं ? एक गेंद का धागा काला है, तो दूसरे का सफेद, और चूँकि वे उलझे हैं इसलिए वे भूरे बन गए हैं–दोनों ने एक दूसरे के रंग पर अपने रंग का असर डाला है। और मुझे तो इसमें भी सन्देह है कि खुदा ने तुम्हें अपना मसीहा बनाकर भेजा है। अगर वह भेजता तो इसके लिए तुमसे कहीं ज्यादा मजबूत इनसानों को चुनता, ताकि वह उनके हृदयों में जीवन, सत्य और लोगों के प्रति गहरे प्रेम की जोत जगा सकें; उनके अन्धकारमय जीवन में उसके गौरव और शक्ति का उद्घोष करनेवाली मशालों की भाँति आलोक फैला सकें। तुम लोग तो शैतान की मोहर दागनेवाली छड़ की भाँति धुआँ छोड़ते हो और यह धुआँ लोगों के मस्तिष्क और हृदयों में सरसराता हुआ आत्मविश्वासहीनता के भावों से उन्हें भर देता है। मुझे यह तो बताओ–तुम क्या सीख देते हो ?''

मैंने अपने गाल पर उसकी गर्म साँस का स्पर्श अनुभव किया और उसकी आँखों का सामना करने से बचने के लिए मैंने अपना मुँह मोड़ लिया। उसके शब्दों ने अंगारों की भाँति मेरे मस्तिष्क को झुलसा दिया। मैं घबड़ा उठा–यह सोचकर कि उसके सीधे-सादे सवालों का जवाब देना कितना कठिन है, और मुझसे जवाब देते नहीं बना।

''और इसलिए मैं–तुमने और तुम्हारी जाति के अन्य लोगों ने जो कुछ भी लिखा है–उसके बारे में एक सचेत पाठक की हैसियत से तुमसे पूछता हूँ–तुम क्यों लिखते हो ? संयोगवश तुमने काफी लिखा है। क्या इसलिए कि लोगों के हृदयों में शुभ भावनाएँ जाग्रत हों ? लेकिन अपने ठंडे और थोथे शब्दों में तुम कभी ऐसा नहीं कर सकोगे। केवल इतना ही नहीं, बल्कि तुम जीवन में कुछ नया पैदा करने में असमर्थ तो हो ही, पुराने को भी तुम इतनी गुड़ी-मुड़ी शक्ल में पेश करते हो कि सुस्पष्ट चित्र कहीं उभरकर नहीं आते। तुम्हारी कृतियाँ कुछ नहीं सिखातीं और पाठक सिवा तुम्हारे अन्य किसी

चीज पर लज्जा का अनुभव नहीं करता। उनकी हर चीज साधारण है—साधारण लोग, साधारण विचार, साधारण घटनाएँ। आत्मा के विद्रोह और उसके पुनर्जागरण की आवश्यकता के बारे में लोग कब बोलना शुरू करेंगे ? रचनात्मक जीवन की वह ललकार कहाँ है ? वीरत्व के दृष्टान्त और प्रोत्साहन के वे शब्द कहाँ हैं, जिन्हें सुनकर आत्मा आकाश की ऊँचाइयों को छूती है ?

''शायद तुमने कहा—'जो कुछ हम पेश करते हैं, उसके सिवा जीवन में अन्य नमूने मिलते कहाँ हैं ?' न, ऐसी बात मुँह से न निकालना। यह लज्जा और अपमान की बात है कि वह, जिसे भगवान ने लिखने की शक्ति प्रदान की है, जीवन के सम्मुख अपनी पंगुता और उससे ऊपर उठने में अपनी असमर्थता को स्वीकार करे। अगर तुम्हारा स्तर भी वही है जैसा कि जीवन का, अगर तुम्हारी कल्पना ऐसे नमूनों की रचना नहीं कर सकती जो जीवन में मौजूद न रहते हुए भी उसे सुधारने के लिए अत्यन्त आवश्यक है, तब तुम्हारा कृतित्व किस मर्ज की दवा है ? तुम्हारे धन्धे की क्या सार्थकता रह जाती है ? लोगों के दिमागों को उनके घटनाविहीन जीवन के फोटोग्राफिक चित्रों का गोदाम बनाते समय अपने हृदय पर हाथ रखकर पूछो कि ऐसा करके क्या तुम नुकसान नहीं पहुँचा रहे हो ? तुम्हें अब यह तुरत स्वीकार कर लेना चाहिए कि तुम जीवन का ऐसा चित्र पेश करने का ढंग नहीं जानते जो लज्जा की एक प्रतिशोधपूर्ण चेतना को जन्म दे, जीवन के नए रूपों की रचना करने की प्रज्वलित आकांक्षा को उजगार करे। क्या तुम जीवन की नब्ज को तेज और उसमें स्फूर्ति का संचार करना जानते हो, जैसाकि अन्य लोग कर चुके हैं ?''

मेरा विचित्र सम्भाषणकर्ता रुक गया और मैं बिना कुछ बोले उसके शब्दों पर सोचता रहा।

''अपने चारों ओर ऐसे लोग तो मुझे काफी नजर आते हैं जो चतुर हैं, लेकिन नेक बहुत कम नजर आते हैं, और ये कम भी ऐसे हैं जिनकी आत्मा खण्डित और रुग्ण है। जाने क्यों, मेरा निरीक्षण मुझे हमेशा एक उसी नतीजे पर पहुँचाता है : एक आदमी की आत्मा जितनी अधिक ईमानदार तथा बेदाग होती है, उसकी शक्ति का भण्डार उतना ही क्षीण और रुग्ण होता है। उसका जीवन उतना ही अधिक कठिनाइयों में फँसा नजर आता है। ऐसे लोग एकाकी और दयनीय होते हैं। अपने मन में किसी अच्छे जीवन की आकांक्षा करने के बावजूद उनमें यह शक्ति नहीं होती कि वे उसकी रचना कर सकें। क्या यह सम्भव नहीं है कि उनके इस हद तक पस्त और पंगु होने का कारण केवल यह हो कि ठीक उस समय, जब कि उन्हें बढ़ावा मिलना चाहिए था, आवश्यक शब्द का किसी ने उच्चारण नहीं किया... ?

''एक बात और,'' मेरा विचित्र साथी कहता गया, ''क्या तुम ऐसी आह्लादपूर्ण हास्य की रचना कर सकते हो जो आत्मा का सारा मैल धो डाले ? देखो न, लोग एकदम भूल गए हैं कि ठीक ढंग से कैसे हँसा जाता है। वे कुटिलता से हँसते हैं, वे कमीनेपन से हँसते हैं, वे अक्सर अपने आँसुओं को बेधकर हँसते हैं, लेकिन वे हृदय के उस

उल्लास से कभी नहीं हँसते जिससे लोगों के पेट में बल पड़ जाते हैं, पसलियाँ बोलने लगती हैं। अच्छी हँसी एक स्वास्थ्यप्रद चीज है। यह अत्यन्त आवश्यक है कि लोग हँसें—आखिर यह क्षमता उन गिनी-चुनी चीजों में से एक है जो मानव को पशु से अलग करती है। क्या तुम सिवा फटकार के स्वास्थ्य-प्रद हँसी को जन्म दे सकते हो ? तुम मात्र बाजारू हँसी को पैदा कर सकते हो, जो मानव को अपना शिकार बनाती है, और वे इसीलिए हँसी के पात्र बनते हैं क्योंकि उनकी स्थिति दयनीय है। यह समझने की कोशिश करो कि सीख देने का तुम्हारा अधिकार केवल उन सच्चे भावों को जाग्रत् करने की तुम्हारी क्षमता पर निर्भर करता है जो हथौड़े की चोटों की भाँति जीवन को सीमित करनेवाले पुराने रूपों को चकनाचूर और नष्ट कर दे ताकि नए रूपों का निर्माण किया जा सके। गुस्सा, घृणा, साहस, शर्म, उकताहट और, सबसे अन्त में, विक्षुब्ध करनेवाली निराशा—ये ऐसे अस्त्र हैं जिनके द्वारा इस धरती पर कोई भी चीज नष्ट की जा सकती है। क्या तुम ऐसे अस्त्रों की रचना कर सकते हो ? और क्या तुम उनसे काम लेना जानते हो ? तुम्हें अपने हृदय में मानव की कमजोरियों के लिए महान घृणा का या साधारण मानव के लिए महान प्रेम का—उसके दुखों की आग में जन्मे प्रेम का—पोषण करना चाहिए। तभी तुम लोगों को सम्बोधित करने के अधिकारी बन सकोगे। अगर तुम इन दोनों में से किसी को भी अनुभव नहीं करते हो, तो सिर नीचा रखो और कुछ कहने से पहले सौ बार सोचो।''

सुबह की सफेदी अब फूट चली थी, लेकिन मेरे हृदय में अँधेरा गहरा हो गया था। यह आदमी, जो मेरे अन्तर के सभी भेदों से वाकिफ था, अभी भी बोल रहा था। रह-रहकर मुझे खयाल आता कि कहीं यह छलावा तो नहीं है ?

लेकिन उसकी बातों ने मुझे इतना उलझा दिया था कि इस सवाल पर मैं अधिक ध्यान नहीं दे सका। उसके शब्द अब भी सुइयों की भाँति मेरे कानों को बींध रहे थे।

''इस सबके बावजूद जीवन पहले की अपेक्षा प्रशस्त और गहरा होता जा रहा है, लेकिन यह बढ़ोतरी धीमी गति से हो रही है। कारण कि इस गति को तेज बनाने योग्य न तो तुम्हारे पास शक्ति है और न ही ज्ञान है। जीवन बढ़ रहा है और लोग दिन-प्रतिदिन और अधिक जानना और पूछताछ करना चाहते हैं। उनके सवालों का जवाब कौन दे ? यह तुम्हारे जैसे लोगों का, जो अपने-आप मसीहा बन बैठे हैं—काम है। लेकिन क्या तुम जीवन में इतने गहरे पैठे हो कि उसे दूसरों के सामने खोलकर रख सको ? क्या तुम जानते हो कि समय की माँग क्या है ? क्या तुम्हें भविष्य की जानकारी है ? क्या तुम अपने शब्दों से उस आदमी में नई जान फूँक सकते हो जिसे जीवन की नीचता ने भ्रष्ट और निराश कर दिया ? उसका हृदय पस्त है, जीवन की कोई उमंग उसमें नहीं है। उसने जीवन बिताने की आकांक्षा तक को विदा कर दिया है और केवल सूअर की भाँति अपना जीवन बिताने के लिए वह अभिशप्त है। सुन रहे हो न—उपहास से भरी मुस्कुराहट उसके होंठों पर खेल जाती है जब कोई 'आदर्श' शब्द का उच्चारण उसके सामने करता है। रोगग्रस्त हड्डियों का वह मात्र ढाँचा बनकर

रह गया है। हड्डियों का वह ढाँचा आत्मा से नहीं बल्कि लालसा से, वासना से हिलता-डोलता और हरकत करता है। उसे तुम्हारी बेहद जरूरत है। जल्दी करो और इससे पहले कि उसका मानवीय रूप अन्तिम रूप से उससे विदा हो, उसे जीने का ढंग बताओ। लेकिन तुम किस प्रकार उसमें जीवन की चाह जगा सकते हो जब कि तुम स्वयं अपने बुदबुदाने, भुनभुनाने और रोने-झींकने या उसके पतन की एक निष्क्रिय तस्वीर खींचने के सिवा और कुछ नहीं करते ? ह्रास की गन्ध धरती को घेरे है, लोगों के हृदयों में कायरता और दासता समा गई है, काहिली की नग्न जंजीरों ने उनके दिमागों और हाथों को जकड़ लिया है—और इस घिनौने जंजाल को तोड़ने के लिए तुम क्या करते हो ? तुम जैसे लोगों की... ओह, अगर एक भी ऐसी आत्मा का उदय हुआ होता—कठोर और प्रेम में पगी, मशाल की भाँति प्रकाश देनेवाले हृदय और सर्वव्यापी महान मस्तिष्क से सज्जित, तब भविष्य-गर्भित शब्द घंटे की ध्वनि की भाँति इस शर्मनाक खामोशी में गूँज उठते और शायद इन जीवित मुर्दों की घिनौनी आत्माओं में भी कुछ सरसराहट दौड़ती।''

यह कह वह फिर चुप हो गया। मैंने उसकी ओर नहीं देखा। याद नहीं पड़ता कि कौन-सा भाव मेरे हृदय में तब छाया हुआ था—शर्म का अथवा डर का ?

''बोलो, तुम्हें मुझसे कुछ कहना है ?'' उसने असंलग्न भाव से पूछा।

''कुछ नहीं,'' मैंने जवाब दिया।

इसके बाद फिर खामोशी छा गई।

''तुम्हारे जीवन का...अब क्या कार्यक्रम है ?''

''मैं नहीं जानता,'' मैंने जवाब दिया।

''तुम क्या लिखोगे ?''

मैं चुप रहा।

'मौन अतिबुद्धिमानी का मन्त्र है।''

उसके इन शब्दों के साथ उठनेवाली उसकी हँसी के बीच जो शून्य बीता, उसने मेरे मस्तिष्क की तमाम शिराओं को झंझोड़कर रख दिया। जब वह हँसा तो आह्लाद से छलछलाता हुआ—उस आदमी की हँसी की भाँति, जो आनन्द के साथ हँसने के अवसर की प्रतीक्षा में जाने कब से अपने आपको रोके हुए था। उसकी यह मारक हँसी सुनकर मेरा हृदय खून के आँसू रो उठा।

''हो-हो-हो ! तुम्हारा यह हाल है—तुम्हारा, जिसे दूसरों को जीने का ढंग सिखाना है ! तुम्हारा, जो इतनी जल्दी सकपका जाता है ! लेकिन यह मैं अब दावे के साथ कहता हूँ कि तुम मन-ही-मन जान गए हो कि मैं कौन हूँ—हो-हो-हो ! अन्य तमाम युवक भी, जो माँ के पेट से ही बुढ़ापा लेकर आते हैं, मुझसे वास्ता पड़ने पर इसी प्रकार सकपका उठेंगे। केवल वही, जो झूठ, उद्धतपन और बेशर्मी का कवच धारण किए अपनी आत्मा के फैसले की आवाज सुनकर भी नहीं सकपकाते। सो यही है तुम्हारी दृढ़ता—एक धक्का खाया और तुम उलटे हो गए। बोलो अपने बचाव में एक शब्द—केवल एक ही

शब्द कहो। मैंने जो कुछ कहा है, उसकी सचाई से इनकार करो, अपने हृदय से दुख और लज्जा का बोझ उतार फेंको, एक क्षण के लिए ही सही, मजबूती और आत्मविश्वास का परिचय दो—तब मैं वह सबकुछ वापस ले लूँगा जो मैंने कहा है। मैं तुम्हारे आगे माथा झुका दूँगा। अपनी आत्मा के उस गुण का कम-से-कम कुछ तो परिचय दो जिसने तुम्हें शिक्षक बनने का अधिकार दिया है। मैं खुद सीख लेना चाहता हूँ। आखिर मैं भी एक आदमी ही हूँ। मैं जीवन की इस अंधी भूलभुलैया में खो गया हूँ और ऐसे पथ की खोज में हूँ जो मुझे प्रकाश, सचाई, सौन्दर्य और जीवन के एक नए रूप की ओर ले जाए। मुझे वह रास्ता दिखाओ। मैं आदमी हूँ। मुझसे घृणा करो, कोड़ों की मार मुझे दो, लेकिन उदासीनता के इस गर्त से मुझे उबारो। मैं जो कुछ हूँ, उससे अच्छा बनना चाहता हूँ—लेकिन कैसे ? मुझे सिखाओ कि ऐसा किस प्रकार हो सकता है।''

और मैंने सोचा—'क्या मैं यह कर सकता हूँ ? क्या मैं उन माँगों को पूरी कर सकता हूँ जिन्हें इस आदमी ने पूरी शिद्दत से मेरे सामने रखी है ? जीवन की चिंगारियाँ बुझ रही हैं, सन्देह की काली छायाएँ अधिकाधिक घनी होकर लोगों के दिमागों को घेर रही हैं, बाहर निकलने का कोई न कोई रास्ता खोजना होगा—यह रास्ता कौन-सा हो सकता है ? एक बात मैं जानता हूँ कि सुख-समृद्धि का मूल्य क्या है। जीवन की सार्थकता सुख-समृद्धि में नहीं है—अपने में भरमाए रहना भी मानव को अधिक देर तक सन्तुष्ट नहीं रख सकता—सबकुछ होते हुए भी आखिर वह उससे ऊपर है। जीवन की सार्थकता किसी लक्ष्य की प्राप्ति के लिए मानव की कोशिशों के सौन्दर्य और शक्ति में निहित है, और यह आवश्यक है कि उसके अस्तित्व का प्रत्येक क्षण अपने ऊँचे उद्देश्य से अनुप्राणित हो। और ऐसा होना सम्भव है। लेकिन जीवन के पुराने ढाँचे के रहते नहीं, जो आत्मा को कुण्ठित, सीमित और उसे उसकी आजादी से वंचित कर देता है।'

एक बार फिर मेरा साथी हँसा, लेकिन इस बार शान्ति के साथ—उस आदमी की भाँति, जिसके हृदय में विचारों का धुन लगा हो।

''इस धरती पर जाने कितने आदमी जन्म लेते हैं, फिर भी अपने पद-चिह्न छोड़ जानेवाले महान आदमियों की संख्या कितनी कम है ! ऐसा क्यों है ? अतीत में—जहन्नुम में जाए वह अतीत ! उसकी याद हृदय में केवल ईर्ष्या का संचार करती है, कारण कि वर्तमान में ऐसा कोई नहीं है जिससे यह आशा हो कि अपने मरने के बाद इस धरती पर वह अपना जरा-सा भी चिह्न छोड़ जाएगा। मानव ऊँघ रहा है और उसे जगानेवाला कोई नहीं है। वह ऊँघ रहा है और पलटकर जंगली जीव बनता जा रहा है। उसे कोड़ों की मार की—एक के बाद एक कोड़ों की वर्षा की—और प्रेम में पगे दुलार की जरूरत है। इस बात की चिन्ता न करो कि उसे चोट लगेगी। अगर प्रेम करते हुए तुम उसे कोड़ों से मारते हो तो वह बुरा न मानेगा और कोड़ों की मार को सुअर्जित पुरस्कार समझ स्वीकार कर लेगा। और जब वह यातना तथा लज्जा भुगत ले, तब उन्मुक्त होकर अपने दुलार से उसे पुचकार दो—वह एक नया आदमी बन जाएगा। लोग

निरे बच्चे होते हैं, बावजूद इसके कि कभी-कभी उनके कृत्यों की कुटिलता और उनके मस्तिष्क की विकृति हमें स्तब्ध कर देती है। प्रेम तथा स्वस्थ आध्यात्मिक भोजन की उनकी भूख कभी कम नहीं होती। क्या तुम लोगों से प्रेम करने की क्षमता रखते हो ?''

''लोगों से प्रेम करना ?'' मैंने दुविधा से दोहराया। मुझे बेशक पता नहीं था कि मैं लोगों से प्रेम करता हूँ अथवा नहीं। सचमुच, मुझे यह पता नहीं था। कौन है जो अपने बारे में कह सके–'देखो, तुम्हारे सामने एक ऐसा आदमी हाजिर है जो लोगों से प्रेम करता है !' अपने व्यवहार की सावधानी से परख करनेवाला आदमी, काफी सोचने के बाद भी, शायद यह कहने का साहस नहीं करेगा कि 'मैं प्यार करता हूँ।' हम सभी जानते हैं कि हर आदमी और उसके पड़ोसी के बीच कितनी बड़ी ख़ाई ख़ुदी है।

''तुम कुछ जवाब नहीं देते ? लेकिन इससे कोई फर्क नहीं पड़ता। तुम्हें मैं समझता हूँ। अच्छा, तो मैं अब चला।''

''इतनी जल्दी !'' मैंने धीमी आवाज में कहा। कारण, मैं उससे जितना भयभीत था, उससे भी अधिक मैं खुद अपने से डरता था।

''हाँ, मैं जा रहा हूँ, लेकिन मैं फिर लौटकर आऊँगा। मेरी प्रतीक्षा करना !''

और वह चला गया।

लेकिन क्या वह सचमुच चला गया ? मैंने उसे जाता हुआ नहीं देखा। वह इतनी तेजी और खामोशी से गायब हो गया, जैसे छाया। मैं वहीं बाग में बैठा रहा–जाने कितनी देर तक–न मुझे ठंड का पता था, न इस बात का कि सूरज उग आया है और पेड़ों की बर्फ से ढकी टहनियों पर चमक रहा है। जब मैंने इधर ध्यान दिया तो बड़ा अजीब-सा मालूम हुआ वह उजला दिन। सूरज सदा की भाँति उसी असंलग्न भाव से चमक रहा था और पुरानी धरती, युग-युग के दुःखों को अपने हृदय में समेटे, बर्फ की चादर ओढ़े पड़ी थी। सूरज की किरणें उस चादर पर पड़ रही थीं और वह इतनी तेजी से चमचमा रही थीं कि आँखें चौंधिया जाती थीं।

# एक बार पतझड़ में

एक बार पतझर की ऋतु में मैंने अपने को बहुत ही कष्टकर और बेबसी की स्थिति में पाया। जिस शहर में मैं पहुँचा था, वहाँ मेरा जाननेवाला कोई व्यक्ति नहीं था, ऐसे में मैंने पाया कि न तो मेरी जेब में एक भी पैसा था और न ही सिर छुपाने को कोई छत।

पिछले कुछ दिनों पहले अपने उन कपड़ों को, जिनके बिना मैं सम्भवतः अपना काम चला सकता था, बेच देने के बाद मैं उस नगर को छोड़कर उससे आगे के नगर में चला आया, जहाँ जहाज़-घाट थे। वहाँ गर्मी के मौसम में ही जहाज आ-जा सकते थे। इसलिए उस मौसम में दिन-भर के व्यस्त जीवन की हलचल बनी रहती थी। लेकिन अब वह शान्त और उजाड़ था—उस समय अक्टूबर खत्म होनेवाला था।

गीले रेत को छपछपाते हुए टकटकी बाँधे इस आशा में कि कहीं खाने का सामान पड़ा हुआ मिल जाए, मैं सुनसान इमारतों और व्यापार की दुकानों के बीच में घूमने लगा और सोचने लगा कि भरा पेट होना कितनी श्रेष्ठ बात है !

सांस्कृतिक विकास की इस मंजिल में पेट की भूख मिटाने की अपेक्षा आत्मा की भूख को सन्तुष्ट करना अधिक सरल है। तुम मकानों से, जो अन्दर और बाहर से सन्तोषजनक रूप से सुन्दर लगते हैं—घिरी सड़कों पर घूमते हो; यह स्थापत्य कला, स्वास्थ्य-विज्ञान और अनेक दूसरे विद्वतापूर्ण और उच्च विषयों पर मनोरम विचार प्रेरित कर सकता है। तुम्हें गरम और आरामदेह कपड़े पहने लोग मिलते हैं—वे नम्र होते हैं, सदैव तुम्हें रास्ता देने के लिए एक ओर हट जाते हैं—व्यवहार-कुशलता से तुम्हारे भीतर की खामियों को देखने से इनकार करते हुए। वास्तव में भूखे आदमी की आत्मा भरे पेटवाले आदमी की आत्मा की अपेक्षा सदैव अच्छे और अधिक स्वस्थ रूप से पोषित होती है—हालाँकि भोजन से अच्छी तरह तृप्त व्यक्तियों के पक्ष में बिना किसी संदेह के बहुत ही चालाकी-भरा निष्कर्ष निकालना सम्भव है।

सन्ध्या का समय शुरू होनेवाला था, वर्षा हो रही थी और उत्तर से आनेवाली हवा अपनी गति में बह रही थी। जहाँ वह खाली दुकानों और स्टालों से होकर सीटी बज़ाती हुई होटलों की लकड़ी की खिड़कियाँ को थपथपा रही थी, वहीं नदी की ऊँची उठी फेनिल लहरों पर, जो जल्दी में एक दूसरे पर कूदती हुई अँधेरे में भाग रही थीं, कोड़े बरसा रही थी।...ऐसा लगता था, जैसे नदी को शीत ऋतु के आगमन का अनुमान हो गया हो और वह बर्फ़ की बेड़ियों के भय से, जो उत्तरी हवा द्वारा उसे उसी रात जकड़

सकती थीं, भागी जा रही थी। आकाश बोझिल और धुँधला था। उससे लगातार वर्षा की बूँदें जो आँखों को मुश्किल से दिखलाई पड़ती थीं, गिर रही थीं। मेरे चारों ओर के वातावरण की यह शोकभरी उदासी दो टूटे और भयानक लगनेवाले बिलों, वृक्षों और उनकी जड़ों में उलटी पड़ी एक नाव से और भी अधिक बढ़ गई थी।

उलटी पड़ी नाव का पेंदा टूटा हुआ था और ठंडी हवा से निरावृत्त पुराने और दयनीय वृक्ष। मेरे चारों ओर की प्रत्येक वस्तु टूटी हुई, वीरान और निर्जीव थी और आकाश निरन्तर आँसू बहा रहा था। मेरे चारों ओर निर्जन और अँधेरा था। ऐसा लगता था, जैसे प्रत्येक वस्तु मर रही हो, और शीघ्र ही मेरे सिवा कुछ भी जीवित नहीं रहनेवाला हो और क्रूर मृत्यु मेरी भी प्रतीक्षा कर रही हो।

उस समय मैं सत्रह वर्ष की आयु का था।

मैं ठंडे गीले रेत पर चला जा रहा था। मेरे दाँत भूख और शीत के सम्मान में स्वर कँपाते हुए किटकिटा रहे थे, तभी खाने की किसी चीज़ की असफल खोज में एक दुकान के पीछे घूमते हुए एकाएक मैंने औरत के कपड़ों में एक आकृति को ज़मीन पर दोहरा मुड़ा हुआ देखा। वह वर्षा से बिलकुल तर थी और झुके हुए कंधों को सिकोड़े हुए थी। उसकी बग़ल में रुकते हुए, यह देखने के लिए कि वह क्या कर रही थी, मैंने नीचे निगाह डाली। ऐसा लगा कि वह स्टाल के नीचे सुरंग बनाने के लिए अपने हाथों से रेत में सूराख खोद रही थी।

"यह तुम किसलिए कर रही हो ?" मैंने अपनी एड़ियों पर उसकी बग़ल में झुकते हुए पूछा।

उसने एक दबी हुई चीख मारी और तेज़ी से अपने पैरों पर उछली। जब वह खड़ी हुई और उसने मुझ पर अपनी चौड़ी खुली और भयभीत आँखें गड़ाईं, तो मैंने देखा, वह मेरी ही उम्र की एक युवा लड़की थी। उसका छोटा चेहरा बड़ा सुन्दर था पर दुर्भाग्य से उस पर तीन बड़े घावों के निशान थे। इससे चेहरा बिगड़ गया था, यद्यपि घावों के निशान बहुत ही सुडौलपन के साथ चेहरे पर फैले हुए थे—एक-एक निशान दोनों आँखों के नीचे, जिनका एक-सा आकार था, और तीसरा उनसे कुछ बड़ा माथे पर नाक के ठीक ऊपर। इस सुडौलपन में किसी ऐसे कुशल कलाकार की सिद्धहस्तता के दर्शन होते थे जिसका कार्य ही दूसरे लोगों की सुन्दरता बिगाड़ना था।

लड़की ने मेरी ओर देखा और धीरे-धीरे उसकी आँखों से भय जाता रहा।...एक क्षण में उसने अपने हाथों से रेत झाड़ दी, और हवा से बचने के लिए अपने को सिकोड़ते हुए, अपने सिर का सूती रूमाल सँभाला और कहा, "तुम भी भूखे हो—हो न ? तब थोड़ा तुम भी खोदो, मेरे हाथ थक गए हैं। वहाँ रोटी है।" उसने स्टाल की ओर संकेत किया। "यह दुकान आजकल भी खुली हुई है।"

मैंने खोदना शुरू किया। अपनी ओर से उसने थोड़ी देर प्रतीक्षा की और फिर कुछ समय तक मुझे देखते रहने के बाद मेरी बग़ल में उकड़ूँ बैठ गई और सहायता करने लगी।

हम लोग चुपचाप सुरंग खोदते रहे। मैं अब नहीं कह सकता कि उस समय मुझे

अपराधसंहिता, नैतिकता, जायदाद और ऐसी ही बातें, जो विद्वान लोगों के अनुसार हमें अपने जीवन के प्रत्येक क्षण ध्यान में रखनी चाहिए, याद रहीं या नहीं। सच्चाई तो यह है कि जहाँ तक मुझे याद है, मैं दुकान की दीवार के नीचे सुरंग खोदने में इतना तल्लीन था कि दुकान में क्या मिल सकता था, इसके सिवा मैं प्रत्येक बात को बिलकुल भूल गया था।...

संध्या हो रही थी। अन्धकार सर्दी के साथ हमारे चारों ओर घना होता जा रहा था। लहरों की गड़गड़ाहट में कमी आ गई थी, लेकिन दुकान के तख्तों पर वर्षा की टपटप का कोलाहल निरन्तर ऊँचा होता हुआ और तेज हो गया था। कहीं से हमें रात के चौकीदार की सीटी की आवाज भी सुनाई पड़ने लगी थी।

"वहाँ फर्श है या नहीं ?" मेरी सहयोगिन ने चुपचाप पूछा।

मैं उसकी बात नहीं समझा और चुप रहा।

"मेरा मतलब है कि क्या दुकान के नीचे फर्श है ? यदि है, तो हमारा खोदना व्यर्थ है। सुरंग खोदने के बाद मोटे तख्ते निकले, तो फिर तुम उन्हें कैसे तोड़ोगे ? अच्छा होगा कि ताला तोड़ दो–ताला मज़बूत नहीं है।"

चतुराई-भरे विचार औरतों के मस्तिष्क में कम ही आते हैं, फिर भी जैसा तुम देख रहे हो, ऐसा भी होता है। मैं अच्छे विचारों का सदैव से प्रशंसक रहा हूँ और जहाँ तक सम्भव होता है, मैं सदैव उन्हें कार्यान्वित करने का भरसक प्रयत्न करता हूँ।

ताले को ढूँढ़कर मैंने उसे एक ज़ोर का झटका दिया और छल्ले सहित बाहर खींच लिया।

"बहुत अच्छे !" उसने प्रशंसा करते हुए कहा।

मेरी साथिन नीचे झुकी और आयताकार खुली जगह से होकर साँप की तरह तेज़ी से दुकान में घुस गई।

स्त्री के द्वारा प्रशंसा में कहा गया शब्द मुझे किसी व्यक्ति के पूरे सम्बोधन गीत से अधिक प्रिय लगता है। पर उस क्षण मेरे मस्तिष्क में नारी के प्रति उतने श्रद्धापूर्ण विचार नहीं थे जितने अब हैं। इसलिए लड़की की प्रशंसा पर बिना ध्यान दिए मैंने उससे संक्षेप में शंका-भरे शब्दों में पूछा, "कुछ है वहाँ ?"

उकतानेवाली आवाज में उसने अपने द्वारा ढूँढ़ी वस्तुओं को गिनाना शुरू किया, "खाली बोतलों से भरी एक पेटी...खाली बोरे...एक छाता...एक लोहे की बालटी।"

इनमें खाने की कोई चीज़ न थी। मैंने अपनी आशाओं पर पानी पड़ते हुए अनुभव किया, लेकिन एकाएक ही वह जोश-भरे स्वर में चिल्लाई, "अहा ! मिल गई।"

"क्या ?"

"रोटी–एक गोल रोटी, सफ़ेद लेकिन गीली, पकड़ो।"

पाव रोटी मेरे पैरों पर आकर गिरी और उसके तुरन्त बाद अपराध में सम्मिलित मेरी बहादुर साथिन भी आ गई। मैंने रोटी में से एक छोटा टुकड़ा तोड़ लिया था और उसे मुँह में डालकर चबा रहा था।

"ऐ, मुझे भी कुछ दो...पर अब हमें यहाँ से चलना चाहिए। हम कहाँ जा सकते हैं ?" उसने अपने चारों ओर दृष्टि दौड़ाई, उसकी आँखें अँधेरे को बेधने के लिए अपने ऊपर जोर डाल रही थीं।

अँधेरा फैला हुआ था, हर चीज़ वर्षा से भीग गई थी और आवाज़ें आ रही थीं।

"वहाँ एक उलटी हुई नाव है।...वहाँ कैसा रहेगा ?"

"हम चलते हैं।" और हम चलने लगे।

रास्ते में चलते हुए हम अपनी चुराई हुई रोटी से टुकड़े तोड़ते और उन्हें अपने मुँह में डालते जा रहे थे।...वर्षा तेज़ हो गई थी, नदी दहाड़ रही थी, कहीं सीटी चिढ़ाते हुए देर तक बज रही थी। जैसे कोई दैत्याकार जीव जो नहीं जानते थे कि डर क्या है, हमारा उपहास कर रहे थे। उस सीटी की आवाज से मुझे ऐसा लगा, जैसे कोई चीज़ मेरे दिल को कचोट रही हो, फिर भी मैं और मेरी ही तरह भूखी मेरी बग़ल में चलती हुई लड़की लालायित होकर खाते रहे।

"तुम्हारा क्या नाम है ?" किसी चीज़ ने मुझे पूछने के लिए प्रेरित किया।

"नताशा," उसने रोटी का टुकड़ा तेज़ी से चबाते हुए उत्तर दिया।

मैंने उसकी ओर देखा और दुःख से मेरा हृदय बैठ गया। मैंने अन्धकार में देखा और मुझे लगा कि मेरी दुर्भाग्यपूर्ण नियति व्यंग्य करते हुए मुझ पर मुस्कुरा रही थी—एक निष्ठुर मुस्कुराहट !

वर्षा की बूँदें निरन्तर लकड़ी की नाव पर टपटप बज रही थीं। उनकी दबी आवाज़ से विषादपूर्ण विचारों का संकेत होता था। हवा नाव के टूटे हुए पेंदे की चौड़ी दरार में प्रवेश करते हुए सीटी बजा रही थी। तले की दरार के एक ढीले तख्ते का टुकड़ा फड़फड़ा रहा था और चरचर करता हुआ भय से शोकाकुल ध्वनि उत्पन्न कर रहा था। नदी की लहरें किनारे से टकरा रही थीं। उनका स्वर नीरस और निराशा-भरा लगता था, जैसे वे किसी अव्यक्त रूप से उबाऊ और विषादपूर्ण वस्तु के विषय में कुछ कह रही हों—किसी ऐसी वस्तु के विषय में जिससे वे जुगुप्सा की सीमा तक थक गई थीं और जिससे वे दूर भागना चाहती थीं लेकिन जिससे बात करना उनके लिए अनिवार्य हो गया था। वर्षा की आवाज़ उनकी थपथपाहट में मिल गई थी और उलटी हुई नाव के ऊपर ग्रीष्म ऋतु का ठंडा गीला कुहरा तैर रहा था। हवा अन्धी होकर निर्जन किनारे और फेनिल नदी के ऊपर निरन्तर दौड़ रही थी—उदास गीत गाते हुए।

नाव के नीचे हमारा स्थान आरामदेह नहीं था, वह संकुचित और गीला था। तले के सूराख से होकर वर्षा की छोटी ठंडी बूँदों की फुहार आ रही थी और हवा चक्कर काटती हुई दरार में से होकर हम पर फटी पड़ रही थी।...हम मौन बैठे थे और ठंड से काँप रहे थे। मुझे याद है, उस वक्त मैं सोना चाहता था। नताशा ने नाव के एक ओर अपनी पीठ टिका रखी थी। वह छोटी गेंद की तरह मुड़ी हुई थी। अपने घुटनों को ठोढ़ी से सटाए हुए वह नदी की ओर टकटकी बाँधे देख रही थी। उसकी आँखें चौड़ी खुली थीं। उसके सफेद, धुँधले चेहरे पर घावों के दागों के कारण उसकी आँखें

बहुत बड़ी मालूम पड़ती थीं। वह हिल-डुल नहीं रही थी। यह सन्नाटा और चुप्पी–मैंने अनुभव किया, मेरे और मेरी साथिन के अन्दर एक प्रकार का भय भर रहे थे।...मैं चाहता था कि वह बात करे लेकिन समझ नहीं पा रहा था कि शुरुआत कैसे हो।

वही पहले बोली, ''कैसी रक्तपिपासु ज़िन्दगी है !'' उसने स्पष्ट शब्दों में पूरे विश्वास के साथ कहा।

लेकिन वह कोई शिकायत नहीं थी–शब्दों में शिकायत के प्रति पूरी उपेक्षा थी। उसने बातों पर अपने ढंग से विचार किया था, गम्भीरता से सोचा था और एक निश्चित निष्कर्ष निकाला था जिसे वह बोलकर व्यक्त कर रही थी और जिसका मैं बिना झूठ बोले विरोध नहीं कर सकता था। इसलिए मैंने कुछ नहीं कहा और वह, जैसे उसे मेरी उपस्थिति की जानकारी ही न हो, बिना हिले-डुले बैठी रही।

''लेट जाओ और मर जाओ–मैं समझती हूँ, यह उससे पिंड छुड़ाने का एक रास्ता है।...'' नताशा ने फिर कहा–इस बार धीमे और गम्भीरता के साथ। इस बार भी उसके शब्दों में किसी प्रकार की शिकायत का आभास नहीं था। स्पष्ट था कि सामान्य जीवन के विषय में अच्छी तरह सोचने के बाद उसने अपनी स्थिति देखी थी और शान्तिपूर्वक इस निष्कर्ष पर पहुँची थी कि वह जीवन के आघातों से अपनी रक्षा करने के लिए और कोई रास्ता नहीं अपना सकती थी, इसके लिए उसने कहा था–'लेट जाओ और मर जाओ।'

विचारों की इस स्पष्टता पर मैंने एक असह्य वेदना अनुभव की और मुझे लगा कि यदि मैंने शीघ्र ही कुछ नहीं कहा तो निश्चित ही मेरे आँसू बरबस फूट पड़ेंगे।...और एक औरत के सामने ऐसा करना मेरे लिए बड़ी लज्जा की बात होगी, विशेषकर इसलिए और भी अधिक कि वह नहीं रो रही थी। मैंने उससे बातें करने का निश्चय किया।

''तुम्हें किसने मारा ?'' और कोई बुद्धिमानी की बात न सोच सकने के कारण मैंने उससे पूछा।

''पाश्का ने–हमेशा की तरह,'' उसने शान्तिपूर्वक उत्तर दिया।

''वह कौन है ?''

''मेरा प्रेमी–एक बाबर्ची...''

''क्या वह तुम्हें अकसर पीटता है ?...''

''जब कभी वह नशे में होता है।''

फिर एकाएक ही मेरी बग़ल में बैठने के लिए वह उठी और बगल में बैठकर अपने और पाश्का–दोनों के सम्बन्ध में मुझे बताने लगी।

वह उन लड़कियों में से एक थी, और वह एक बाबर्ची था, जिसकी मूँछें रौबदार थीं और जो एकोर्डियन बाजा अच्छा बजाता था। वह उसके पास आया करता था और वह उसे पसन्द करती थी क्योंकि वह एक अच्छा साथी था और उसके कपड़े साफ रहते थे। उसका कोट पन्द्रह रूबल का था और वह मुलायम चमड़े के शिकनदार जूते पहनता था। इन्हीं कारणों से वह उसे प्यार करने लगी थी और वह उसका 'विशिष्ट मित्र' हो

ग़या था। जैसे ही वह उसका 'विशिष्ट मित्र' बना, उससे वह रकम जो दूसरे ग्राहक उसे मिठाई के लिए देते थे, ऐंठना शुरू कर दिया।

वह उस रकम से शराब पीता और उसे पीटता–यह भी इतनी बुरी बात नहीं थी, पर शीघ्र ही वह उसके सामने ही दूसरी लड़कियों के साथ जाने लगा...।

"और भला इससे मेरे हृदय को कैसे चोट न पहुँचती ? यह नहीं कि मैं दूसरों से किसी तरह बुरी हूँ।...वह ऐसा मुझे चिढ़ाने के लिए करता है–सूअर कहीं का ! परसों मैंने मालकिन से घूमने जाने के लिए छुट्‌टी ली, मैं उसके पास पहुँची और देखा कि वह नशे में धुत बैठा था। वह अप्रसन्न भी था। मैंने उससे कहा, 'सूअर, तुम वास्तव में एक सूअर हो। तुम धोखेबाज़ हो।' और उसने मुझे बुरी तरह पीटा। अपने पैरों से उसने मारा, और मेरे बाल खींचे–और बहुत कुछ किया...लेकिन यह भी कोई बात नहीं थी। पर उसने मेरे कपड़े फाड़ दिए...और अब मैं क्या करूँ ? मैं मालकिन को कैसे मुँह दिखाऊँगी ? सारे कपड़े फाड़ दिए। मेरी पोशाक बिलकुल नई थी..." और उसकी आवाज़ एकाएक ही विषाद-भरे विलाप में बदल गई।

और हवा भी विलाप कर रही थी। वह निरन्तर तेज़ और ठंडी होती जा रही थी।...मेरे दाँत किटकिटाने लगे थे। वह भी सर्दी से बचने के लिए सिकुड़ी बैठी थी और मेरे इतने समीप आ गई थी कि मैं अँधेरे में चमकती हुई उसकी आँखें देख सकता था।

"तुम सभी मर्द लोग बहुत बुरे होते हो। मैं तुम लोगों को पैर के नीचे कुचलना चाहूँगी, मैं ऐसा चाहूँगी। मैं तुम्हारे शरीर के एक-एक अंग को नोचना-खसोटना चाहूँगी। यदि तुममें से कोई मुझे मरता हुआ पड़ा मिले, तो मैं उसके भद्‌दे मुँह पर थूकूँगी–मैं ऐसा करूँगी और इसके लिए मुझे तनिक भी अफसोस नहीं होगा ! निकम्मे, जंगली !...तुम लोग रिरियाते, झींकते हो और गन्दे कुत्तों की तरह अपनी पूँछें हिलाते हो, लेकिन यदि कोई नासमझ औरत तुम पर दया करने को तैयार हो जाए, तो समझो, फिर उसका अन्त हो गया। तुम उसे पैरों से रौंदने लगते हो, इसके पहले ही कि वह समझ सके, उस पर किसका आघात हुआ।...जुओं की तरह औरतों को सतानेवालो !"

उसकी गालियाँ बिलकुल भिन्न प्रकार की थीं, लेकिन उसके शब्दों में उग्रता नहीं थी। उनमें मुझे 'जुओं की तरह औरतों को सतानेवालो' के विरुद्ध न तो क्रोध ही दिखलाई पड़ता था और न वास्तविक घृणा ही। जो कुछ वह कह रही थी, उसको देखते हुए उसका लहजा अपेक्षाकृत बहुत शान्त था और उसकी आवाज थी उदासी से भरी नीरस।

फिर भी इस सबने मुझे उन भावपूर्ण और निश्चित रूप से निराशावादी किताबों और व्याख्यानों की अपेक्षा, जिन्हें मैंने पहले और बाद में पढ़ा या सुना था और अब तक पढ़ता और सुनता आ रहा हूँ, अधिक शक्तिशाली रूप से प्रभावित किया। और तुम जानते हो, मरते हुए आदमी का दुःख मृत्यु के वर्णन की अपेक्षा, चाहे वह कितना ही सच्चा और कलात्मक हो, अधिक स्वाभाविक और संवेदनशील होता है।

मैं स्वयं को बहुत दुःखी अनुभव कर रहा था। हो सकता है, वह मेरी साथिन की बातचीत से अधिक ठंड के कारण हो। मैं धीमे-धीमे कराह रहा था और मेरे दाँत कट-कट बज रहे थे।

फिर एकाएक ही उसी क्षण मैंने अनुभव किया कि दो ठंडे, छोटे हाथ मुझे स्पर्श कर रहे थे–एक मेरी गर्दन को छू रहा था और दूसरा मेरे चेहरे पर आकर टिक गया था, और तभी मुझे एक चिन्तित, शान्त और नम्र प्रश्न सुनाई पड़ा, "तुम्हें क्या हो गया ?"

मैं सोचने को विवश था कि वह नताशा न होकर, जिसने अभी सभी पुरुषों को सूअर घोषित किया था और उनके सर्वनाश की कामना की थी, कोई और इनसान था, जो मुझे सम्बोधित कर रहा था। लेकिन वह स्वयं जल्दी-जल्दी बोल रही थी, "क्या बात है ? ऐह, ठंड ? क्या तुम ठंड अनुभव कर रहे हो ? क्या तुम्हें ठंड लग रही है, है न ? चुप बैठे हो और कुछ नहीं कह रहे–उल्लू की तरह ! तुम्हें मुझे बताना चाहिए था कि तुम्हें बहुत देर से ठंड लग रही है। अच्छा, नीचे लेट जाओ, अपने को सीधा कर लो...और मैं भी लेट जाऊँगी...यह ठीक ! अब मुझे चिपटा लो...जोर से...ठीक है न, अब तुम्हें गरमाहट लग रही होगी...और बाद में...हम एक-दूसरे की ओर पीठ किए लेटे रहेंगे।...हम किसी तरह रात बिता देंगे।...क्या कुछ और गड़बड़ हो गई है...? पीने तो नहीं लगे हो... क्या तुम ऐसा करने लगे हो ? अपनी नौकरी खो दी है ?...कोई बात नहीं।"

वह मुझे सान्त्वना देने का प्रयत्न कर रही थी। मेरे अन्दर नया उत्साह पैदा कर रही थी।

लानत है मुझ पर ! वह सब कितना व्यंग्यपूर्ण था ! तनिक सोचिए, मैं तो गम्भीर रूप से मानवजाति के भाग्य के प्रति चिन्तित था; पूरी समाज-व्यवस्था के पुनर्गठन, राजनीति और क्रान्ति के स्वप्न देखता था, कितनी ही प्रकार की विद्वत्तापूर्ण पुस्तकें, जिनकी गहराई उनके लेखकों की समझ के भी बाहर थी, पढ़ चुका था, और उस समय 'भारी भरकम क्रियात्मक शक्ति' बनने के लिए अपने को समर्पित करने की तैयारी कर रहा था। क्योंकि मेरे अन्दर एक वेश्या का शरीर गरमाहट पैदा कर रहा था–एक दयनीय, पददलित, निराश प्राणी का शरीर, जिसका सामाजिक जीवन में कोई स्थान नहीं और जिसे निकम्मा समझा जाता है और जिसे पहले मुझे सहायता पहुँचानी चाहिए थी, वह मुझे सहायता पहुँचा रही थी। हालाँकि यदि मैंने सहायता करने का विचार भी किया होता, तो मैं यह नहीं जानता था कि वह कैसे करता।

ओह, मैं यह सोचने को विवश था कि जो कुछ मेरे साथ हो रहा था, वह स्वप्न में हो रहा था–एक निरर्थक, दुःखद स्वप्न में।

लेकिन, आह ! मुझे ऐसा सोचने का कोई अधिकार नहीं था क्योंकि वर्षा की ठंडी बूँदें मेरे ऊपर टपटप नीचे गिर रही थीं, औरत का सीना मेरे सीने को सख्ती से दबा रहा था, मैं अपने चेहरे पर उसकी गरम साँस को अनुभव कर सकता था, हालाँकि उसमें

वोदका की गन्ध का आभास मिलता था...लेकिन फिर भी—उसमें पुनर्जीवित करनेवाली शक्ति थी।...हवा चीत्कार और विलाप कर रही थी, वर्षा नाव पर आघात कर रही थी, लहरें टकरा रही थीं और हम अपने प्रगाढ़ आलिंगन में लिप्त थे। यह सब बिलकुल यथार्थ था, और मुझे विश्वास है कि किसी ने उस यथार्थ के जैसा बुरा और दुःखद स्वप्न नहीं देखा होगा।

वहाँ नताशा थी जो निरन्तर किसी-न-किसी विषय पर बात किए जा रही थी—संवेदनशील और सहानुभूतिपूर्ण ढंग से, जिसे केवल औरतें ही कर सकती हैं। उसकी सरल और उदार बातों के प्रभाव से मेरे अन्दर एक ज्योति हलके से दीप्त हुई, और उसकी गर्मी से मेरा ह्रदय पिघल गया।

फिर मेरी आँखों से आँसुओं का एक झरना फूट पड़ा, जिसने मेरी कड़वाहट, लालसा, मूर्खता और गंदगी को, जो उस रात मेरे ह्रदय पर कचरे की तरह जम गई थी, धो दिया।

नताशा मुझे प्रोत्साहित करने का प्रयत्न करती रही, "बहुत हो गया, प्यारे, मत रोओ ! इतना काफी है। ईश्वर की मदद से तुम सबकुछ सहन कर लोगे...तुम्हें अपनी नौकरी वापस मिल जाएगी..." इसी तरह की बहुत सारी बातें।

और वह मुझे प्यार करती रही--अपने गरम और उदार चुम्बनों की बौछार करते हुए।

यह पहली औरत के चुम्बन थे जो ज़िन्दगी ने मुझे प्रदान किए थे, और सबसे उत्कृष्ट थे, क्योंकि बाकी सब के लिए मुझे बड़ी कीमत चुकानी पड़ी और उन्होंने मुझे वास्तव में कुछ भी नहीं दिया।

"देखो, देखो, रोओ नहीं, बुद्धू कहीं के ! यदि तुम्हारे पास जाने को कोई जगह नहीं है तो मैं तुम्हें कल कहीं लगा दूँगी..."

मैंने उसकी शान्त उत्साहित करनेवाली फुसफुसाहट सुनी, जैसे वह सबकुछ नींद में कहा जा रहा हो !

हम एक-दूसरे को बाँहों में जकड़े सुबह तक पड़े रहे।

जब उजाला फैल गया, हम नाव के नीचे से रेंगते हुए बाहर निकले और नगर में चले गए। फिर हमने एक-दूसरे से मैत्रीपूर्ण विदा ली और कभी न मिलने के लिए जुदा हो गए। यद्यपि मैं छः मास तक सभी गन्दी बस्तियों को छानता रहा प्यारी नताशा की खोज में, जिसके साथ एक बार पतझर में मैंने रात बिताई थी।

यदि वह मर चुकी है—यह कितनी अच्छी बात होगी उसके लिए—तो उसकी आत्मा को शान्ति मिले और यदि वह जिन्दा है, तो भी उसे शान्ति मिले और कभी भी उसकी आत्मा को पाप का विचार पीड़ित न करे, क्योंकि वह उसके लिए अनावश्यक कष्ट होगा, लेकिन फिर भी उससे उसके जीवन जीने के ढंग में कोई अन्तर नहीं आएगा।

●●●